党规原理论

A THEORY OF INTRA-PARTY REGULATIONS

王立峰◎著

人民出版社

责任编辑：洪　琼

图书在版编目（CIP）数据

党规原理论 / 王立峰 著 .—北京：人民出版社，2021.5

ISBN 978－7－01－023296－6

I.①党…　II.①王…　III.①中国共产党－党的建设－法规－研究　IV.① D262.6

中国版本图书馆 CIP 数据核字（2021）第 062097 号

党规原理论

DANGGUI YUANLI LUN

王立峰　著

人 民 出 版 社 出版发行

（100706　北京市东城区隆福寺街 99 号）

北京汇林印务有限公司印刷　新华书店经销

2021 年 5 月第 1 版　2021 年 5 月北京第 1 次印刷

开本：710 毫米 ×1000 毫米 1/16　印张：16.25

字数：260 千字

ISBN 978－7－01－023296－6　定价：69.00 元

邮购地址 100706　北京市东城区隆福寺街 99 号

人民东方图书销售中心　电话：（010）65250042　65289539

目　录

引　论

　　政党是一个现代现象。以群众为基础的政党起源于1800年美国总统大选，迄今已有200多年历史。其间，人们从动乱和革命中吸取教训，创制出各种不同的政党制度。我们看到，成功的政党制度使得现代民主成为可能——政党不仅把一盘散沙的人们团结起来，还使得平等的政治参与成为可能。我们也看到，失败的政党制度会给人类带来灾难和动荡。所以，一个健康良好的政党制度对于民主政治的实现，对于人民生活的安宁至关重要。

　　近年来，既有的政党制度似乎开始捉襟见肘，显露危机。不管是气候变迁、大型传染病、恐怖主义、种族歧视、社会公平还是经济贫困，这些社会危机逐渐浮现，困扰着各国政府和政党。面对危机，政党无法有效凝聚民意，引导人民找出合理解决方案。不仅如此，不少政党本身也出现了官僚化甚至腐败问题。政党官僚化不仅威胁政党自身生存与发展，也威胁民主政治的健康运转。这些内外危机，再加上新型科技、人工智能和经济全球化的冲击，政党制度正面临史无前例的巨大挑战。具体言之，政党面临的挑战主要来自三个方面。

　　一是社会多元化。在对立的阶级社会，社会分层相对简单，存在两个阶级，即统治阶级和被统治阶级，政党则是阶级的产物，代表其中某个阶级的利益。在当代社会，利益多元化、文化多元化使得社会分层趋于复杂。社会分层并不仅仅基于经济利益，也可能基于宗教信仰和价值观念。在社会多元化条件下，作为社会分层的利益代表，政党面临重大挑战。一旦政党难以有效整合多元社会利益或价值，民粹主义势必抬头。近年来，民粹主义表现在经济、文化和政治三个方面。经济民粹主义往往表现为"仇富"现象，究其原因，乃是社会不公导致经济贫富分化，社会出现相对贫困乃至绝对贫困群体。文化民粹主义表现为文化排外现象，究其原因，在于在同性恋、移民、种族等问题上的价值冲突。政治民粹主义表现为"强人"政治、独立参选、社会公投等现象。当人们不再信任精英政治，就会放弃民主代议机制和政党政治，选择直接民主机制，通过简单票决来做决定。政治民粹主义抬头，政党政治则势必式微。

二是沟通技术化。技术是一种社会现象，是一种被特定意识形态和理念支撑的社会现象，这种意识形态和理念构成了技术应用者的利益和行为动机。在此，技术强有力地影响人的行为及其意义，重塑人的行为方式，重塑人的日常行为和社会过程。20世纪90年代互联网问世以后，信息技术的巨大变迁正在彻底改变人类的行为方式和生活方式，包括政治参与方式。斯万（Swan）在《区块链：新经济蓝图》一书中干脆把区块链技术与英国大宪章和埃及罗塞塔石碑（Rosetta Stone）相提并论，认为区块链是"重新配置人类行为的巨大力量"①。在数字时代，一个人所面对的不仅是自己的伙伴成员，也不仅仅是政府和政党，还有技术。"技术利维坦"诞生，技术成为新的国王——控制技术的企业家、科学家、工程师将成为新的王者；互联网革命不是政党政治的结果，而是工程师的创造物；线上人类共同体不是政党政治的结果，而是科学技术的产物。随着沟通技术化，自媒体技术的应用大大改变了传统的政治生态，挑战传统的政治参与方式。在传统政党政治生态下，一个人加入某个政党是政治参与的不二选择，如果离开政党的支持，他甚至不可能进行政治参与。但在技术为王的时代，一个人可以利用自媒体技术，做一个政治网红，成为独立参选

---

① Swan, *Blockchain: Blueprint for a New Economy*, O'Reilly Media, 2015, p.viii.

人，而不再依赖政党。虽然技术缺乏主观政治意识，也不代表任何群体利益，但可能影响任何群体。如果政党不想被历史踢爆出局，那就正视技术革命的挑战，扮演好人民与国家之间的桥梁角色。

三是经济全球化。人们往往认为，政党是民族国家的产物，政党不可能离开民族国家语境下的民主制度和社会基础而运作。但事实上，政党一经问世，就有跨出国门的倾向。20世纪的国际共运就是一个例子，其价值关怀和政治抱负跨越了国界。但是，20世纪的实践表明，政党的世界关怀是失败的。如今，经济全球化正在改变这一局面。一方面，经济全球化催生新的国际力量。在过去的一个世纪，经济全球化势不可挡，其结果是市场力量的崛起、国际力量的强大、政治参与的多样化。随着各种意识形态的流动、非政府组织和跨国公司影响力的日渐强大，国际力量越来越多介入民族国家政治。生活的常识告诉我们，权力空间永远处在饱和状态，一个权力的式微，一定意味着另一个权力的走强；一个权力的退出，一定意味着另一个权力的递补。在经济全球化条件下，在一个民族国家发号施令的可能是某个政党，也可能是某个国际力量，政党将日益受到国际力量的挑战。另一方面，经济全球化催生世界主义情怀。面对贸易冲突、气候变暖、病毒危机、核武器扩散等全球问题，世界主义关怀势在必行。民族国家的政府、非政府组织、跨国公司可以拥有世界情怀，一个政党的承诺同样可以跨越民族国家的边界，影响世界公民。因为世界上不同国家的人们不仅需要，而且也会分享共同的价值理念，而政党恰恰就是一个合适的世界价值代言人。于是，政党成为推动世界民主、影响全球决策的有力工具。在世界语境下，政党的政治情怀必然跨出民族国家疆域，超越民族国家背景下的代议民主制度。世界政党必然放弃狭隘的民族利益，从具体的国家语境抽象和提炼更加普遍的理念，诉诸世界人民都能听得懂的一般性话语。

面对上述挑战，种种困惑需要厘清，故应对政党进行规范性的理论思考，把政党纳入政治哲学研究视野。近年来，对于政党制度的描述和思考很多，但其中充斥着实践考量和意识形态的煽情。大戏落幕之后，继之而起的应是理性思辨。早在 80 多年前，谢茨施耐德（Schattschneider）就在《政党政府》一书中说，政党是"政治哲学的孤儿"。① 及至现在，尽管有不少学者关注政党问题，甚至也从规范视角讨论政党问题，但是政党问题一直身处政治哲学研究的边缘。政治哲学鲜有谈及政党，大抵因为，政治哲学考虑问题的出发点是自由与平等的个体。有了自由平等的个人，民主政治水到渠成。这就是原子式民主。但事实上，一些人类事务极其复杂，自由与平等的个人仍然需要借助政党这个聚合代议机制，实现民主政治。

如果政党政治不可避免，那么当前政治哲学的根本课题之一是为政党政治找寻理由及根据。如果政党政治乃是为了达到某种目的所必需的，那么这种必要性何在？在政党政治之外，是否有其他更为有效的制度替代？放弃其他制度替代而选择政党，必然需要更为精致的论证；即使政党政治是最优选择，政党是否是必要的恶。所谓必要的恶，即人类为了达到某种目的，不得不组织政党，而政党这种组织一定要有权力才能运作。但是，权力这个东西就像滚雪球似的，越滚越大。当政党或个人的权力过大时，它必然损害到别人的权利，唯一的办法是将它的权力加以限制。那么，限制政党的理论依据是什么，限制政党的有效机制又是什么。当然，权力是必要的恶，这一类理念在传统中国的政治理论中是没有出现过的。中国传统思想总是把执政者视为父母，掌握权力的人也把统治当作是一种"爱民"的工作。中国传统上没有统治者的权力乃是基于人民同意而产生的这种理论。在这个意义上，建立一套基于民主的政党政治哲学，刻不容缓。最后，即使政党是必要的制度设计，也并不意味着政党不会违反任何道德原则。所以，既要论证政党政治的必要性，也要求证政党政治的正当性。政党政治形式很多，但并非任何一种政党制度都具有道德正当

---

① Schattschneider,E.E., *Party Government*, New York: Holt, Rinehart, 1967,p.10.

性。只有当政党有益于民主实现，且不伤害民主原则，政党在道德上才是可证的。

本书对政党进行规范性思考的切入点是党规，即藉由党规来阐释和理解政党现象。政党是制度化组织。政党一经产生，就不断地推进其制度化的程度。无论什么政党，都必须经历制度化的过程。制度是政党组织凝结的方式，即使在数十年后依然会影响政党组织的生命。一个政党也许会历经风雨，甚至在与瞬息万变的环境互动过程中发生重大的改变，但是形成的制度却会留下无法抹去的痕迹。根据亨廷顿，制度化即"组织和议事程序获得价值和得以稳定的过程"。当然，制度化并非朝夕之举。一般而言，政党制度化经历四个发展阶段，即派系化（factionalisation）、极化（polarisation）、扩张和制度化。派系化是指政治是操弄在少数缺乏组织且不稳定的团体成员手中。在极化阶段，政治会突破朋党的特质而与社会力量结合，同时政治参与持续增加。及至扩张阶段，政治领导人会将分散的群众集结成有效率的组织。最后，政党体系建立，政党制度化达成。①

政党制度化的结果即党规。任何政党都有自己的组织结构，有自己的领袖，有自己的党规。党规不是一个规则，而是诸多规则的集合。这些规则有共同特点，即由政党制定，反映全体党员意志。党规内容涉及政党意识形态、组织架构、党内选举程序、党员管理等。鉴于政党是社会的一部分，也是国家的一部分，党规有自治性，也有国家属性。换言之，党规不仅折射政党内部治理，也反映政党与国家和社会的关系。因此，探讨党规，就不仅要研究政党内部结构和过程，还必须将党规置于更为宏大的语境中，探讨政党在一个国家政治生活中的定位。在此意义上，党规原理研究实则是政党原理研究。

党规的核心问题是党规效力问题。一个制度要有生命力，必须要

---

① See Huntington（1965），"Political Development and Political Decay"，*World Politics* 17（3），p.394.

有效力，必须要付诸实施，必须在生活中实现。制度效力意味着人们愿意遵守制度。人们为什么愿意遵守制度？从行为动机看，人们遵守制度的动机有两个，即哈特所说的"内在观点"和"外在观点"。①"外在观点"即制度效力依据在于强制力。显然，强制遵守缺乏道德正当性。强制遵守的逻辑如同强盗对银行职员说："把钱交出来，要不就开枪啦！"不仅如此，强力是一种稀缺资源，任何统治者的强制资源都是有限的。没有一个统治者拥有足够的强力资源，通过强制力量同时向所有的社会成员贯彻自己的意志。因此，即使最强大的统治者也需要把强力（might）转换为正当（right），因为它所拥有的强大只是暂时的，不是永恒的，而且相对于社会，任何统治者的强力也不足以强大。强制性的权力必须辅以其他的权力资源。所以，就党规效力而言，一旦有可能，政党都从"外在观点"转向"内在观点"，即让党员自愿遵守党规。党员是否自愿遵守党规是测试一个政党治理能力的石蕊试纸。可见，党规的本质问题是党规的效力根据问题。因为只有党规拥有充分的效力根据，党规才能得到有效遵守。党规的效力根据，即党规的正当基础，也即党规的党员认同基础和社会认同基础。欲阐述党规的正当基础，需要首先了解政党的性质，而欲了解政党的性质，则须探讨政党与人民的关系。

第一章探讨政党的人民基础。对政党进行规范性思考的起点是"人民"。什么是人民？这是一个令人颇为头痛的问题。如果根据罗尔斯和哈贝马斯，把人民理解为自由和平等个人的自愿联合，那么人民来自哪儿？一般认为，人民来自自由和平等的个人的相互同意。但是，鉴于同意论不具备实践可行性，也存在理论逻辑悖论，所以目前政治哲学就人民的正当性来源找不到令人信服的答案。于是，罗尔斯和哈贝马斯只能诉诸历史证成论，即强调人民是历史的产物。但是，

①　参见哈特：《法律的概念》，张文显等译，中国大百科全书出版社1996年版，第90页。

诉诸历史的选择却有悖于人民主权的修辞，也不具有规范性意义，无法给后世人民一个交代。所以，人民的正当性只能来自正义的民主程序，而这个正义的民主程序为政党政治提供正当性基础。依据正义的民主程序，在任何情况下，人民权力不能完全落入人民代表手中，也不能完全落入政党手中，人民必须掌握最终的权力。虽然政党来自人民，政党的正当性基础在于正义的民主程序，但在现实民主生活中，政党大都有寡头倾向。所谓政党的寡头倾向，即政党旨在满足有组织的少数人的快乐。要防止政党寡头化，必须从政党内部和外部加强对政党的规制。

第二章探讨政党的法律基础。鉴于政党的寡头倾向，如何通过法律来控制政党这个必要的恶，成为现代民主政治实践的重要问题。从政党法律实践来看，每个国家通过法律规制政党的做法都不一样，没有统一的答案，甚至大陆法系与普通法法系对待政党的态度迥然不同。在大陆法系，政党被视为公共组织，视为法人团体，国家宪法乃至专门政党法对政党作出规制。在普通法系，国家宪法没有政党条款，对政党不作专门法律规制，仅把政党视为私人组织，视为非法人团体，甚至法院不愿介入政党事务。可见，政党采取什么法律形式，在多大程度上受到法律的规制，并无世界通例。但是，通过立法或司法来规范政党内部运作秩序，以确保政党内部民主，已逐渐成为两大法系的共同发展趋势。

第三章讨论党规的伦理基础。鉴于政党的人民基础，政党必然追求人民伦理。于是，世界各国政党党规往往对政党提出伦理要求。该种伦理要求体现在两个方面，一是底线伦理，即无害社会；二是高线伦理，即服务人民。党规伦理是政党的公共性质使然，不仅为政党提供行动指南，也为政党提供正当性基础。政党有自己的利益，但是政党一昧追求利益的结果是派系化和腐败，故需要底线伦理予以限制。政党仅仅满足于守住底线伦理是远远不够的，还必须有更高层次的道德高线作为其精神支撑和引领。政党的道德高线，即利他主义伦理和党员忠诚伦理。政党的利他主义伦理固然高尚，却绝不能触犯底线伦理。否则，利他主义伦理也可以为恶。在这个意义上，底线伦理在逻辑上永远优先于道德高线。因此，政党利他主义伦理并非全无限制，毫无原则。政党利他主义伦理必须是基于理性的利他主义，是包容性利他主义，是基于人民同意的利他主义。

第四章探讨党规的社会基础。在当代社会多元化条件下，党规的效力来自政党对于社会基础的合理追求。通过梳理马克思主义经典作家以及西方马克思主义对这个问题的思考和认识，我们发现，马克思对政党的社会基础给出了一个尝试性的答案，其理论依据是经济决定论，但后来西方马克思主义与马克思主义经典作家的思考之间有一些变化。这种变化的本质是如何看待经济基础与上层建筑的关系这个问题，体现在政党与社会的关系问题上，即政党是社会的反映，但政党的社会基础不是自然生成的，而更多地是依赖于政治建构；这种政治建构不仅需要谨慎把握基于经济基础的阶级分层，建构阶级认同，也需要着眼于复杂多元的社会分层，建构价值认同。

第五章探讨党规的理性基础。党规的效力源自理性的政党议事决策程序。根据罗尔斯的公共理性理论，通过公共论坛主体的公共身份可以化解个人偏好，通过主体之间的相互性可以化解强权压制，但是该理论对于外部群众理性以及公共理性本身的开放性，则考虑不多。如果把"公共理性"概念运用于政党议事程序研究，则发现，政党决策过程是一个公共论坛，应该采取公共立场而非政党立场；政党与群众之间具有基于平等的相互性；在"合理多元的事实"下，政党决策应从追求真理走向追求合理，追求政治正当性证成。当然，政党决策过程具有开放性，这使得公共理性本身乃至通过公共理性获得的共识都并非一劳永逸。

第六章探讨党规的纪律基础。纪律是一个现代现象。政党纪律是一种通过对党员的身体运作加以精心控制，使之驯顺以达到政党一致性目的的方法。作为治理技巧，政党纪律的身体规训策略包括规范化、监视、检查和惩罚。当然，纪律治理也有局限性，即道德风险、纪律僵化、德性失灵。既然政党纪律有其意义，也有局限性，就需要在加强政党纪律建设，谋求政党行动一致性的同时，还要理性对待纪律，防止纪律僵化和纪律的道德风险。所以，按照吉登斯的实践理论和布尔迪厄的习性理论，党员不仅是"柔顺身体"，也是"能动身体"，故在纪律建设之外，政党应致力于实践建党、思想建党和民主建党。

第七章探讨党规的内在基础。如前所述，党规具有外在基础，比如法律基础、社会基础、伦理基础等。借助这些外在基础，可以了解党规的发展与功能。由此也带来一个问题，即党规是否具有内变量。如果党规有内变量，党规的制定和实施必须考虑这种内变量，否则，党规将因为缺乏内变量而失去效力。借助凯尔森、卢曼和富勒等法学家的理论分析发现，党规有其内在基础。党规是一个规范体系，其规范效力源于规范体系自身而不是外部因素。党规的内在基础主要涉及三个问题，即党规的内部位阶、外部位阶和内在道德。

第八章探讨党规的实践基础。如同"纸面上法律"与"生活中法律"的区别，制定良好的党规是否转换成为生活中的党规，需要实践评估。实践评估不仅对党规的有效性作出描述，也可借此对党规的效力依据作出检讨。开展党规评估，关键是建构一套适当的评估指标。党规评估体系包括四个二级指标，即党规完善性、党规执行力、党规国法协调性和党员守法，分别反映党规的完善程度、党规在现实生活中的执行力、党规与国家法律的协调以及政党守法方面的情况。在上述指标体系中，党规评估侧重于结果评估、主观评估和专家评估。

上述思考，乃以政治哲学为主，同时结合法律哲学、社会哲学等多元视角，对政党及其党规作一规范性考察。规范性研究不仅深化对政党现象的认识，也为未来进一步研究拓宽道路。如前所述，作为一个现代现象，21世纪的政党政治正面临政党官僚化、社会多元化、沟通技术化和经济全球化的挑战，如何藉由党规来审视政党，藉由政党来审视人类民主制度，将是政治哲学的重要课题。

第一章　政党的人民基础

近代以来，人类的政治理想是建立"人民统治的人民政府"，但囿于客观历史条件的制约，在现实生活中往往退而求其次，建立"从人民中来的精英统治的人民政府"。以来自人民的精英取代基于出身的精英或者基于财富的精英，为政党政治发展拓宽了空间。政党为人民特别是底层社会成员开辟了政治参与机会。在一个普遍平权的时代，如果没有政党的存在，人民就是一团散沙，人民的权力也就成为子虚乌有之物。所以，政党是人民权力的拥护者和重要保障。谢茨施耐德在《政党政府》中有一著名且被广泛引证的话："一开始就应该直截了当说，本卷主要研究的论题是，政党创造了民主，倘若没有政党，现代民主是不可想象的。"① 罗西特（Clinton Rossiter）也有一句名言："没有妥协与节制，就没有政党。没有政党，就没有政治。没有政治，就没有民主。"② 虽然现代政治是民主政治，政党被看作确保民主政治实施的唯一可行机制，但是关于政党与人民关系的基本原理，却并不清楚。如果政党政治不可避免，那么政治哲学的根本课题之一是为政党政治找寻理由及根据，即厘清政党的人民基础。

---

① Schattschneider, *Party Government*, New York: Holt, Rinehart and Winston. 1967, p.4.

② Clinton Rossiter, *Parties and Politics in America*, Cornell University Press, 1960, p.1.

一、人民的理论来源

（一）人民概念

不管人们如何定义民主，但其基本要旨是共同的，即人民统治。人民统治意即人民的权力，包含三个要素，一是民主的主体，即谁来掌握和行使人民的权力；二是民主的对象，即人民统治谁；三是民主的正当性依据，也就是人民的来源。所以，要搞懂民主，首先要了解民主的主体和对象，即人民。

在当代社会，人民是一个被各种意识形态操弄而滥用的词汇，各种各样的话语和知识都要贴上人民标签，冠以人民的名义，因为一旦标榜为人民，话语和知识便获得巨大的效用，拥有合法的地位。[①] 人民也是当代政治学和哲学中最难理解、意义最含混的词汇之一。根据萨利托的梳理，有六种关于"人民"的解释：（1）人民字面上的含义是指每一个人；（2）人民是指一个不确定的大部分人，一个庞大的许多人；（3）人民是指较低的阶层；（4）人民是一个不可分割的整体，一个有机整体；（5）人民是绝对多数原则所指的大多数人；（6）人民是相对多数原则所指的大多数人。[②] 可见，人民不仅是一个描述性概念，也是一个规范性概念。作为描述性概念，人民有两个含义：一

[①]　利奥塔说："英雄的名字是人民，合法性的标志是公式，规范化的方式是协商，由此必然产生进步观念：他表现的仅仅是一种假设知识不断积累的运动，但这一运动扩展到了新的社会政治主体"，这样，"人民就是民族，甚至就是人类，他们不仅不会满足于认识，尤其在政治体制中不会仅满足于认识，他们还要立法，即指定一些具有规范价值的规定。"（弗朗索瓦·利奥塔：《后现代状态：关于知识的报告》，车槿山译，三联书店1997年版，第63—64页）

[②]　参见萨托利：《民主新论》，冯克利、闫克文译，上海人民出版社2009年版，第34页。

是从社会结构的层面，指社会群体或平民阶层；二是从政治过程的层面，指政治过程中的大多数人。作为规范性概念，人民是指自由、平等的个人的自愿联合，其中蕴含自由、平等价值理念，特别是人民同意理念。

关于人民的规范性理解，可以见诸罗尔斯和哈贝马斯的作品。罗尔斯在探讨正义原则之前，首先"假定一个这样的社会，这个社会是由一些个人组成的多少自足的联合体"。[①] 哈贝马斯在探讨民族国家的时候，强调随着封建主权向人民主权的转变，公民的政治自由权利"除了保障私人自律之外，还保障政治自律，而且原则上是针对每一个人的。……民主法治国家就其理念而言，是根据民众自己的意愿和自由意志确立的合法化秩序"。[②] 因此，所谓人民，即自由、平等个人的自愿联合，这是关于人民定义的首要理念。

（二）人民的范围

如果把人民理解为自由和平等个人的自愿联合，那如何界定人民的范围？在此，有两个有影响力的学术理论：一个谓之"敌友论"，另一个谓之"同意论"。

"敌友论"的代表人物是霍布斯和施米特。根据霍布斯，人民的范围来自外部敌人的界定。在自然状态下，人是没有边界的，更遑论群体之间的边界。如何区分群体，这并不是霍布斯关心的问题。他所关心的是，如何让自由平等的个人授权利维坦。在霍布斯看来，群体的构成并不取决于群体内部成员的相互同意，而是取决于外部因素，即共同的敌人。他写道："使人确信能充分保障安全的群体大小不决定于任何一定的人数，而只决定于与我们所恐惧的敌人的对比。……

[①] 罗尔斯：《正义论》，何怀宏等译，中国社会科学出版社1997年版，第2页。
[②] 哈贝马斯：《包容他者》，曹卫东译，上海人民出版社2002年版，第132页。

群体纵使再大，如果大家的行动都根据各人的判断和各人的欲望来指导，那就不能期待这种群体能对外抵御共同的敌人和对内制止人们之间的侵害"。① 施米特追随霍布斯，也用敌人来界定人民，通过"他们"来界定"我们"。在他看来，没有敌人，就没有人民。所以，敌友之分构成政治的基础。他写道："所有政治活动和政治动机所能归结成的具体政治性划分便是朋友与敌人的划分。"② 于是政治的本质便在于划分敌友。在施米特的政治概念中，居于首要地位的并非是作为肯定概念的朋友或友爱，而是作为否定概念的敌人或敌对。

"同意论"的代表人物是洛克和诺奇克。根据洛克，人民来自内部协商。不同于霍布斯，洛克认为，在没有边界的自然状态，是协议而非我们所害怕的敌人，构成了个人的联合。人们协议组成一个联合共同体。洛克说："任何人放弃其自然自由并受制于公民社会的种种限制的唯一的方法，是同其他人协议联合组成为一个共同体，以谋他们彼此间的舒适、安全和和平的生活，以便安稳地享受他们的财产并且有更大的保障来防止共同体以外任何人的侵犯。无论人数多少都可以这样做，因为它并不损及其余的人的自由，后者仍然像以前一样保有自然状态中的自由。"③ 这个思路启发了诺奇克。根据诺奇克，一个人可以与其他人联合，或者因为是他的朋友，或者因为天性善良，或者之前他帮助过他人以及将来有帮助他人的可能，或者为了交换得到某些东西。由个体组成的群体可能联合起来，多个成员联合形成相互保护的社团，每个成员都会响应对方提出的合理要求，以便能够更好地捍卫他们的权利。④

不论根据敌友论还是同意论，人们组成个人的联合，谓之人民。

---

① 霍布斯：《利维坦》，黎思复、黎廷弼译，商务印书馆 1997 年版，第 129 页。
② 施米特：《政治的概念》，刘宗坤等译，上海人民出版社 2004 年版，第 106 页。
③ 洛克：《政府论》（下篇），叶启芳等译，商务印书馆 1997 年版，第 59—60 页。
④ 参见诺奇克：《无政府、国家和乌托邦》，姚大志译，中国社会科学出版社 2008 年版。

当然，人们组成人民是一回事，这个人民是否具有正当性是另外一回事。显然霍布斯和洛克并没有注意到这个问题。因为在16、17世纪，人们考虑的主要是新政府的正当性问题。显然，用人民政府来取代国王的神圣权利，需要正当性论证。所以，人们一说正当性，就是基于人民同意而成立的政府的正当性，并未虑及人民正当性。那么，人民的正当性从何而来？

（三）人民理论来源的难题

由于人民是自由和平等的个人的自愿联合，人民的正当性则来自自由和平等的个人的相互同意。这需要提到罗尔斯的同意理论和卢梭的同意理论。这两个同意理论分别看到了人民正当性的实践和逻辑难题。

在《正义论》中，罗尔斯确信必须首先解决社会的基础问题，即正义原则赖以建立的社会的基本结构。他把社会的存在视为先定条件，因为没有一个社会是人自愿进入而合作，所以必须假定一个"封闭的社会"，个人通过出生而进入，通过死亡而离开。他说："如果可能的话，做到下一点我就满足了：为一个被理解为暂时同其他社会隔绝的封闭社会的基本结构，概括出一种合理的正义观来"。[1] 在《政治自由主义》中，罗尔斯再次假定"封闭的社会结构"，"因生而入其中，因死而出其外"，[2] 具体讲，即"基本结构是一个封闭的社会结构，也就是说，我们将把它看作是自我包容的、与其他社会没有任何关系的社会。它的成员只能由生而入其中，由死而出其外"[3]。罗尔斯通过"封闭的社会结构"来解决人民的正当性问题，可能考虑到人民正当性缺乏实践可行性。的确，在理论上，人民是自由和平等的个人的自

---

① 罗尔斯：《正义论》，何怀宏等译，中国社会科学出版社1997年版，第6页。

② 罗尔斯：《政治自由主义》，万俊人译，译林出版社2000年版，第143页。

③ 罗尔斯：《政治自由主义》，万俊人译，译林出版社2000年版，第12页。

愿联合，但在实践中，没有一个社会建立在个人的同意之上，更遑论全体一致同意。如果把人民正当性界定为全体一致同意，没有一个社会共同体具有正当性。这也是为什么理论家一般都不谈论人民的正当性问题。当然，罗尔斯的"封闭的社会"看似化解了人民正当性问题，但也带来新的难题，即全球化时代的移民问题。在现实世界，不存在"封闭的社会"，在一个开放的社会，如何保障外来移民的意志实现，这仍然是人民正当性问题。

卢梭在《社会契约论》中认真思考了人民的正当性问题。人民要成为自愿的联合，每个人的同意就是必要的。同意往往通过投票体现。谁来投票？如果人民投票，谁属于人民？这显然不是人民自己能决定的。这显然需要一个外在权威来确定人民的范围和人民参与的程序，确定人民参与的进入门槛和退出机制。显然，这个外在权威就可能构成新的专制权威。为了民主，塑造一个新的专制权威，这并不符合卢梭的初衷。当然，卢梭意识到这种正当性的理论逻辑问题。他指出，社会的建构需要一个先定的权威，这个权威自身是不能正当化的。为了让人民正当化，他写道："为了使一个新生的民族能够爱好健全的政治准则并遵循国家利益的根本规律，便必须倒果为因，使本来应该是制度的产物的社会精神转而凌驾于制度本身之上，而且使人们在法律出现之前，便可以成为本来应该是由于法律才能形成的那种样子。"[1]按照契约论，人民创制国家，国家创制法律，人民遵守法律。人民遵守法律的结果，不是来自国家强力，也不是来自国家说服，而是来人民自身。这个人民自身的精神来自何处呢？卢梭只好诉诸于公民宗教。[2]

鉴于人民正当性的实践可行性难题和理论逻辑难题，政治哲学找不到令人信服的答案，无法有效回应人民正当性论证的困难，于是通

---

[1] 卢梭：《社会契约论》，何兆武译，商务印书馆 2001 年版，第 57 页。
[2] 参见卢梭：《社会契约论》第 2 卷第八章和第 4 卷第八章，何兆武译，商务印书馆 2001 年版。

过先在的人民假定来回避这个问题，即人民是历史的产物，姑且称之为"历史证成论"。

（四）历史证成论

所谓历史证成论，即强调人民正当性并非来自自由平等个人的同意，而是历史的选择。所谓历史的选择，即人民是历史无意的产物，人民的产生具有偶然性。不是人民的自觉而是赤裸裸的历史力量造就了人民。从学术文献看，第一个提出历史证成论的是柏克。根据柏克，人民臣服于一个权威是基于历史的偶然性，统治与被统治者之间是一种"历史合伙"。根据柏克，自由和平等的个人自愿联合理念是社会契约论的虚构，人民并不能书写自己的历史，人民是历史的无意的产物，人民臣服于一个并非他们选择的权威。社会确实是一项契约，却是一个更胜一筹的历史合伙关系，"它乃是一切科学的一种伙伴关系，一切艺术的一种伙伴关系，一切道德的和一切完美性的一种伙伴关系"，"由于这样一种伙伴关系的目的无法在许多代人中间达到"，[①] 所以，就与其后的许多代人有关系。

柏克的历史证成论被罗尔斯和哈贝马斯继承和发扬。根据罗尔斯，人民建构是历史协议的结果。在"答哈贝马斯"中，他写道："并不是每一代人都非得对所有合法性的根本问题商谈一番，从而达成一种合乎理性的结论，然后成功地缔结一部全新的公正宪法不可。某一代人是否能够这样做，并不是由他们单独决定的，而是由社会历史所决定的：一七八七至一七九一年的宪法缔造者之所以能够成为宪法的缔造者，并不是单单由他们自己决定的，而是由迄今至他们那个时代的历史进程所决定的"。[②]

[①]　柏克：《法国革命论》，何兆武译，商务印书馆 2009 年版，第 129 页。
[②]　罗尔斯：《政治自由主义》，万俊人译，译林出版社 2000 年版，第 427 页。

哈贝马斯认为，社会的建构并非出于个体的自愿，而是取决于历史的机会；不仅如此，总有那么一天，民主会抓住历史的机会，给人民以正当性，给民主以正当性。所以，他写道："一部宪法的民主性质并不完全在于它的内容，也在于它的正当化来源，这是一个有明确时间起点的传统建筑工程，有面向未来的特征或者开放性，也就是说，所有的后代世人承担着实现原宪法文本主张的权利体系的尚未开发的规范性内容的任务"。①

必须承认，历史证成论符合人的直觉。根据现代民主原则，如果问一个公民，政府的正当性来自哪里，答案肯定是来自人民同意，也即自由、平等的个人都有机会来表达意见，通过多数决来成立政府。如果继续问他，人民的正当性来自何处，他可能回答说，人民来自过去的一场战争、革命或者协议。也就是说，政府的正当性来自人民同意，人民的正当性则来自某个历史事实。

也必须要看到，历史证成论并不能完全让人信服。因为诉诸于历史并不会使人民的正当性问题消失，特别是在今天。我们会自问，为什么我们生来就要接受我们所身处的人民共同体？在现有人民范围内，为什么一些人享有特权而另一些人则不享有。那么，作为一个自由和平等的人民个体，我有权利追问人民的正当性。更何况，历史事实并不具有规范意义，历史可能是正义的，也可能是不正义的。如果历史是不正义的，难道后代世人都要无条件接受吗？所以，历史证成论有悖于人民主权的修辞，也不具有规范性意义，无法给后世一个交代。如果完全诉诸于历史的选择，则大大削弱同意理论的规范性力量。这对于那些事实上已经手握权力的人或组织来说，如果他们的权力不需要正当性证成，那简直是一件美妙无比的事情。所以，历史证成论背离了同意论的初衷。任何权力都需要正当性证成，人民的正当性必然从历史的选择走向人民的选择。

---

① Habermas（2001），"Constitutional Democracy," *Political Theory* 29（6），p.774.

当然，虽然罗尔斯和哈贝马斯等人的人民论证存在论证漏洞，但是，他们的论证再次验证一个学术共识，即人民的先在是政治设计的前提。进而言之，人民的正当性基础是民主政治和政党政治的前提。不仅如此，罗尔斯和哈贝马斯等人的论证也指出一个重要问题，即人民建构的客观历史条件至关重要。后面看到，在这个客观历史条件中，政党作用需要予以描述。

（五）正义的民主程序

程序正义的目的是以一定程序合理公平地分配社会资源。在一个共同体中，政治制度决定了自由且平等的个人的需要和愿望，换言之，政治程序的安排决定了社会成员是什么样的人，也决定了他们可能成为什么样的人。

罗尔斯在《正义论》中将程序正义分为三种：一是纯粹的程序正义，指的是只要严格遵守其程序规则，无论得到什么样的结果则都被视为合乎正义的程序，比如赌博。二是完全的程序正义，指的是存在合乎正义的结果，也有达到此结果的程序，比如分蛋糕时切的人拿最后一块。三是不完全的程序正义，指的是存在着衡量什么是正义的客观标准，但不存在达到这个结果的程序，比如法律诉讼。其中，特别提出"纯粹的程序正义"的观念。根据罗尔斯，只要一种赌博活动的运行规则公平合理，即符合无特定盈利企图、自愿进行、自由进出、无人作弊等限制性条件，那么它产生的结果无论外在形式如何，在本质上都是正义的。由此，我们便可清楚地看出"纯粹的程序正义"超越传统观念的根本所在，即"不存在对正当结果的独立标准，而是存在一种正确的或公平的程序，这种程序若被人们恰当地遵守，其结果也会是正确的或公平的，而无论它们可能会是一些什么样的结果"①。

① 罗尔斯：《正义论》，何怀宏等译，中国社会科学出版社1997年版，第82页。

如此一来，任何人均可以在不损害他人利益的前提下公平合理地实现自身的利益最大化。在罗尔斯看来，"评判任何一种程序的基本标准是程序可能产生的结果的正义性"[①]，而纯粹程序正义构成了一个旨在确保产生正义结果的正义程序。

从理想的角度看，人民的正当性来自正义的民主程序。正义的民主程序是确保正义结果的民主程序。在这一程序中，自由、平等的全体人民广泛且有序进行政治参与。具体讲，每一个人是自由的，即良心自由、思想自由、个人自由；人们相互之间是平等的，每一个人都享有平等的公民权利；该程序能够有效保证全体自由且平等的个体广泛且有序的政治参与。换言之，正义的民主程序是一个正义的社会结构的基本前提。

二、政党的社会必要性

在理论上，人民来自正义的民主程序，这种民主程序是原子式民主；但在事实上，人民的产生乃至产生以后的民主实现，均有一定的客观历史条件，其中，政党扮演重要角色。

（一）政党的产生

容易与政党的产生相混淆的一个概念是政党的起源。政党的起源是指一种对历史源头的描述，政党的产生则是指一种抽象的发生模式。世界上不同国家和地区政党起源的时间不同，但产生模式却具有高度的相似性。政党的产生概括起来有两种模式，一是在前人民状态

---

① 罗尔斯：《正义论》，何怀宏等译，中国社会科学出版社1997年版，第220页。

下，作为领导社会大众的先锋队，政党是历史的产物，政党产生的历史事实可能是阶级斗争、民族解放或者建立代议政府；另一则是在人民建构以后，在民主程序下，作为聚合民意的手段，政党是选举权扩展基础上自然的结合，是民主的产物。可见，政党的产生与特定阶段人民的需求密切相关。不论在人民产生阶段还是在人民民主阶段，物以类聚，人以群分，拥有相同偏好和诉求的人聚合一起；同时，要最大限度地调动政治资源，获得更多的支持，就需要将聚合组织变得更有影响力和知名度，而这就要求组成一个能够维持和经营的组织。于是，政党就此产生。

不论是在政党产生的第一种模式，还是第二种模式，在诸多人民团体、利益团体中，人民为何唯独厚爱政党来完成人民建构或实现民主，的确需要精致论证。这种论证从政党的社会必要性入手。根据政党产生的两种模式，政党的社会作用表现为人民建构和民主辅助。

（二）"前人民状态"

按照霍布斯等人的设想，在自然状态，人们处于群众社会，还不是人民状态。人民建构的过程，也就是告别自然状态、建构个人的自愿联合的过程。姑且把人民产生之前的状态称之为"前人民状态"。人民是一个有机整体，是一个集合体；"前人民状态"则处于无序状态，缺乏凝聚力。在人们形成自愿的个人联合之前，社会处于一盘散沙状态。借用滕尼斯的概念，①"前人民状态"处于社会状态，而人民处于共同体状态。根据勒庞和加塞特，大众是一个无意识甚至无道德要求的乌合之众，他们或者如同野蛮人般主动地毁坏一切，或者在别

---

① 滕尼斯对共同体与社会做了区分。在滕尼斯看来，在共同体里面"人们休戚与共，同甘共苦"，共同生活、共同居住、共同工作，由此衍生共同体。（参见滕尼斯：《共同体与社会——纯粹社会学的基本概念》，林荣远译，商务印书馆1999年版，第108页）

有用心之人的指使下毁坏一切。加塞特将大众称为"群氓",他们是"没有特殊资质的个人集合体"。① 大众只有在民主制度和科学制度的帮助下日益获取更大的权力,成为真正的统治者。② 大众人在行动意识、道德伦理和其他责任角色上存在多重缺失。所以,大众是一群无意识的散兵游勇,缺乏管理自己生活的能力,没有资格成为社会的主人。政治民主化的关键是让大众成为公众、人民。典型的前人民状态如传统农业社会和极权社会。

传统社会处于"前人民状态"。一方面,传统社会是一个以农民为主的农业社会。如马克思所描述的法国农民的状态,广大群众是"由一些同名数简单相加形成的,就像一袋马铃薯是由袋中的一个个马铃薯汇集而成的那样"。③ 根据沃尔夫,由于自给自足的生活方式,农民天生不愿参加革命。农民只有在政党等外部力量的领导下,才会参加革命,甚至起到积极作用。④ 另一方面,传统社会没有任何一个阶级力量可以单独主导国家建构。譬如,中国传统社会没有"集中而不免固定"的阶级划分,其分化主要体现为"职业分途",即士农工商;⑤ 中国传统社会是"平铺散漫,无组织,无力量的社会"。⑥ 这样的社会结构决定了传统中国社会缺乏一个主导性的阶级力量,处于一盘散沙状态。对于传统社会,孙中山有过形象的阐述——"因为是一片散沙,所以受外国帝国主义的侵略,受列强经济商战的压迫,我们现在便不能抵抗。"⑦ 无独有偶,毛泽东也看到了中国社会民众的无

① 加塞特:《大众的反叛》,刘训练等译,吉林人民出版社 2004 年版,第 6 页。
② 参见勒庞:《乌合之众》,冯克利译,中央编译出版社 2004 年版,第 3 页。
③ 《马克思恩格斯选集》第 1 卷,人民出版社 1972 年版,第 693 页。
④ 参见奥罗姆:《政治社会学导论》,张华青等译,上海世纪出版集团 2006 年版,第 283 页。
⑤ 参见梁漱溟:《中国文化要义》,见《梁漱溟全集》第三卷,山东人民出版社 1990 年版,第 139—157 页。
⑥ 钱穆:《国史新论》,三联书店 2001 年版,第 32 页。
⑦ 《孙中山全集》第 9 卷,中华书局 1986 年版,第 281 页。

组织状态。他在《论持久战》中指出："日本敢于欺负我们，主要的原因在于中国民众的无组织状态。"①

极权社会也处于"前人民状态"。根据阿伦特，极权政权针对犹太人的大屠杀，实际上得到了群众的支持。"毫无疑问，极权主义政府及其令人无法容忍的公开罪行是由群众支持的。……十分明显，群众对极权主义的支持既非出于无知，亦非洗脑的结果。"②"让我们感到不安的不是我们的敌人，而是我们的朋友们的行为。他们没有做任何事来引起这种情况，他们不必对纳粹负责，他们只是被纳粹的成功所折服，不再能应用自己的判断力来对抗他们看到的那种历史的裁决。"③极权社会的大众缺乏理智和责任。所以，阿伦特并不信任作为人口大多数的群众。根据科恩豪泽，因为"群众人孤独无靠，正可受人利用"，因此，群众动员"倾向于采取极端行为，在政治过程中以积极的反应和干涉方式代替漠不关心"。④可见，"前人民状态"的大众处于一盘散沙状态，缺乏理智和责任，很容易进行动员和操纵。如何让群众从"前人民状态"走向"人民"，则需要人民建构。

（三）人民建构

所谓人民建构，有两层含义：首先，人民建构是人民主权建构，指把不同的社会、经济、宗教、种族和地理因素融合在一起，从而形成一个独立的"人民权力"。由此，人民建构意味着人民控制其管辖范围内的领土的能力，还意味着社会大众对人民国家所持有的忠诚态

① 《毛泽东选集》第二卷，人民出版社 1991 年版，第 511—512 页。

② 阿伦特：《极权主义的起源》，林骧华译，三联书店 2008 年版，第 7 页。

③ Arendt, H. *Personal Responsibility under Dictatorship*. Kohn, J. Responsibility and Judgment. New York, NY: Schocken Books, 1983, p.24.

④ 萨托利：《民主新论》，冯克利、闫克文译，上海世纪出版集团 2009 年版，第 39 页。

度。其次，人民建构是民主程序建构，即把一个既定疆域内分离和相异的诸因素予以整合，通过程序规范化，以共享一个民主程序制度。

从人类政治经验看，在人民建构的过程中，政党往往扮演重要角色。观之世界各国人民建构的历史，欧洲国家多数先有人民，有了议会，后有政党政治；亚非等新兴国家，则先有政党政治，后有人民建构。在欧洲一些国家，在政党出现之前，人民建构已经完成。如19世纪的英国政党就不需要解决人民建构问题，也就没有人民建构的任务和使命，它只需要在既定的人民议会政治框架内开展活动。法国、瑞典、挪威、荷兰也是如此。但德国、瑞士、比利时以及意大利都曾面临人民建构问题。在第一次世界大战之后，这些国家的政党都不得不面临国家统一问题。德国和意大利的历史表明，政党和军队是人民建构的主要工具。虽然政党不是人民建构的充分条件，但至少是人民建构的必要条件。在亚洲和非洲的大多数新兴国家的人民建构的过程中，政党的作用无可替代。因为这些国家是一个"多元社会"，存在各种原生的社会势力，[①]需要通过政党发挥政治整合作用——一是将分散或分化的社会力量组织到政治共同体中来，二是对社会力量进行动员，引导和推动他们参与政治生活。[②]在人民建构的过程中，主权

[①]　"怎样把这些原生的社会势力糅合为单一的民族政治共同体，就成为一个棘手的问题。此外，现代化已造就出或者在政治上唤醒了某些社会和经济集团，这些集团过去或者根本就不存在，或者被排除在传统社会的政治范围之外，现在它们也开始参与政治活动了。它们要么被现存政治体制所同化，要么成为对抗或推翻现代政治体制的祸根。因此，一个处于现代化的社会，其政治共同体的建立，应当在'横向'上能将社会群体加以融合，在'纵向'上能把社会和经济阶级加以同化。"（亨廷顿：《变化社会中的政治秩序》，王冠华等译，三联书店1989年版，第366页）

[②]　亨廷顿指出："没有组织的参与就会堕落为群众运动；而缺乏群众参与的组织就堕落为个人宗派。强大的政党要求有高水平的政治制度化和高水平的群众支持。'动员'和'组织'，这两个共产党政治行动的孪生口号，精确地指明了增强政党之路。能一身二任的政党和政党体系使政治现代化与政治发展二者并行不悖。"（亨廷顿：《变化社会中的政治秩序》，王冠华等译，三联书店1989年版，第371页）

建构与程序建构往往不能同时完成，程序建构甚至更为艰涩。

中国政党在人民建构的过程中扮演重要角色。中国国民党和中国共产党的产生说明了这点。如何让中国农民成为扎紧口子而不是散落一地的马铃薯？如何把一片散沙的中国群众凝聚成一个"坚固的团体"？① 孙中山给出的答案是"以党建国"。作为现代中国的创立者，孙中山认为，只有"使全国的人都化为革命党，然后始有真中华民国"，"革命未成功时，要以党为生命，革命成功后，仍绝对用党来维持"。② 他还说："现尚有一事可为我们模范，即俄国完全以党治国，比英、美、法之政党握权更进一步；我们现在并无国可治，只可以说以党建国。待国建好，再去治他。"③ 同样，中国共产党通过政党力量凝聚社会大众，实际效果远远超过当年在大陆的国民党。中国共产党一开始就注意将其活动延伸于乡村。早在 1923 年，中共"三大"的党纲指出："至于农民当中国人口百分之七十以上，占非常重要地位，国民革命不得农民参与，也很难成功。"④ 及至中华人民共和国建立后，中国共产党的组织更是全国性地向农村地区延伸。⑤ 新中国成立十多年后，毛泽东讲："工、农、商、学、兵、政、党这七个方面，党是领导一切的。党要领导工业、农业、商业、文化教育、军队和政府。"⑥ 中国共产党用坚持党的全面领导的制度解决人民和国家

---

① "中国人既是一片散沙，本是很有充分自由的，如果成一片散沙，是不好的事，我们趁早就要参加水和士敏土，要那些散沙和士敏土彼此结合来成石头，变成很坚固的团体，到了那个时候，散沙便不能够活动，便没有自由"。（《孙中山全集》第 9 卷，中华书局 1986 年版，第 278 页）

② 《孙中山年谱》，中华书局 1980 年版，第 256 页。

③ 《孙中山全集》第 9 卷，中华书局 1986 年版，第 103—104 页。

④ 《中共中央文件选集》第 1 册，中共中央党校出版社 1982 年版，第 110 页。

⑤ 黄宗智认为，"共产党在农村建立党组织当然在与国民党斗争时期已经开始，双方的斗争促使各自向社会的基层纵深发展，但是只有 1949 年共产党获得最终胜利后，它才能在新解放区充分建立党的机构。"（黄宗智：《长江三角洲小农家庭与乡村发展》，中华书局 2000 年版，第 178 页）

⑥ 《毛泽东文集》第八卷，人民出版社 1999 年版，第 305 页。

建构中的离心问题。在多年之后，邓小平仍然强调党的领导对于人民和国家建构的意义，认为"没有共产党的领导，肯定会天下大乱，四分五裂。"① 还说："中国一向被称为一盘散沙，但是自从我们党成为执政党，成为全国团结的核心力量，四分五裂、各霸一方的局面就结束了"。② 显然，政党在中国人民建构过程中发挥关键作用。

可见，政党是人民建构的先锋队。所谓先锋队，是掌握真理，能够把真理与大众结合起来，领导大众走向人民的最骨干力量。群众社会处于一盘散沙状态，从群众社会走向人民，需要政党先锋队。没有政党先锋队，就不可能把一盘散沙的大众团结起来，也就没有可以取得人民建构胜利的力量。

（四）民主辅助

在人民建构完成以后，在人民共同体中，人民普遍参与政治，必然产生政党政治。这个时候的政党已经不是人民主权建构过程中的先锋队政党，而是基于人民意志的参政或执政党。在民主制度落到实处的过程中，政党承担民主辅助功能。一些早期理论家如麦迪逊是反政党主义者，他们假定无须政治组织的帮助，社会会自动表达意志，但事实上，"人们对此想当然了，以为人们自己就会理所当然地承担表达自己意志的责任"。麦迪逊的假设没有看到民主过程的复杂性，没有预见"由人民的数量、偏见、静止（immobility）、冷漠所带来的困难"。因此，在人民与政府之间的地带，恰恰就"是政党的栖息地"。③ 由于人民不能直接行使权力，所以，在民主制度下，需要通过选举产生国家，来行使人民授权的权力。人民选举产生人民代表、行政首长，甚至法官，通过选举才能把民主理念落到实处。也只有通过选举，才能

---

① 《邓小平文选》第二卷，人民出版社 1994 年版，第 391 页。

② 《邓小平文选》第二卷，人民出版社 1994 年版，第 267 页。

③ Schattschneider, *Party Government*, New York: Holt, Rinehart and Winston. 1967, p.14.

在国家与社会之间搭起桥梁，而政党就是国家与社会之间的桥梁纽带。

首先，政党是凝聚民意的有效机制。选举是人民实现民主，掌控国家的关键所在。选举政治需要凝聚民意，凝聚民意则需要政党。在选举过程中，妥当表达人民意志，表达人民对于国家的意见和看法，离不开政党。人民是由一个个被假定拥有理性判断能力的独立主体构成，人民的集体意志并非自然生成。在生活中存在各种各样未经整合的、甚至相互矛盾的个人观点和价值取向。由此，人民意志转换成为国家意志，不是自然生成，需要借助选举。这就需要政党事先在一定范围内协助人民归纳、整合社会上各式各样复杂的意见、价值、需求，经由政党提出一般性的政策方针或者价值立场，使得人民能够借此在选举中作出相对简单的选择。通过政党，民众的观点得以表达，事物摆脱混乱而趋于条理化。当然，政党并非唯一整合民意的组织，其他社会组织、人民团体等均能在整合民意方面发挥一定作用。但是，就通过选举凝聚民意而言，政党的作用最大。可以说，如果没有政党，在人们刺耳的争吵声中，在形形色色的地方利益面前，大众意志无从表达；如果没有政党，民众意见就不能得到动员和整合，民众意见也就几乎不再具有政治作用或现实价值；如果没有政党，政治就会变成个人、利益集团和强人之间的权力游戏。

其次，政党是人民控制政府的有效机制。通过政党来达到人民控制政府的目的。经典著作主要关心如何确定人民的权利，但很少关心如何实现这些权利。人民权利的实现，离不开政党。在政治社会中，政治权力由许多不同机构分享，主要是立法机构和行政机构，这是作出国家大政方针的机构。立法机构由人民代表组成，无疑具有基于人民的合法性，但立法机构缺乏治理能力，甚至议而不决，内部冲突。相较之下，政府兴起并取得支配地位。面对非常强势但却缺乏合法性的行政机构，如何对之加以控制，仅仅依靠立法机构的监督显然不够。在立法机构之外，政党是一个有效选项。相对于政府，政党之强在于其民意基础，在于纪律性。一方面，政党特有的分层、提名和资助为政府职位提供当选议员和被任命者；再者，在政党的领导下，立法权和行政权在相互制约的同时，能够共同行动。政党纪律可以保证同属一党官员不论是身处一个机构还是跨机构，可以相互合作。

最后，法治政治不能代替政党政治。虽然基于正义的民主程序，人民创制政治宪法，但宪法的实施离不开政党。由于国家和宪法的局限性，民主之实现，仅仅依宪治国是不可能的，必须要依靠政党政治。政党的组织纪律性，使得它们可以动员选举，上台执政或者维持执政。伍德罗·威尔逊在《美国的宪法政府》中指出，所谓宪法政府，即"其权力适应于人民之利益与个人自由之维系"。[①]威尔逊认为，宪法对于民主政府的设计并不充分。因为（1）宪法不会配备数千名联邦政府官员；（2）宪法不会促进对抗的机构之间的合作；（3）宪法不会就国家问题自动产生国家判断。因此，政党是必要的。只有身处政府和宪法之外的政党才能完成上述任务。[②]罗西特从干部人力资源的角度发现，宪法无助于人才选拔，而没有人才，政府就不可能服务社会；相比之下，政党则是"巨大的人事力量"。[③]仅仅依靠法律并不能保证民主政治有效运转，民主政治的有效运转还要依靠人的力量，而政党则是人力资源库。

三、政党的正当基础

（一）政党证成

人民需要政党，以实现民主，但政党参与人民权力的行使，存在

---

① Woodrow Wilson, *Constitutional Government in the United States*. 1905, p.2.

② Woodrow Wilson, *Constitutional Government in the United States*. 1905, p.210.

③ Clinton Rossiter, *Parties and Politics in America*, Cornell University Press, 1960, p.40.

正当性问题。所谓正当性问题，即如何为一个人将自己的意志和判断交由另一个人提出辩护。既然民主是自由和平等的个体的自愿意见表达，那么政党凝聚个体意见，代替人民发声，而人民是政党决策的执行者，要按照政党决策来行动，那么，人民服从政党意志的正当性依据是什么？如果人民直接按照政党权威指令行动。那么正当性问题就出来了：我们都是理性的、自主的人，都在道德上处于一种平等地位，凭什么政党权威可以对我提出这种义务性要求？它的正当性基础何在？如果说政党权威得不到辩护的话，那么政党权威就无法主张自己的正当性，人民也没有义务服从政党权威。所以，政党正当性探究的是满足何种条件时政党权力的运用是正当的。

欲了解政党的正当性，需首先区分正当性与证成。依据西蒙斯对正当性与证成两个概念的区分，[①] 证成一个政党和使政党正当化是不同的。政党的证成只是为政党的权力提供一种辩护，并不意味着正当性。证成性论证不能替代正当性论证。只有政党具有正当性，人民才有接受政党领导的义务。政党政治的证成性论证一般基于政党政治的社会必要性。如前述政党的人民建构功能和民主辅助功能。政党权力行使的正当性并不能基于社会必要性，而只能基于民主程序。

政党正当性理由并非来自历史证成。先锋队政党带领人民大众进行人民建构，取得胜利后成为执政党，往往将执政地位的来源诉诸于历史的选择。[②] 虽然获得执政地位是历史的选择，但保持执政地位，

---

① 在西蒙斯看来，应该区分国家的正当性和国家的证成，不能把国家的统治权视为证成权，把政治义务与国家的统治权割裂开来。他认为，证成一个国家是要阐明国家在道德上是可接受的或最理想的，是要证明接受国家是明智的或最理性的选择。但一个得到证成的国家并不一定就具有正当性，因为国家是否具有正当性依赖于对国家和每个人的互动关系的考察。[See A. J. Simmons（1999），"Justification and Legitimacy，" *Ethics* 109（4），p.747]

② 如中国共产党十六届四中全会《中共中央关于加强党的执政能力建设的决定》指出："我们党成为执政党，是历史的选择、人民的选择。"（《人民日报》2004年9月27日）

则不能基于以往的历史事实，而是需要正当性建构。以历史传统来解释今天的政治现象，已经难以服人，更不能说服理性的后代世人。"成为执政党"是历史的选择，这并能不为长期执政提供正当性基础。况且，历史的选择缺乏规范性力量。即使权力来源的正当性是历史的选择，但权力行使的正当性并不能基于历史的选择，而只能基于民主程序。由于缺乏规范性，也不符合人民主权理念，历史证成并不能令人信服。

政党正当性也不在于政党的先锋队性质。一般认为，作为先锋队，政党拥有领导国家和人民的资格是由政党自身的先进性所决定的。的确，在人民建构过程中，政党是先锋队，是拥有真理，领导大众走向"新人民"的骨干力量。但是，政党基于先进性领导大众取得革命胜利是一回事，在革命胜利并完成人民建构后是否拥有领导地位则是另外一回事。在人民建构以后，先锋队政党领导人民进行革命的正当性并不会转换成为领导民主的正当性。

首先，在民主程序下，政党不再是唯一掌握真理的少数群体。一般认为，先锋队政党掌握科学知识，掌握关于治国理政的真理性认识，属于掌握真理的那个群体。但是，为什么只有少数人掌握真理，这是难以令人信服的。因为只要受过充分教育，人人都可以获得或接近真理。况且治国理政的知识既是道德判断，也是经验认识，是否存在一种治国理政的真理，都是有疑问的。因为道德判断几乎完全是主观的，经验认识总是有局限性的。先锋队政党很难保证它在道德上永远正确，且优于常人。

其次，在民主程序下，人们不再完全诉诸于魅力型政党领袖。在知识高度专门化的今天，一个人在某个方面可能成为专家，如果在所有领域都是专家，则是不可能的。如果一个人诉诸于自己超常的道德能力和专业知识，为自己的决策提供辩护，那显然是独裁。人类理性是有限的，任何人类知识都有相对性和不确定性。因此，基于领袖个人偏好作出的决策难免会与公共利益冲突，如果与公共利益恰巧吻合，那也只是靠运气而已。

再次，在民主程序下，最懂得人民的不是政党，而是人民自己。先锋队政党往往诉诸于最懂得人民，代表人民利益。但是，按照密尔所言，人民是其权利和利益的唯一可靠的保护者。[①] 最懂得人民利益的不是任何别人，而是人民自己。另外，人民利益并不仅是构成人民成员的个体利益的总和，人民利益也是"公共利益"。对于人民而言，先锋队政党要证明自己的决策或者道德判断是最佳主张，需要把诸多个体利益合成为公共利益，这就需要有一个科学民主的决策程序。

最后，政党先锋队的假定是所有政党成员都具有优于常人的美德，他们全心全意为人民服务，且不会滥用手中权力。但是，常识告诉人们，权力倾向于腐败，绝对权力倾向于绝对腐败。如果不接受人民的限制，先锋队也会滥用权力。鉴于此，政党的正当性基础不在于其先进性，而只能诉诸正义的民主程序。

（二）民主程序

在人民建构完成以后，谁享有人民的权力，如何行使人民权力，这便是人民主权所要面对的问题，即民主程序建构问题，其中涉及民主的主体、对象、程序依据。人民的正当性来自正义的民主程序，而这个民主程序为包括政党政治在内的国家政治生活提供正当性基础。

---

① 如密尔所言："每个人或任何一个人的权利和利益，只有当有关的人本人能够并习惯于捍卫它们时，才可免于被忽视……人们愈是具有自保的力量并进行自保，他们就愈能免遭他人的祸害。"（密尔：《代议制政府》，汪瑄译，商务印书馆 2008 年版，第 44 页）又如布坎南提出主观的选择成本概念："成本是决策者作出一个选择时所要牺牲或放弃的东西。它存在于决策者自己对预期不得不放弃由于行为选择而带来的享受或效用的评价之中"。在最坏的独裁者模型中，决策制定者不是成本承担者，也不会是决策损失承受者。在"最好"民主模型中，决策制定者既是受益者，也是成本负担者。（see Buchanan,James,*Cost and Choice*,Chicago:Markham,1969,pp.42-43）

政党只有借助民主程序，通过正当的立法者才能解决事实与价值之间的区别和分离问题。政党权力行使的正当性来自民主审议和民主立法。在此，考虑的是政党的政治正当性而不是道德正当性。对于政党政治，无须进行道德判断，而是政治正当性判断。只有经过民主程序而得到认可的政党决策才具有正当性。由此，具有政治正当性的政党决策转换成为国家立法，就具有合法律性。仅仅具有道德正当性的政党决策，仍然需要通过民主过程加以政治正当化，具备了政治正当性的政党决策就是法律。所以，政党政治不能代替民主程序。如果政党政治代替民主程序，不论以何种名义或形式，如先进性或人民名义，必然走向专制和反民主。从人类政治经验来看，南非历史上的种族歧视立法之所以缺乏正当性，就是因为缺乏这么一个民主程序。政党权力行使的正当性在于民主程序的正当性。只有经过民主程序，政党决策才具有正当性。换言之，民主程序是政党政治正当化的必要条件。

人民主权的主体是人民。首先，人民主权意味着一切权力来自人民。民主的首要含义在于，国家政治正当性源自人民。当然，人民主权并不意味着人民直接行使权力。在人民建构完成以后，一盘散沙的群众社会成为人民共同体。人民选出人民代表，授权人民代表行使人民权力。这个人民代表是立法者、行政首长甚至是法官。其次，政党在人民主权实现过程中扮演重要角色。虽然民主的主体不是政党，但政党通过参与人民选举而体现存在价值，通过选举实践联合和凝聚人民，通过动员和组织全体人民，实现人民当家作主。最后，人民主权意味着人民享有最终权力。在任何情况下，人民权力不能完全落入人民代表手中，也不能完全落入政党手中，人民必须掌握最终的权力。这是人民主权的底线，旨在避免人民代表或者政党以人民名义行使专制。不论是政党还是人民代表，都不能最终代替人民掌握权力。

人民主权的对象是人民。权力意味着统治与被统治，权力乃是针对某些人而行使。人民权力的对象是人民自己。民主意味着人民对人民行使权力。这就有两种可能情况：一种情况是人民名义上掌据权力，事实上接受统治；另一种情况是人民切实行使权力，当家做主，管理自身事务。于是，人民的统治与对人民的统治之间的关系，就很微妙，这需要人民代表机制，既要保障人民的名义上的权力，也要保障权力的实际归属在于人民。否则，如果没有一个合理机制，人民只有名义权力，实际上是被统治者。当然，即使建立人民代表机制，也要避免把人民的自愿选择当成专制统治的借口。显然，作为人民的一份子，政党既是统治者，也是被统治的对象，接受人民的统治。

人民主权的程序依据在于有限多数原则。第一，多数人的统治。多数人不是某个占人口多数的阶级或阶层，多数人超越了阶级和社会分层，是政治过程中的多数人。人民由多数和少数构成。人民不是单纯的多数。少数之所以成为人民，是因为在政治过程中，受尊重的少数也是人民的一部分。第二，人民的权力不是绝对的，如果人民权力是绝对，则会形成新的专制，如多数人对少数人的专政。因此，人民主权必然尊重少数人。第三，政党参与民主政治过程。政党领导人民在尊重少数的基础上，通过民主程序制定体现大多数人意志的立法。

当然，强调政党的程序正当性，并不意味着忽视政党的道德正当性。当代社会日益增加的价值多元化、文化复杂性，都给政党决策和民主过程增加了压力。政党决策的道德价值需要经过公共论证，即民主、公开、审慎的程序，借助道德审视和反思，才能确立道德正当性。否则，在道德分歧社会，基于特定道德基础的政党决策不一定获得社会共识，甚至有可能形成道德专制。不仅如此，鉴于在价值多元社会，不同的价值条目之间会发生冲突，政党决策的价值依据能否化解这些冲突尚不得而知，价值的实现亦存在先后次序，诸多道德认识存在不同观点，因此，政党决策必须最终经过民主过程，既要确保其程序正当性，也要确保其道德正当性。经过民主过程的正当化，政党决策即使不能达成道德共识，形成同心同德局面，但至少会形成民主政治共识。借助民主过程，政党决策能够容许价值多元社会的分歧，而不能以某种政党价值去压制人民，也只有能够容纳分歧的政党决策才可以有效整合社会。

（三）合法律性

人民接受和服从政党的领导，不仅因为政党依循正义的民主程序来参与国家权力，还因为政党依据具有正当性基础的法律来参与国家权力。

合法律性之所以能够提供正当性基础，是因为在一个世俗化的社会中，一个秩序要得到辩护，就得依靠法律。在法律共同体中，程序的形式规则足以作为政治决策正当化的条件。法律本身不需要进一步加以正当化，甚至无须某种实质的支持。在现代社会，政治正当性主要通过"合法律性"的形式表现出来，因此政治正当性话语为合法律性所取代。按照韦伯所分析的法理型统治类型，法律规则体系是正当性建立的最重要依据。如果一个政治决策和行为是按照既定的制度和程序产生的，并且在必要的规则轨道里完成运行，那么遵守和服从自然具有正当性。

合法律性之所以能够提供正当性基础，在于法律本身建立在人民正当性基础之上。法律是人民意志的直接体现。如果没有法律规制，政党就可能挑战人民享有的基本民主权利，并且动摇国家权力的不可撼动的正当性基础——人民正当性。政党一旦成为执政党，实质上已不同于人民，已经成为准国家权力，因为它具有自己的组织与运作方式。如果不通过法律予以规制，对执政党进行制约和监督，这种准国家权力就可能滥用由人民手中取得的权力。特别是政党一旦执政，必然影响国家权力运作，包括法律制定和实施，因此，对政党进行法律规制，势在必行。

合法律性之所以能够提供正当性基础，还在于法律本身就建立在道德正当性的基础上。法律的正当性不在于个人的功利计算，而在于为社会承认并接受的基本理念。如果法律建立在功利性的基础上，因为这个法律规则对我们有好处我们才接受它，那这个法律规则是不稳定的。因为利益的变化总是要比一个稳定法律制度的变化要快得多。一个政权要获得长久执政的正当性就需要依赖于稳定的法律制度，而不是变来变去的利益倾向。

合法律性之所以能够提供正当性基础，是因为法律的基本功能就是克服人的随意性。任何社会都存在一定的规则。这些规则会对政治组织特别是政党的态度、行为发生影响。在独裁主义体制下，政党会直接获取政治权力或者通过军事力量、经济制裁、外交等手段控制统治者，借助立法机关通过并实施反映自己意志的法律。在法治条件下，基本规则通过法律形式表现，纠纷的解决、法律的制定、国家首脑的更替都经过法律程序。在法治政治下，任何政治组织都需要了解政治游戏的基本规则，一切纠纷都在既定政治框架内按照法律程序解决，而无须诉诸暴力。如果没有法治，执政党会担心反对者以暴力来反对他们的执政；会担心反对者彻底否定执政者通过的立法；会担心反对者另起炉灶，另立新法。法治意味着执政党相信一切纠纷，包括政治纠纷，都可以按照既定法律程序来解决。

合法律性之所以能够提供正当性基础，在于政党政治强调程序公正。民主意味着权力的交替，权力的交替需要程序性规则。现代民主政治的本质主要是程序民主。在社会价值多元化的今天，程序作为政治正当性基础的重要性也日益凸显。在现实政治中，离开了法律程序，就不可能有安定的民主，甚至连任何形态的真正的民主也无从谈起。另外，政治正当性不仅意味着政党执政效果是社会成员所欲的，至少是能接受的；而且执政效果的获得是通过一定程序实现的，而这个程序是能为社会所接受的。一些执政的效果虽然令人满意，但如果违背了程序规则，则这样的执政就不具有正当性。反之，如果一个遵守程序却不能获得满意效果的执政虽不是有效的，却具有正当性。当社会公众对政党的执政行为作出正当性评价的时候，他们关注的不仅仅是执政绩效，更多的是执政程序是否公正。至于执政的结果，并不是正当性评价的心理基础。只有按照公正的程序规则办事，政党行为才具有正当性。

四、政党民主的困境

虽然政党的正当基础在于民主程序，但是政党民主的实现却可能因政党的寡头倾向而陷入困境。所谓政党的寡头倾向，即政党可能旨在满足有组织的少数人的快乐。这种少数，不是指民主程序中作为一种人为现象的"少数"，如多数决规则中的"少数"，也不是指因宗教、族群、语言等形成的人口少数，而是指构成某种控制性组织的少数，通俗讲，就是掌权的少数。所以，政党的寡头倾向其实是少数统治倾向。显然，政党的寡头倾向具有反民主的性质。目前而言，学界有三种理论，即铁律论（The Iron Rule）、精英论（Elite Theory）、庇护论，从不同角度，就政党的寡头倾向作出解释。铁律论和精英论认为，在大众选举的条件下，政党为了追逐权力，就需要动员大众，但是一旦执政，政党特别是政党领袖必然脱离选民意愿，寻求政党自治。精英论特别指出，政党也会被富人和其他社会精英渗透、影响和掌控，最终寡头化。庇护论来自机械政治学（machine politics）和侍从政治学（clientelistic politics）理论，强调政党通过物质激励来维系社会控制。

（一）原则与利益

政党应该致力于追求民主政治原则，但在现实中却可能从原则走向利益，最终陷入利益的旋涡。在政党生活中，个人利益难以避免，一个优秀的政党应该把个人利益置于人民利益之下，应该为全体人民利益而奋斗。托克维尔在分析美国民主政治的时候发现，政党看起来追求公共利益，实则成为追求政党领袖个人利益的工具。这从托克维尔对大党和小党的讨论便可见一斑。托克维尔把政党分为两类，一类是纲领性政党，即主张某种抽象的理念的大党；另一类是功利性政党，即把获得权力作为政党首要目标的小党。① 在托克维尔看来，在美国，任何政党寻求执政的基因在于追求经过算计的利益。一个政治家首先要明确自己的利益，然后围绕利益的实现，提出某个主义并建立政党，这充分体现了政党自私自利的性格。② 所以，当托克维尔游历美国的时候，他感叹地说："美国有过几个大党，但今已不复存在。由此得到很大好处的是美国的福祉，而不是它的道德。"③"威胁着美国的未来的党派所依据的不是它们的原则，而是它们的物质利益。"④

无独有偶，奥斯特罗戈尔斯基（Ostrogorski）也看到政党的自利性格。一个政党是理性的，这种理性是手段—目的理性。政党的目

---

① "被我称为大党的政党，是那些注意原则胜于注意后果，重视一般甚于重视个别，相信思想高于相信人的政党。一般说来，同其他政党相比，它们的行为比较高尚，激情比较庄肃，信念比较现实，举止比较爽快和勇敢。在政治激情中经常发生巨大作用的私人利益，在这里被十分巧妙地掩盖于公共利益的面纱之下，有时甚至能瞒过被它们激起而行动的人们的眼睛。"（托克维尔：《论美国的民主》（上卷），董国良译，商务印书馆 2004 年版，第 196 页）

② "在美国，一个政治家首先要去设法认清自己的利益，发现哪些类似的利益可以聚集到自己的周围；然后再努力寻找一种适于加在自己的新组织头上的学说或原则，以使新组织获得自行活动和自由发展的权利。……做完这一切，新的政党便进入政界。"（托克维尔：《论美国的民主》（上卷），董国良译，商务印书馆 2004 年版，第 199 页）

③ 托克维尔：《论美国的民主》（上卷），董国良译，商务印书馆 2004 年版，第 197 页。

④ 托克维尔：《论美国的民主》（上卷），董国良译，商务印书馆 2004 年版，第 199 页。

的是执政掌权，为了达到永远执政的目的可以不择手段。他写道："为了高尚的目的，一旦成立政党，就永远保持它，且必然追逐权力，一旦达到目的，它的主要兴趣就是保持权力，反对一切反对者，为此不择手段。"① 所以，立党为公是一回事，执政为私是另外一回事。造成这个局面的原因在于，"主导政党产生的理念，就是以狭隘的个人主义方式看待民主的目标——最大多数人的最大幸福——这种狭隘的个人主义就是完全把它置于抽象和自立的个人（self-sufficing individual）"。② 成立政党的初心是为了实现个人的权利，对个人权利的追求最终变为政党对权力的追求，作为手段的选举变成目的，人民意志则被置于政党意志之下。

（二）民主与官僚

政党是人民与国家之间的桥梁与纽带。政党的组织形式应该服务于政党的民主信念，贴近并凝聚民意，但事实上，在选举和执政的激励下，政党成为官僚化组织。韦伯认为，不论是官职庇护型政党（patronage parties）还是世界观政党（ideological parties），③ 都具有

---

① Ostrogorski, *Democracy and the Organization of Parties*, New Brunswick, NJ : Transaction, 1982, p.355.

② Ostrogorski, *Democracy and the Organization of Parties*, New Brunswick, NJ : Transaction, 1982, p.322.

③ 所谓庇护型政党，即仅仅关心其领袖"获得政权"和党员"占领行政管理机构的各种职位"的政党。（韦伯：《经济与社会》上卷，林荣远译，商务印书馆1997年版，第316页）"它们的目标仅仅是通过选举，把它们的领袖送到领导的职位上，以便让他随后把国家的职业分给他的追随者：党的官员机构和竞选机构。"（韦伯：《经济与社会》下卷，林荣远译，商务印书馆1997年版，第760—761页）所谓世界观政党，主要是根据一个特定群体、阶级的利益或者特定政策、抽象原则而行动。"它们可能着重于和有意地为了等级或阶级的利益，或者以具体的事业的目标或者以抽象的原则为取向"。（韦伯：《经济与社会》上卷，林荣远译，商务印书馆1997年版，第316页）

内在寡头化倾向，因为它们都是官僚组织。他说："随着竞选斗争技术的日益理性化，所有的政党按其内部的结构，都向着官僚体制的组织过渡。各个政党在这条道路上迄今所达到的发展阶段是不同的，但是，道路的一般方向却是一清二楚的，至少在群众性的大国里是明确的。"① 政党官僚化的结果是政党脱离人民大众，原因有二：第一，官僚制通过分层和专业化来运作。由此，政党的政治运作"掌握在政党的领导人和政党的领导班子手中"。② 积极的党员往往仅仅作为摇旗呐喊者，从旁喝彩助威；消极的选民只是选举时争取的对象，仅仅是在投票时间才成为香饽饽，成为候选人追逐的对象。③ 在政党候选人的提名以及政党纲领的确定上，选民和普通党员都没有参与的机会。④ 群众不仅不能参与候选人的提名，也不可能参与政党政纲的创作。即使在非常民主的群众性政党，选民和绝大多数普通党员也不能参与政党纲领的起草。⑤ 第二，由于官僚分层和专业化，政党需要一定人力来填充人员岗位，而吸引人力，则需要一定的利益依赖，即职位分赃和经济依赖，而职位分赃和经济依赖反过来进一步加剧政党的官僚化。韦伯提到，政党的官僚化意味着政党人事和经济依赖。⑥ 跟

---

① 韦伯：《经济与社会》下卷，林荣远译，商务印书馆 1997 年版，第 763 页。

② 韦伯：《经济与社会》上卷，林荣远译，商务印书馆 1997 年版，第 317 页。

③ 参见韦伯：《经济与社会》上卷，林荣远译，商务印书馆 1997 年版，第 317 页。

④ "由党的有关利益者组成一个持久的、联合在一位领袖之下或者一个绅士之下的核心，往往拥有很不同的、固定的分支，有着很发达的官僚体制……它决定党的纲领、行为方式和候选人"。（韦伯：《经济与社会》下卷，林荣远译，商务印书馆 1997 年版，第 758 页）

⑤ "群众性政党组织总是导致结果有很多拿薪金的官员，尽管有很民主的形式，至少是选民群众，在很大的范围内也包括普通的'党员'，都没有参与纲领和候选人的决定"。（韦伯：《经济与社会》下卷，林荣远译，商务印书馆 1997 年版，第 758 页）

⑥ 政党"这种机器需要一个庞大的人员机构"，"无论如何，在英国大约有 2000 人直接依靠各政党的政治为生"（韦伯：《经济与社会》下卷，林荣远译，商务印书馆 1997 年版，第 771 页）

着政党走，不仅可以追求职位，[①]还能满足物质利益需求。[②]所以，现代民主的悖论在于，竞选必须通过政党来进行，但人民对政治过程的影响却极弱小。一方面，政党是一个"从上到下彻底严密组织的政党的运作机构"[③]，而且政党的"权力自然是落在那些在政治运作之内持续进行工作的人的手中，或者掌握在例如资助人和强大的政治有关利益者俱乐部的手中"[④]；另一方面，民主事实上只是易于感情用事的大众，追随某个政党或者领袖，扮演被统治者的角色，而不能当家做主以统治一个较大共同体。[⑤]韦伯甚至直言不讳，把民主称之为"建立在利用群众易受感动之上的专政"，[⑥]"小小的领导集团里优越出众的、运筹帷幄的政治能力，总是控制着政治的行动。这种'独裁专制'的特点是无法根除的"。[⑦]

对于政党的官僚化，从米歇尔斯的现代政党定义亦可窥一斑——"什么是真正意义上的现代政党呢？它是一种对大众进行选举动员的规范性组织。"[⑧]为了赢得选举，人们必须组成政党，而选举动员使得政党走向官僚化。政党是一个分层的官僚组织，包括专门代表团、委员会以及党务工作者。政党官僚化的结果是寡头化。政党组织的逻辑

---

① "党的追随者，首先是党的官员和党的企业家，不言而喻地期望从他们领袖的胜利中得到个人的报偿：职位或者其他实惠。"（韦伯：《经济与社会》下卷，林荣远译，商务印书馆1997年版，第768页）

② "由于普遍的官僚体制化职位的数目日益上升，而且人们日益把追逐职位作为一种特别有保障的生活供给来源，对于所有政党来说，这种倾向也日益上升，政党愈来愈成为它的追随者获得这种供给的手段。"（韦伯：《经济与社会》下卷，林荣远译，商务印书馆1997年版，第762—763页）

③ 韦伯：《经济与社会》下卷，林荣远译，商务印书馆1997年版，第776页。

④ 韦伯：《经济与社会》下卷，林荣远译，商务印书馆1997年版，第768页。

⑤ "群众总是处于现实的纯粹感情的和非理性的影响之下"。（韦伯：《经济与社会》下卷，林荣远译，商务印书馆1997年版，第811页）

⑥ 韦伯：《经济与社会》下卷，林荣远译，商务印书馆1997年版，第772页。

⑦ 韦伯：《经济与社会》下卷，林荣远译，商务印书馆1997年版，第786页。

⑧ 米歇尔斯：《寡头政治铁律》，任军锋等译，天津人民出版社2003年版，第317页。

在于，不少政党领袖表面上代表人民大众，实际上脱离人民大众。"任何大规模组织都不可避免地带来技能上的分化，这就使人们所称的专家领导成为必要。结果，做出决定的权力逐步被认为是只有领导者才有的技能，这一权力随之被从大众手中抽走而集中于领导者的手里。这样，曾经只是集体意志执行者的领袖很快将自己从大众的控制中解脱出来，成为独立的行动主体。组织是寡头统治的温床。"[1]最终，政党在与国家组织相同的权威和管理原则基础上建立了自己强有力的集权。"这样，它就成了一个具有政府性质的政党。也就是说，它本身组织得像一个小型政府，希望有一天能够统治大规模的政府机构。革命党可以说是国中之国。"[2]于是，民主无外乎是"一个统治阶级被另一个阶级取代"的制度。不论是群众性政党还是精英性政党，都以战胜对手，获得执政权为奋斗目标。政党的寡头统治铁律可以用米歇尔斯的这段话来加以概括："正是组织使当选者获得了对于选民、受托者对于委托者、代表对于被代表者的统治地位。组织处处意味着寡头统治！"[3]

（三）多数人与少数人

民主政治追求多数人的统治，但是却容易陷入少数人统治的困境。莫斯卡（Mosca）指出："在可以见之于所有政治组织的恒常事实和倾向中，有一样是如此明显，以至于大多数不经意的观察也可以注意到。在所有社会中——从那些得以简单发展的、刚刚出现

---

[1]　米歇尔斯:《寡头政治铁律》，任军锋等译，天津人民出版社 2003 年版，第 28 页。

[2]　米歇尔斯:《寡头政治铁律》，任军锋等译，天津人民出版社 2003 年版，第 317 页。

[3]　米歇尔斯:《寡头政治铁律》，任军锋等译，天津人民出版社 2003 年版，第 351 页。

的文明曙光的社会，直到最发达、最有实力的社会——都会出现两个阶级——一个是统治阶级，另一个是被统治阶级。前一个阶级总是人数较少，行使所有社会职能，垄断权力并且享受权利带来的利益。而另一个阶级，也就是人数更多的阶级，被第一个阶级以多少是合法的、有多少是垄断和强暴的方式所领导和控制。……在现实社会中，我们都承认这种统治阶级的存在。"① 根据莫斯卡，少数人统治是不可避免的，所谓的民主事实上只不过是少数人统治的一种表象而已。在莫斯卡的心目中，政党就是有组织的少数人，所谓"人民的选择"，其实是"有组织的少数人"对大众的零散意志进行协调的过程。没有这种协调，就不可能选出代表。尽管如此，"有组织的少数人"在当选后也不可能代表公共意志甚至是选民的意志。因为他们竞选的基础不是人民的意愿，而是各种协调人民意志的手段，这些手段包括物质利益、家族关系、阶级、宗教、宗派或政党关系。所以，莫斯卡认为，古典民主理论只是一种幻想，实际上，代议政府并不会是一个多数人统治的政府，相反，是少数人统治的政府。②

帕累托与莫斯卡一样对民主理论持悲观态度。帕累托的观点可以概括为"精英循环论"（the circulation of elites）。所谓精英是指那些在其活动领域"能力"水平最高者。他说："只要社会平衡是稳定的，这些阶层的多数成员便会具有某些突出的素质，无论这些素质是好是坏，都是权力的保证"。③ 精英位居高层，掌握权力，且能力突出。当精英掌权，且有功绩，就会实现社会平衡的稳定状态；当精英掌权但缺乏功绩，就会出现导致循环的不平衡：位居高层的精

---

① Mosca, *The ruling class,* Translation by Hannah D. Kahn. New York: McGraw-Hill Book Company, inc., 1939, p.52.

② See Mosca, *The ruling class,* Translation by Hannah D. Kahn. New York: McGraw-Hill Book Company, 1939, p.155.

③ 萨托利：《民主新论》，冯克利等译，上海人民出版社 2009 年版，第 161 页。

英被真正能干的精英所取代。所以，"人类的历史就是一个持续不断的精英代替的历史：一个上去，另一个下来。"① 旧精英从权力高层的退出主要是源自两个孪生的因素。一是旧精英的温和倾向。这种温和表现在两个方面。一方面，旧精英有一种人道主义的情感，比如，他们会为穷人的工作和生活状况而感到内疚和震惊，认为这是他们的耻辱。这种人道主义情感导致旧精英弱化甚至失去通过强力来捍卫自己统治地位的能力或意愿。另一方面，旧精英的贪欲在衰减。旧精英"没有失去追求他人商品的能力和贪欲，而是倾向于尽可能增加非法拨款，沉溺于篡夺国家财富"。② 由此，国家负担越来越沉重，同时，旧精英对权力的维持却越来越力不从心。旧精英退出的另一个因素是新精英的崛起。首先，新精英的崛起修辞都是利他主义。新精英从不认为他们代表了某个特定利益特别是领袖的利益，而是认为他们代表了大多数人的利益，是为整个社会而奋斗。其次，任何新精英都具有寡头化倾向。③ 人民当家做主只是一种假象，真正掌权的是少数精英。④ 于是，在历史的精英循环过程中，权力不是一劳永逸的，最后的获胜者总是有能力的精英，而不是掌权的精英。

---

① Pareto, *The rise and fall of the elites: an application of theoretical sociology*.Transaction Publishers,1991,p.36.

② Pareto, *The rise and fall of the elites: an application of theoretical sociology*.Transaction Publishers,1991,p.59.

③ 帕累托写道："当然，一旦取得胜利，征服昔日的盟友，或者充其量给他们某种正式的让步。这就是发生在罗马的平民（plebs and patres）的斗争历史；这是资产阶级战胜封建贵族的胜利历史；这是为众人知晓的现代社会主义者的胜利。"（Pareto, *The rise and fall of the elites:an application of theoretical sociology*. Transaction Publishers, 1991, p.36）

④ 他说："今天，人民当家作主，站在统治阶级的头上，这是一种幻觉。那些占据统治地位的人们……是依赖人民的一部分新精英和未来精英。"（Pareto, *The rise and fall of the elites: an application of theoretical sociology*. Transaction Publishers, 1991, p.72）

（四）理性与金钱

民主政治应是多数人基于理性作出共同的决定，但事实上，却是金钱说了算。在民主过程中，真正说了算的不是普通大众，也不是职业政治家，而是金钱。

米尔斯提出"权力精英"理论。所谓权力精英，即地位超越普通人，所处环境优越于普通人，并且他们的地位可以使他们做出的决定具有重要影响的一类人。米尔斯认为，美国是一个由权力精英支配的社会。国家权力日益集中于政治家、企业领导人和军事领袖这些所谓的社会精英手中，而处于底层的大众社会的权力却日益分散，趋于无权状态。"不论是职业政治家还是职业官僚，现在都不处于决策的执行中心"。[1] 政党不仅寡头化，而且成为富人或社会上层人士巩固统治地位的媒介。[2]

亨特（Hunter）在研究美国亚特兰大市的决策层与权力运行过程后发现，企业高管们不仅坐在各自董事会的位置上，也坐在政府委员会的位子上，而"这种情形并不符合为人所尊崇的民主概念"。[3]

多姆霍夫（Domhoff）分析了企业富翁在美国民主政治中的决定性作用。他发现，企业富人渗透政治过程的方式，不仅仅是把自己的人暗中安插在关键位置上，而且可以通过政党捐款来实现。他用大量数据指出了一个事实，真正支配美国社会的不是人民大众，而是少数富人。就竞选资金的捐献而言，企业对美国主要政党的捐献占有绝对

---

[1]　Mills, C.*Wright,The Power Elite*,Oxford University Press,1957,p.231.

[2]　"这种行政管理，很大程度上是一个由政治局外人组成的内部圈子，他们掌控了行政命令的关键位置，由企业富人和军方高层人士的成员和代理人组成，他们与当选的职业政党政治家组成一个不稳固的联盟。"（Mills, C.Wright, *The Power Elite*, Oxford University Press, 1957, p.241）

[3]　Floyd Hunter, *Community Power Structure:a Study of Decision Makers*, The University of North Carolina Press, 1963, p.1.

优势，劳工和其他团体的捐献则相形见绌。① 就候选人背景而言，政治家们来自占整个社会 10%—15% 的职业和收入顶层。②

密兹里奇（Mizruchi）研究精英的集体行动逻辑。首先，精英之间不存在统一还是分化的问题。虽然精英之间存在冲突，但是精英更是一个阶级联合体，会采取集体行动。其次，精英集体行动不是私人性的人际行动，而是组织间行动。集体行动需要企业之间的对话，而对话通常通过各自的经理来完成。再者，精英联合有两个条件。一是企业间关系，即当不同企业相互成为对方障碍的时候，它们才会联合。如果一个企业有能力把竞争对手排挤出市场，它会通过董事持股的方式得到对方的资源。二是结构性地位的相似性，即企业都处于第一产业或者企业的总部位于同一个城市。③ 竞争企业一旦满足上述两个条件，他们的"政治行动委员会"就倾向于捐助相似的候选人或政党。如果企业没有满足上述两个条件，企业就倾向于相互对立的捐赠。④

① 例如，对 1994 年竞选资金的研究发现，企业的捐献是 2.89 亿美元，劳工组织的捐献是 0.42 亿美元，二者的比例是 6.9 比 1。自从 1979 年提升了对竞选资金的限制后，企业富人贡献了大部分的软性捐款（soft money），被指定用于神秘的建立政党活动。研究发现，1996 年，92% 的软性捐款来自企业领袖和他们的企业，5% 的软性捐款来自劳工组织，3% 的软性捐款来自其他渠道。另外，企业富人往往两头下注，通过同时捐献来控制美国的两个主要政党。根据 1994 年的研究，"1994 年企业政治行动委员会总共捐献 1.31 亿美元——其中 0.67 亿美元捐给了民主党，0.64 亿美元捐给了共和党。"（William Domhoff, Who rules America? Mayfield Pub Co, 1998, pp.218, 221）

② 美国大量当选官员是律师。1996 年，53% 的参议员和 40% 的众议员是律师。进而言之，尽管美国总统们一再强调他们出身卑微，但是美国总统往往出自最富有的圈子。西奥多·罗斯福、威廉·塔夫特、富兰克林·罗斯福、约翰·肯尼迪、乔治·布什都是例子。立法机构同样如此。根据 1994 年的收入披露，至少 28 名参议员和 50 名众议员都是百万富翁。（See William Domhoff, Who rules America? Mayfield Pub Co, 1998, pp.226, 232）

③ Mark Mizruchi, *The Structure of Corporate Political Action*, Harvard University Press, 1992, p.12.

④ See Mark Mizruchi, *The Structure of Corporate Political Action*, Harvard University Press, 1992, p.123.

克劳森（Clawson）在《钱说话》（*Money Talks*）中指出，即使对政党的忠诚也不能分裂精英，精英可以展开跨党派的集体行动。面对企业政治行动委员会，"基本上所有的美国国会成员都至少愿意提供帮助，接受他们的访问，让他们作出说明"。[1] 于是，政治家扮演两面人的角色，一方面，一个国会成员为了延续自己的政治生命，赢得公众选票，在公众面前支持环境保护；另一方面，这个国会成员在就环境保护法案作出投票表决之前却作出让步和妥协。所以，真正说了算的不是大众和选票。

（五）忠诚与激励

维系党员以及群众的支持，是政党的生命力所在。党员和群众的支持应该建立在政治忠诚之上，事实上却容易陷入庇护困境，即政党通过物质激励来维持对支持者和国家的控制。在庇护关系中，具有较高社会经济地位的庇护者利用自己的权力、权威和影响力，将自己手中拥有的有形或无形的资源分配给那些社会经济地位较低的被庇护者，以换取被庇护者提供的政治支持，如选票、忠诚等。[2]

班斐尔德与威尔逊（Banfield&Wilson）发现，为了通过选举获得执政机会，政党通过庇护来维持其社会基础。在地方层面，为了换取选票或者加强对选民社区的影响，政党给党务工作者特别是投票站站长以一定好处，比如，投票站站长可能会从临近选区得到意外选票支持，一只节日火鸡或一份市政工作；党务工作者会得到一份工作清闲却收入较高的美差。[3] 既然政党通过激励机制来维持对政党社会基础

---

[1]　Clawson et al., *Money Talks: corporate PACS and political influence*, NY: BasicBooks, 1992, pp.114-115.

[2]　See Allen Hicken（2011），"Clientelism", *Annual Review of Political Science*, 14, pp. 289-310.

[3]　See Banfield&Wilson, *city politics*, Cambridge, Mass., 1967, p.119.

的控制，那么政党必须控制政府。"商业组织是主要依靠具体的物质激励（如薪水）来确保其对雇员的可靠而紧密控制的机器。政治机器是一个特殊的商业组织——获得选票，赢得选举"。①在"机械政治学"的世界里，原则与意识形态都无关紧要。所以，班斐尔德与威尔逊的结论是，政党"这种机器是与政治无关的。它感兴趣的只是获得收入（主要是金钱），并分配给政党运行者和为政党服务的人。政治原则不仅与政党无关，反而对政党构成危险和威胁。"②

斯科特（Scott）发现，向民主过渡的社会面临一个共同问题，即当暴力被禁止，也没有其他机制来确保社会控制的时候，政党如何获得大量民众的支持。斯科特认为，物质利益是解决这个问题的一个便利方法。他说："在穷困的、成分混杂的、变迁的人群中建立一个大型政党，除非满足人们的物质私心，很难有切实可行的政治结合。"③如果贫困的客户们能够得到支持，进而提高他们的生活质量，那么，政党就赢得了政治基础，这个政治基础反过来会帮助政党为自己，也为客户们获得更多接触资源的机会。这种庇护关系甚至能够确保党务工作者的忠诚，因为党务工作者承担了十分繁重的选举工作。政党之所以选择庇护实践，乃是因为庇护是一个便利的、非暴力的灌输纪律的方式。④

舍夫特（Shefter）则把政党看作一个商业企业。正如企业对消费者的偏好作出回应，政党对投票人的偏好作出回应。政党旨在获取或者维持权力，其所作所为必须与特定选民群体配合。舍夫特发现，如果选民主要由移民和背井离乡的农民构成，他们倾向于追求庇护，政党就要交换选票；相比之下，如果选民主要由土生土长的中产阶级投票人构成，他们会对庇护主义政治持有敌意，政党政策就要照顾社区

---

① Banfield&Wilson, *City politics*, Cambridge, Mass., 1967, p.115.

② Banfield&Wilson, *City politics*, Cambridge, Mass., 1967, p.116.

③ Scott, *Comparative Political Corruption*, Prentice-Hall Inc., 1972, p.118.

④ See Scott, *Comparative Political Corruption*, Prentice-Hall Inc., 1972, p.119.

集体利益。① 所以，在民主国家里，一个政党成为执政党很重要，因为执政党拥有行政资源来笼络支持者。②

奥耶罗（Auyero）把侍从主义看作是一种统治制度。他写道："政党掮客为顾客们解决每一个问题，都使自己处于有利位置——在选举季，他们可以勒索这些顾客。对顾客而言，如果掮客及其资助人被迫下台，顾客们就不再获得来自资助人确立且由掮客实施的社会项目的好处。"当然，这种"勒索"不会赤裸裸地进行，而是被"嵌入代表体制，这种代表体制遮蔽了本性，徒有其名"，政治"勒索"的功能在于维系政党的执政地位。③

五、政党民主的实现

（一）政党的必要性

显然，铁律论、精英论和庇护论对政党民主持一种悲观态度。需要指出的是，政党一经问世，就被不断质疑。麦迪逊在联邦党人文集第 10 篇中写道："党争的潜在原因，就这样深植于人性之中；我们看到这些原因到处根据人类社会的不同情况造成不同程度的行动。热心于有关宗教和政体的不同意见，以及其他许多理论和实践上的见解，依附于各种野心勃勃、争权夺利的领袖或依附于其财产使人

---

① See Shefter, *Politcal Parties and the State: The American Historical Experience*. Princeton University Press ,1994, pp.22-23.

② See Shefter, *Politcal Parties and the State: The American Historical Experience*. Princeton University Press ,1994, p.13.

③ See Javier Auyero, *Poor People's Politics: Peronist Survival Networks and the Legacy of Evita*. Duke University Press. 2001, p.123.

们感觉兴趣的人，相继把人们分为各种党派，煽动他们彼此仇恨，使他们更有意于触怒和压迫对方，而无意为公益而合作。"① 尽管如此敌视政党，麦迪逊最终认为政党的发展是不可避免的，认为在一个民主社会，可以容忍政党，但不能禁止政党。华盛顿在他的著名的告别演讲中，明确反对政党："有一种意见，认为自由国家中的政党，是对政府施政的有效牵制，有助于发扬自由精神。在某种限度内，这大概是对的；在君主制的政府下，人民基于爱国心，对于政党精神即使不加袒护，亦会颇为宽容。但在民主性质的纯属选任的政府下，这种精神是不应予以鼓励的。从其自然趋势看来，可以肯定，在每一种有益的目标上，总是不乏这种精神的。但这种精神常有趋于过度的危险，因此应当用舆论的力量使之减轻及缓和。它是一团火，我们不要熄灭它，但要一致警惕，以防它火焰大发，变成不是供人取暖，而是贻害于人。"② 这种悲观情绪并未随着政党政治的历史进程而销声匿迹，反而愈演愈烈。1971 年，《华盛顿邮报》的编辑布罗德尔（David Broder）出版了一本书，书名是《政党终结》。此后，有一批著作描述美国政党的衰落。③ 再后来，这种政党悲观论蔓延到了欧洲。④

的确，任何组织，包括政党应该适应外部环境变化，否则将会衰落甚至消亡。但是也必须承认，大多数人还是认为，现代民主离不开

---

① 汉密尔顿等：《联邦党人文集》，程逢如等译，商务印书馆 2006 年版，第 46 页。

② W.B.Allen,ed.,*George Washington:A Collection*, Indianapolis: liberty Classics, 1988, p.520.

③ 如 Crotty and Jacobson (1980), *American Parties in Decline*, Little, Brown and Co. Wattenberg (1984), *The Decline of American Political Parties*, 1952-1988, Harvard University Press. Everett Carll Ladd (1978), *Where have all the voters gone? The fracturing of American Political Parties*. New York:Norton.

④ See Daalder (2002), *Parties: Denied,dismissed,or redundant?A critique*. In Gunther, Montero and Linz (Eds.), *Political parties. Old concepts and new challenges*, Oxford University Press, pp.39–57. Webb (1995), Are British political parties in decline? *Party Politics1* (3), pp.299-322. Selle and Svasand (1991), *Membership in party organizations and the problem of decline of parties*. Comparative Political Studies, 23 (4), pp.459-477.

政党。随着社会变迁，尽管出现很多非政党的政治组织方式，但是这些组织方式还不能替代政党，而只能是政党的补充。至今还没有人能够提出一个能够替代政党的民主政治方案——无政党的民主政治。特别是在大型社会，欲解决民主的集体行动问题，非仰赖代议政治不可，而政党则是代议政治的必要机制。所以，谢茨施耐德说，现代民主"离开政党是难以想象的"。[1] 布莱斯（Bryce）说："政党是必然的。没有一个大型国家没有政党。离开政党，代议政府将不能运作。"[2] 萨托利说："政党（多党制）在代议和回应性政府的运作中是一种必要的存在，扮演着不可替代的角色。"[3] 简言之，在现代国家，政党是确保民主政治实施的唯一可行机制，现代民主乃是建立在政党制度之上。就民主国家而言，如果政党消失或其功能大幅式微，民主政治的发展亦将随之受到重大的负面影响。政党不仅是人们政治参与的工具，是凝聚和代表公民或利益团体意志的管道，还为政府和议会提供人事资源。在林林总总的选民中，选出贤能之士来出任公职人员；在众说纷纭的意见中，凝聚多数民众意志，订出可行的政策，离开政党制度是不可能实现的。

　　鉴于上述两种立场，有人毫不讳言，政党是一种必要的恶。[4] 的确，看起来，政党是现代民主的天然伴侣，但是政党与民主之间的关系却远非想象得那么简单。在现代民主生活中，政党扮演的角色非常复杂。一方面，民主政治的实现离不开政党，所以政党是民主政治的

---

[1]　Schattschneider, *Party Government*. New York: Reinehart&Co., 1967, p.1.

[2]　Bryce, *Modern democracies*, London:Gower, 1921, p.119.

[3]　Satori, *Parties and Party system*，Cambridge University Press，1976，pp.27-29.

[4]　在 Bale and Robert 关于新西兰选举改革争论的评论中，他们写道："投票人并不特别倾心于政党，他们虽然不是有意，但是不情愿地承认：政党是必要的恶 "。Bale T., and N. Roberts（2002）."Plus c, a change…? Anti-party Sentiment and Electoral System Change: A New Zealand Case Study"，*Commonwealth and Comparative Politics*,Vol. 40, p.17. 也参见 Dalton and Weldon（2005），"Public Images of Political Parties:A Necessary Evil?"*West European Politics*, 28, pp.931-951。

必要制度设计；另一方面，政党也可能倾向于伤害民主，所以政党并非一个绝对可靠的制度。就此而言，铁律论、精英论和庇护论有着非常清醒的认识。

首先，铁律论、精英论和庇护论都强调一个前提，即所谓的民主制度，在实际运作中主要是一种政党制度。政党虽然不是民主政治的灵丹妙药，但是离开它，民主政治却是万万不可能的。

其次，铁律论、精英论和庇护论都认为政党的寡头倾向就是少数统治，具有反民主性质。这种少数并非政治过程中的少数，也不是特定群体少数，而是精英。他们对少数的构成则认识不同，或者研究重点不同。构成寡头的少数可能是政党领袖、政府领导人、政治家、知识分子、军队和警察力量、商人和大型公司的拥有者。

最后，铁律论、精英论和庇护论对民主政治持悲观态度。他们担心的是，政党会毁了民主，把民主变成寡头统治。这种担心甚至悲观至极。在他们看来，人类社会中的大多数人将永远处于被统治的状态之下，他们注定要服从于少数人的统治，所谓的民主政治必然是政党寡头统治。

需要指出的是，铁律论、精英论和庇护论的论证并不完美，而是存在缺憾。达尔直言不讳地批评，"少数统治的理论家们所提供的证据是广泛而空洞的。……这些理论确实证明了不平等存在的程度和普遍性"。[1] 他甚至认为，强调政党寡头统治的少数统治理论"要么提供一个没有根据的希望，……要么根本就不给我们任何希望"[2]。另外，政党的寡头倾向并不等同民主政治的寡头倾向。即使我们承认政党的寡头性质，但这并不意味着必然产生寡头政治体系。政党寡头是一回事，民主政治则是另外一回事。所以，萨托利说："每个少数派组织就其内部而言不论有多少寡头统治的性质，它们之间进行竞争的合力

---

① 达尔：《民主及其批评者》，曹海军等译，吉林人民出版社 2006 年版，第 392 页。
② 达尔：《民主及其批评者》，曹海军等译，吉林人民出版社 2006 年版，第 392—393 页。

依然导致了民主"。①

（二）公正的不平等

当然，撇开铁律论、精英论和庇护论的悲观色彩，政党寡头理论论述时刻提醒我们，政治不平等是人类政治生活的一个普遍特征。在规范性意义上，民主蕴含平等价值，意味着平等的政治参与。每位公民具有同等的资格来充分参与，共同制定出对他们具有约束效力的集体决定。毫无疑问，政治平等拥有道德优势。因为所有人都具有平等的内在价值，没有一个人在本质上优于其他人。因此，政治平等是民主政治的中心价值。但事实上，民主政治并不是不发号施令的无政府状态，而是存在服从与支配。从已有的人类政治实践看，权力不平等是一个普遍现象。即使在民主政治条件下，也存在权力不平等。在民主生活中，人民虽然拥有选举等最终决定权，是政党政治大厦的基础，但是拥有领导权的政党与人民大众之间的权力并不必然平等。即使在一个政党内部，拥有领导权的少数政党精英与大多数普通党员之间也存在不平等。所以，达尔无奈地说，"公民拥有所有的资源，所有组织都进行民主管理，人们作为自由和平等的公民进行自我管理"，这俨然是"社会的幻想"。②

虽然理想的民主意味着政治平等，但在现实生活中，政党政治大多是精英政治，是少数人政治。政党政治在追求平等的同时，如何对待这种不平等呢？是追求绝对的抑或极端的平等，还是容许一定的不平等。孟德斯鸠指出，"民主政体应该避免两种极端，就是不平等的精神和极端平等的精神。不平等的精神使一个民主国走向贵族政治或一人执政的政体；极端平等的精神使一个民主国走向一人独

---

① 萨托利：《民主新论》，冯克利等译，上海人民出版社 2009 年版，第 169 页。
② 达尔：《民主及其批评者》，曹海军等译，吉林人民出版社 2006 年版，第 393 页。

裁的专制主义，就像一人独裁的专制主义是以征服而告结束一样"。①
一个管理得好的民主国家或政党崇尚的是"平等的真精神"而非"极
端平等的精神"。因此，政治平等应该允许某种合理的不平等。罗尔
斯在阐述正义原则的时候，把正义原则表述为："（1）每一个人对于
一种平等的基本自由之完全适当体制都拥有相同的不可剥夺的权利，
而这种体制与适于所有人的同样自由体制是相容的；（2）社会和经济
的不平等应该满足两个条件：第一，它们所从属的公职和职位应该在
公平的机会平等条件下对所有人开放；第二，它们应该有利于社会最
不利成员的最大利益（差别原则）。"② 正义原则分两部分。第一部分
涉及人们在自由体系中的平等权利，称之为平等自由原则；第二部
分初看是关于不平等的原则，但是这种不平等受到严格的限制而趋
向平等，可以概括为公平的机会平等原则和差异原则。按照罗尔斯，
社会的不平等有两类：一类是公正的不平等，另一类是不公正的不平
等。据此，平等也有两类：一类是有利于社会整体的平等，另一类是
有害于社会整体的平等。因此，政党追求政治平等，并不否定公正
的不平等。

　　鉴于在民主生活中，政治不平等可能难以避免，特别是在政党政
治生活中，更是存在程度很深的不平等，又鉴于政党的寡头倾向，如
何防止政治不平等沦为寡头统治，就是一个迫切的问题。政党不是群
龙无首的组织，政党不仅有自己的广大党员，也有自己的领袖。如果
不能处理好平等与不平等的关系，把平等与公正的不平等结合起来，
融入政党民主，就不能防止政党寡头化，而政党寡头化则势必削弱民
主本身的价值。因此，如果民主是可能的，必须着眼于从两个方面来
规制政党，以防止政党寡头化。一方面，从政党内部来看，作为一个
有纪律而且有效率的组织，政党需要建构内部民主制度，遏制政党的

---

① 孟德斯鸠：《论法的精神》（上册），张雁深译，商务印书馆1959年版，第135页。
② 罗尔斯：《作为公平的正义——正义新论》，姚大志译，上海三联书店2002年版，
　　第43页。

寡头倾向；另一方面，从政党外部来看，政党需要外部制约，通过法治方式来限制政党的寡头倾向。如果有充分且强大的国家民主，人民享有且实现最终决定权，政党内部的寡头政治也就没有那么可怕，政党就不会轻易伤害民主。

第二章　政党的法律基础

政党是民主实现的必要条件，离开政党，现代民主政治是不可能的。同时，政党大都有寡头倾向，如果没有法治保障，政党政治倾向于走向专制。这就出现一个有趣的悖论，即政党的两面性，一方面，政党是实现民主的必要工具，另一方面，政党又可能是民主的潜在破坏者。如何通过法律来控制政党这个必要的恶，成为现代民主政治实践的重要问题。大陆法系与普通法系对政党的法律规制程度和方式有所不同，这主要源于两大法系对政党的政治定位认识的差异。需要说明的是，虽然政党在两大法系法律中的具体地位各不相同，但是，政党并非法律创制的产物，而是人民意志的产物。因此，政党政治在理论上在所有民主国家具有共性和普遍性。

一、政党的法律定位

（一）政治定位

政党的法律地位乃是政党在法律上应有之规范性地位。通过思考和厘定法律地位，可以合理确定政党的权利义务。欲厘定政党的法律地位，则需要厘清政党的政治地位。政党的法律定位，即政党依据法律规范而获得的地位；政治定位即政党在国家民主程序中所处的位置。政党的法律定位取决于政治定位。

政党的政治定位是一个令人头痛的问题。因为在民主程序下，政党的功能即协助人民进行选择，并扮演联系人民与国家之桥梁角色。于是，政党在民主程序中同时扮演了两个既有联系又相互冲突的角色，一个是人民角色，另一个是国家角色。从政党的来源看，政党属于"人民"，并代表人民；然而政党所追求的目标、发挥的功能，却是针对国家，即直接或间接参与国家权力运作。"人民"与"国家"是两个不同乃至对立的政治要素，"人民"强调权利，而"国家"意味着权力。

由于上述特色使然，政党的政治定位有两种逻辑，即立足于人民抑或立足于国家。如果强调立足人民，政党承担凝聚民意和表现民意的功能，则可将政党定位为"人民团体"。此种定位与人民关系较近，整合人民意志的特性较强。如果政党是"人民"团体，具有人民属性，属于人民所构成的社会领域，则是私人性组织。如果强调立足国家，政党承担国家意志形成的辅助功能，将分散的人民意志整合为国家意志，则可将政党定位为"国家权力"。此种定位与国家的权力运作有着密不可分的关系，则政党即使不被视为国家机器，也会被视为准国家权力机制。如果政党是"国家权力"，具有国家属性，属于国家权力领域，则是公共性组织。

在民主政治实践中，不同国家对政党的两种属性的强调程度有所不同。若强调人民属性，政党可能就是一个松散的人民团体，注重于整合人民意志；若强调国家属性，政党就是一个无国家之名却有国家之实的国家机器，注重于影响国家权力运作。由此，政党既是一种特殊的人民团体，也是一个兼具人民属性和国家属性的准国家组织。

（二）宪法定位

政党的政治定位直接影响政党的宪法地位。鉴于上述政党的政治定位，政党的宪法地位亦模糊不清。宪法乃是人民进行程序建构的产物。宪法体现全体人民之整体意志，全体人民之整体意志则来自全体人民之自由且平等之个体意志。从个体意志走向整体意志，需要政党扮演中介角色，以凝聚人民政治意志。故政党在宪法上具有特殊地位。政党的宪法地位一般游离于"政党国家论"与"政党人民论"之间。前者认为政党是国家宪法机关；后者认为国家是属于社会领域的人民团体。

上述政党的宪法定位直接影响宪法功能的发挥。根据宪制精神，所有的权力都是宪法监控、规制的对象。宪法的功能在于保障人民的权利，限制国家的权力。进而言之，根据权力有限观点，宪法对统治权力进行全面控制，并基于基本人权以限制统治权力的范围。唯其如此，才能保障人民不受国家权力恣意侵害。如果把政党归为人民，则政党应该受宪法关于基本权利的保障，并接受国家合法的干预；如果把政党认定为国家机关，或者准国家机关，即虽然不是国家机关，但也相对独立于人民领域之外的一个特殊机制，则须将政党置于宪法的监控之下，不能再以享有宪法规定的基本权利的人民领域对待。否则，宪法对权力的控制将出现空白和缝隙，对人民基本权利的保障将大打折扣。

在民主实践中，政党的宪法定位并不清楚，并不能截然厘清，政党并不要么是国家机构，要么是人民团体。实际上，一方面，政党反映特定社会阶层利益或一定价值观，具有私人性，同时，另一方面，政党通过选举追求并取得国家公权力，具有公共性。因此，政党在法律上兼具私人性和公共性。

（三）法律性质

大陆法系与普通法法系对待政党的态度迥然不同。在大陆法系，政党被视为公共组织，视为法人团体，国家宪法乃至专门政党立法对政党作出规制。在普通法系，政党被视为兼具私人性和公共性的非法人团体，国家宪法没有政党条款，对政党不作专门法律规制，甚至法院不愿介入政党事务。政党采取什么法律形式，在多大程度上受到法律的规制，并无通例。鉴于大陆法系对政党有明确具体的法律规定，在此主要探讨普通法系关于政党法律性质的规定。

在普通法系，非法人团体是什么，难以说清楚；但不是什么，却是清楚的。首先，非法人团体不是法人。非法人团体为不具有法人资格的团体。一个旨在共享某个社会或政治目标的组织并不必然成为法人团体，法人拥有独立于其成员的法律人格。未取得"法人"资格的社会团体只能是"非法人团体"。其次，非法人团体不是自然人。自然人具有法律人格。非法人团体是由自然人组成的团体，既非法人，也非自然人。再次，非法人团体不是婚姻、合伙。在普通法看来，非法人团体通过协议把每个成员维系在一起，成员具有流动性。相比之下，合伙与婚姻虽然通过协议把成员维系在一起，但却是静止的实体。非法人团体不像婚姻、合伙那样，其中一个成员死亡或者退出，就会解体。

政党的非法人团体性质有历史的渊源。在德国，政党曾经是无须登记的社团。19 世纪末，德国立法者由于对追求政治、宗教或社会宗旨的社团持不信任态度，为了加强对这些社团的监管，要求社团进行登记而取得权利能力。于是，《德国民法典》原第 61 条第 2 款规定："行政机构有权对追求此类宗旨的社团的登记提出异议，而应法院的请求，任何社团均须提交其成员目录清单"。但是，在现实中，那些追求政治宗旨的政党宁愿放弃法人资格也不愿接受当局的监控。它们采用非法人团体的方式也完全可以"丰衣足食"。到 1919 年，即使在《德国民法典》有关对社团监控的第 61 条第 2 款被废止后，各政党依然不屑于在社团登记簿上登记，不屑于取得法人资格。[1] 德国法律发

① 参见梅迪库斯：《德国民法总论》，邵建东译，法律出版社 2001 年版，第 855—857 页。

展的结果是取消了法人团体和非法人团体的差别，现代德国社团立法要求包括政党在内的所有团体都要接受法律的规制。德国基本法为政党地位奠定了法律基础，1967年7月24日颁布的《政党法》赋予政党及其最高一级的区域组织以无限制的当事人能力。

（四）非法人团体

在普通法系，政党是非法人团体。威斯特敏斯特政党来自松散的议会派系，政党党员与公职身份之间是含混的，议会领袖往往是议会政党领袖。所以，从威斯特敏斯特政党开始，迄今政党都是采取松散、灵活的非法人团体形式。

在普通法传统中，所谓政党，就是一群人为了一个共同的目标走到一起，形成一个团体，在这个团体里，人们放弃自己五花八门的想法，达成一种共识，这种共识可以是书面共识，如党的章程，也可以是非书面的口头约定。在此，政党不像自然人或公司那样拥有法律人格，而是像一个绅士俱乐部，"一群人为了他们的政治利益而聚集在一起，……这个团体由契约法来予以规制"。[①] 政党不具有法人资格，这就意味着，政党内部是自由松散的，外部也没有像法人那样的形式要求，党员也不会从其对政党承担的有限责任中获得好处。具体而言，普通法系政党具有以下特点：

第一，政党的成立相对容易，且成本低廉。相比之下，公司的成立就复杂严格得多。在普通法法系，政党只需要公开注册登记，达到一定的党员数量，接受一定规制就万事大吉，剩下的交给政治市场来调节。

第二，政党内部权力结构相对灵活，不像公司法律制度对公司的内部权力结构有严格要求。从政党内部治理架构看，政党可以是

---

① Morris, C.*Parliamentary elections, representation and the law*. Oxford:Hart. 2012, p.107.

内部专制、自上而下层级化的自我封闭的组织，也可以是内部民主、自下而上开放的组织。一个政党采取何种组织架构，这取决于政党的竞争需求。这种灵活性既满足了结社自由原则，也满足了政党政治实践需要。如果按照公司法律，公司法人谁拥有公司资产，谁应诉，谁起诉，都有明确法律规定，以便于应付复杂的商业交易活动；但是如果法律对政党作出明确法律规定，政党的行动就很不方便。况且，政党的经济行为很简单，即便是大型政党，它的账目也是简单的；即使一个政党拥有大量资产，它也可以把它的资产剥离给信托机构。

第三，政党破产比企业破产灵活。企业破产程序非常复杂。相比之下，如果想结束一个政党，则简单得多，甚至可以无痛"安乐死"。比如，如果一个政党达不到法定人数，就可以直接简单进入一种永久停滞状态。当然，如果一个政党分裂，党员可以退党而成立一个新的政党。

第四，政党可以就纳新或者退党作出灵活规定。小型政党可以规定，由现有党员提名某个新人入党，然后全党来决定是否吸收该名新人入党；大型政党则可以规定，把吸纳新党员的权力下放给下级党的委员会。对于党员退出来说，党员可以自愿退党，也可以被开除出党。即使被开除出党，也不值得大惊小怪。党员入党也并不必须向党组织宣誓。

第五，政党可以制定富有特色的党章。在大陆法系，政党的法人团体性质决定了党章的公共性，必须接受法律规制。如依据德国政党法，政党不仅制定党章，还对党章的形式和内容作出法律规定。在普通法系，鉴于政党的非法人团体性质，党员是政党的主体和灵魂，党员之间形成协议，即政党章程，乃是党员平等政治关系的体现，是私人性协议。法律对政党章程不作特别要求。例如，政党允许其他政党党员加入本党，即一个 A 党党员可以同时是 B 党党员；允许一个组织可以与其他志趣相投的组织结合成为政党。当然，法律要求政党必须制定党章，且一般规定以书面形式来制定党章。

第六，政党可以采取法人形式。在普通法系，虽然法人团体需要接受严格的、复杂的法律规制，相对缺乏灵活性和适应性，但政党也可以采取法人团体形式。例如，澳大利亚一些小型政党就采取较为稳定的法人团体形式。维基解密党（The Wikileaks Party）的党章就采纳和援引公司法规定，其中明确规定，党章就是党员之间的契约。① 由此可见，普通法系的政党形式是非常灵活的。

当然，一般而言，公司法人架构并不适合政党组织，因为政党中的党员是人，而法人中的人则是拟制人格。党员是属人身份，党员身份是不可转让、不可买卖的，而公司股东可以转让股东身份。在政党里，党员之间的关系是平等的相互性关系，一人一票是政党的基本原则，而公司股东决策不是基于一人一票原则，而是基于其所拥有的股份比例。

二、法律规制原则

虽然大陆法系和普通法系对政党的法律地位有所不同，但是，政党接受法治的控制，却是普遍共识。宪法和法律应该规制政党的行为，只是程度不同而已。可以肯定的一点是，政党可以没有明确法律地位，但绝对要在法治框架下活动。需要说明的是，法律规制是一个中性概念，既可能是基于政党的人民属性而强调对政党权利的保障，也可能是基于政党的公权力属性而强调对政党权力的控制。

---

① See Matteo Bonotti, Veit Bader. *Parties, Partisanship and Political Theory*. Routledge. 2015, pp.86-87.

（一）政党自治

所谓政党自治，即政党免于国家法律规制的政党自由。政党自由包括"消极自由"与"积极自由"。作为法人团体，政党享有基本权利能力。即使作为非法人团体，即未完成法人登记的无权利能力团体，依法人基本权利能力理论，亦承认政党自由，即政党基本权利。政党消极自由即政党享有免于国家权力介入内部事务的自由，如强调政党具有成立、组织、活动之自由，党员加入或退出政党之自由，并免于来自国家或其他政党或团体之侵害；政党积极自由即享有确保国家权力介入政党内部自治事务的自由，如强调保障党员对内参与政党活动之自由，保障国民监督政党活动的自由。

政党自治的道德基础在于个人自由。政党是民主社会的结社自由的产物。政党自治离不开个人结社自由、言论自由和政治参与的权利。对于一个健康的政党制度来说，这些自由是先决条件。国家法律规制不可避免会在一定程度上侵犯这些权利。这些权利的最大化就意味着政党尽可能地自由、自治和独立。可见，政党自治源于政党自由，政党自由是一种以团体为主体的结社自由，此种以团体为主体的结社自由则源于个人的结社自由。因此，政党自由是个人自由的延展。在此意义上，政党是个人政治自由的产物。

当然，个人自由的实现也离不开政党自由。依据个人政治自由，市民就公共事务，如是否支持政党、支持何政党等事项，具有自我决定权。上述个人政治自由的实现借助两个路径，其一是政党自由，即保障人民结社自由、言论自由等；其二是保障国民政治参与权利，以把国民个体政治意志整合成为国家整体政治意志。显然，政党自由影响和决定个人自由的实现，甚至可以说，没有政党自治，就没有个人自由。

鉴于政党自治是民主的重要组成部分，对于民主实现具有重要意义，必须给政党留出自由空间。虽然政党具有公共性质，也不必然完全接受法律规制。因此，一定程度的免于法律规制的政党自由是必要的。这种必要性表现在三个方面：

一是民主政治的实现需要政党自治。民主政治离不开选举。比如，政党的一项功能在于为政治岗位招募候选人，由政党这种准私人性质的组织来承担，可以免于政府或执政党的绝对控制。政党自治意味着政党的民主功能不能由立法和行政机关直接或完全控制。这对于民主制度的运作是必要的。如果政党完全臣服于国家机器，甚至成为国家的一部分，则无法葆有政党的人民属性，也失去政党的独立性。政党的力量来自免于国家控制的独立性。虽然不能否定政党的"公共性"，但是防止国家控制政党行为是有益的。故政党需要享有一定程度的免于法律规制的自由。

二是对政府权力的制约需要政党自治。政党是一个准国家机器，故政党制度并不属于国家正式政治制度。相较之下，总统、议会、法院制度是正式的政治制度。因此，政党制度是国家"准制度"。作为准制度，政党承担对国家权力的制约功能。其一是对执政党和政府进行批评和监督；其二是通过公共政策讨论，深化认识，凝聚民意，借此制约执政党的权力；其三是通过动员公民选举和广泛的政治参与来制约政府权力。

三是国家权力的有效性需要政党自治。国家机器之间相互分立，互相制约，固然防止权力滥用，但是也影响有效合作。当今世界，面对广泛而有挑战性的国家问题，现代政治不是需要更多的"僵局"，而是需要更多积极的步调一致的行动。要使国家权力高效运转，则需要合理的政党自治制度。政党不仅是国家与人民之间的桥梁，也是不同国家机构之间的桥梁，能够促进更好的政策合作。

（二）最低限度规制

鉴于政党在民主政治中扮演的重要角色，政党应该葆有一定的独立性，即免于政府控制的独立性。政府对政党行为的完全控制将牺牲民主政治。但是，一个完全自治的私人性政党同样会带来滥用权力的问题。比如，过分的政党自由，可能剥夺公民的投票权和政治参与机会，也可能出现大党欺负小党现象。因此，对政党的法律规制应该是最低限度的规制，即既要保证政党自由，又要保证党内民主，在二者之间取得一种价值平衡。法律对党内民主进行规制的正当性基础在于个人自由。党内民主虽无宪法明文规定之，却是宪法规定个人权利的延伸。党内民主的请求者看似是政党党员，其实国家亦可借助法律规制予以倡导。

对政党最低限度的法律规制，在于保障民主实现。考虑到政党民主是人民民主实现的必要机制，应该对政党自由进行必要的限制。民主政治的关键在于选举，选举过程的公正、有序是实现民主的核心。对政党的法律规制在于保护党内选举制度完整性，确保选举公正、有序进行。因此，国家法律对政党内部选举行为作出规定，包括投票人的住所地要求；投票人的最低年龄要求；把公民身份要求作为投票资格的必要条件；投票人在一个选举周期只能参加一次初选；对改变党派的投票人予以时间限制；等等。有鉴于政党是民主社会不可欠缺之机制，故对政党的民主辅助功能予以法律保障。

对政党最低限度的法律规制，在于考虑到政党可能伤害民主，应该对政党自由进行必要的限制。在民主程序下，人民享有终极权力，并拥有提供国家权力运作之正当性依据的力量，而国家则在宪法法律规范之下拥有行使来自人民之权力的地位，并受到全面监督。在此种民主政治条件下，政党可能对民主实现有制约作用。因为作为辅助人民实现民主的机制，如果政党独立于人民之外，则可对国家主张权利，甚至拥有一定程度的权力，可能成为一种准国家统治机关，势必会在一定程度上限制甚至剥夺人民与国家机关之间原本存在的直接民主正当性联系。如果政党直接代替了人民，那么国家的合法性不是来自人民，而是来自政党。可见，政党特别是取得执政地位的政党，不能视为一般人民团体，而是必须予以严格的法律规制。

对政党最低限度的法律规制，在于政党的公共性。政党是政治制度的内在组成部分，应该接受一定程度的公共控制。政党承担组织党内选举的公共职责，政党其实是国家行为主体，政党行为应该接受法律规制。需要指出的是，即使政党具有公权力的属性，未必导出国家法律介入政党内部事务之正当性。毕竟，在当今社会，依据宪法规定，对于国家整体政治意志与人民个体政治意志之形成，并非政党唯一中介，各种社会团体、政治团体等，皆负担一定程度的公共职能，仅言政党有公的性格而肯认法律规制的正当性，并不能服人。政党与其他公共团体的最大差异在于政党可提出候选人参与选举，获得公职，甚至取得国家权力，政党具有此种特殊的公共性。

对政党最低限度的法律规制，在于政党内部事务的特殊意义。政党的公共性论证的确可以证成规制政党行为的依据，但是对政党内部事务的规制，则难以据此证成。对于政党内部事务的规制，则要求更多论证，而不是保证选举完整性的一般利益。规制政党内部行为的理由在于，政党内部行为对选举过程产生重大影响，且其他手段不能代替法律手段，以有效保证选举利益。当然，对政党内部事务予以过分的法律规制和介入，则势必带来两个不利后果：一是必然限制政党自由，侵害政党的消极自由；二是造成政党国家化，进而造成政党官僚化及寡头化倾向，伤害党内民主。所以，对政党的法律规制，必须予以一定限制，仅是最低限度的规制，以免伤害政党自由和党内民主。进而言之，对政党的法律规制即通过立法或司法，以法律或司法判例来规范政党内部运作秩序，规制政党与政纲、党员资格、权利与义务、政党之组织架构、党内决策过程等政党内部事务，以确保党内民主原则。

三、法律规制边界

鉴于上述对政党进行法律规制的原则，政党事务并非一定"法内"，也可能"法外"，但就某些政党事务而言，则必须予以法律规制。一般而言，现代政党政治主要涉及政党执政地位的取得和执政权力的行使等环节，政党行为包括政党的选举行为、政党的执政行为和政党的内部行为。对政党的法律规制，大致体现在三个方面，即选举中的政党、政府中的政党、社会中的政党。

（一）选举中的政党

选举中的政党，即政党参与国家选举的行为。选举是民主实践的必要机制。选举的主体是人民。人民意志的表达，人民对国家决策的参与和决定，均需要借助选举制度来实现。辅助选举是政党最为重要的功能，政党是辅助选举程序运作的关键机制。人民选择民意代表的过程，需要借助政党这个中介。在选举过程中，政党具有人民性，也具有准国家组织的性质，人民借助政党来表达意愿，而非对国家直接表达意愿。同时，政党承担准公共机构的功能，不再是一个私人性组织，故对选举中的政党予以严格的法律规制。

对选举中的政党，法律规制的方式是成文立法。不论是大陆法系还是普通法系，均通过选举法、政治献金法等来规范政党的选举行为，包括选举经费的筹集与使用等。选举法的内容可简单划分为政党间的竞争规范与国家对政党（或候选人）的补助两部分；前者涉及的多系政党竞选期间的行为，后者则影响了政党的财务来源。选举法是对政党选举行为影响最大、最直接、最主要的法律规范，是政党参与政治生活所要遵守的主要游戏规则。当然，对选举中政党的法律规制并不意味着选举中的政党完全失去自治和独立性，选举中政党仍然葆有一定程度的自治自由，有免于法律规制的空间。

（二）政府中的政党

执掌国家权力，服务人民利益，乃是政党追求的目标。一旦通过选举成为执政党，政党将在国家权力结构中扮演重要角色。各个国家的国家权力结构并不相同，在不同的政治体制下，权力结构的安排不同。就西方国家而言，有以英国和德国为代表的"议会内阁制"，以美国为代表的"总统制"，以法国为代表的"半总统制"。虽然政党在国家权力结构中的地位各不相同，但执政中的政党一般包括两类行为：一类是作为国家公职人员的党员代表依据宪法和法律的赋权，依法行使国家权力的行为，即把党员代表按照法定程序派进国家机关，实施国家法律、法规、预算、决定等等，这类执政行为必须遵循国家法律。另一类是执政党的政党组织在权力结构中，在凝聚民意的基础上，在立法机关中联系、协商、整合不同意见，提出政纲、法案、预算案等，在立法与行政之间扮演桥梁作用，成为国家权力结构运行的润滑剂。相比在野党，执政党不需要更多法律保护。相比之下，在野党需要法律保护。

对于执政中的政党代表行为，涉及国家权力行使，法律须作出具体规定。对于执政中的政党组织行为，法律适合作出原则性的规定。因为执政中的政党组织行为葆有政党自治性，但是鉴于其在国家权力结构中的地位，也要尊重国家法律。故对执政中的政党必须强调在宪法和法律范围内活动，不宜作出明确、具体、详细的规定。对执政中的政党，更多的是依靠政治惯例来规范。具体而言，一方面，在议会党团的活动与运作方面，各国议会党团的活动基本上是遵循政治惯例、政治伦理、政党纪律来行事；另一方面，政党组阁与执政方面，选举中获胜的政党成为执政党、负责政府组阁，不宜明确予以法律规定；执政过程中的决策、职务任命、利益分配等，本身就具有一定的隐蔽性、暗箱操作性，法律更难以规范。

（三）社会中的政党

社会中的政党即政党的内部行为。对社会中的政党，虽不必然予以法律规制，但是必须合乎法律要求。究其原因，法律体现人民的意志。政党执政和运用国家政权处理政务、事务是受人民所委托，必须经人民同意。人民的利益是什么，只有人民自己最清楚。人民通过选举代表，把自己在国家经济、政治、社会、文化等领域的利益要求表达出来，人民的这种利益表达形式就是立法。所以，法律代表人民的意志。作为人民利益的代表者，作为人民的受托者，作为人民利益实现的践行者，社会中的政党必须遵守体现人民意志的法律。

政党的内部行为具有私人性。一个政党意味着一个组织架构。政党组织架构包括中央、地方和基层党组织。政党的各级党组织存在组织的产生、行动边界、行动程序、权力制约问题。党内行为包括各种政党自身的治理活动，如政治建设、思想建设、组织建设、作风建设、纪律建设等。在党组织内部，从党员身份、党内组织结构到党的领导人选拔，均属于政党内部事务。鉴于政党内部行为的私人性，政党应该享有免于国家法律规制的更大自由。因为政党内部行为涉及国家利益最小，在这个方面政党有最大的独立性。如果国家法律完全介入政党生活，政党则势必国家化，就失去联系国家与社会的功能。所以对于纯粹的党内事务，国家法律一般不予介入，以保障政党的自治性。

当然，政党的内部行为并非完全纯粹"党内"行为，也包括与国家有直接关系的行为。鉴于政党的公共性越来越强，它们参与选举，进入公共领域，所以需要接受法律的监管。例如，政党候选人提名是一个党内行为，但是对国家选举具有显著影响，并非纯粹政党内部事务，而是政治公共事务，甚至可以称之为"民主的喉咙"。① 党内选举乃选举党代表和政党领导人，由于涉及国家利益，这并不是纯粹党内事务，党内选举应该遵循国家宪法的民主政治要求，遵循民主、公正、公开、权利保障原则。这部分党内行为承担公共功能或者相当于政府行为，应由法律规制。其他党内行为即属于党内自治行为。如果没有明确的法律赋权或者政党侵犯了法律权利，国家法律不会介入政党纠纷。党内选举是党内事务还是公共事务，需要通过法律予以厘清。如果是公共事务，引发的纠纷由司法介入；如果是党内事务，则由党内自己处理。可以明确的是，党内选举关涉国家权力运作，为国家民主政治运作提供人力资源，其实是国家民主政治的延伸，不论是选拔党代表，还是选拔国家职位候选人，还是选拔各个层级政党组织的委员会，政党都承担公共功能。

党规的制定与适用是政党的内部行为，法律是否介入党规的制定与适用，从实践来看，缺乏明确答案。究其原因，政党行为方式复杂多样，党规内容亦复杂多样。党规的内容一般包括政党意识形态、党员权利与义务、党的组织制度、党的纪律等。其中，有的涉及党内事务，有的则涉及国家公共生活；即使党内事务，有的是纯粹党内事务，有的则与国家生活间接有关。因此，在实践中，法律态度很模糊，如大陆法系与普通法系对政党及其党规的态度不同。当然，法律对于党规的态度，取决于党规的性质。如果党规具有公共性，法律应予以规制。

对于党内行为的法律规制，可以通过两个方式来实现。第一种方式是逐项列举式，即通过成文立法对党内行为予以列举，且规定这类行为不受法律规制；或者通过成文立法明确规制政党内部行为。第一，通过立法界定政党资格。这意味着官方一旦将一个组织认可为

---

① 参见李少文：《西方政党初选机制比较研究》，上海三联书店 2018 年版，第 12—13 页。

"政党"，该组织就可以享有政党的权利以及其他法定特权。第二，确定政党组织架构和政党领袖产生方法。明确规定各个层级的委员会、政党领袖何时、如何产生，委员会的规模、投票方式、法定人数、性别平衡、党内规章、任期、会议召开等。第三，赋予政党内部组织以权力。如赋予党的委员会进行党内运作的权力，如财务处理、组织活动。第四，通过立法确定政党提名人的产生方法。这种方式的优点在于一清二楚，明确厘定党内行为的边界。问题在于，一是政党行为复杂，难以涵盖所有内部行为；二是受到时间限制，鉴于政党作用的不断变化，一旦列出政党内部行为清单，就可能马上变为过时。第二种方式是指南式，即确定一个原则性标准，符合该种标准的行为即政党的内部行为。比如，这个标准是"对于维系政党组织的存在至关重要的行为"或者"确保政党意识形态纯洁性的必要行为"。这种方式的好处是有弹性，也能与时俱进。但问题在于，法院受理政党内部纠纷时存在客观性问题。当然，也可以通过把上述两种方式结合起来，以确定党内行为的边界。所以，对党内行为的法律规制是规则与指南的结合。这样，可以给予政党以一定的自由裁量，而非对政党内部行为的界定事无巨细，作出详尽规定。

四、法律规制比较

考虑到政党在国家政治与社会生活中扮演的极其复杂和关键的角色，政党行为应该法律化。宪法如果只是规定国家首脑的选拔方法、规范立法机关与行政机关的关系，而不考虑政党的作用和角色，显然不可思议。因此，从严格的形式主义法治来看，政党地位应该入宪，甚至应该法律化。但事实上，政党地位入宪或者法律化并非世界通例。大多数国家有自己的成文宪法，但其中并没有就政党地位作出规定。就两大法系而言，大陆法系国家宪法均对政党地位作出规定，甚至制定专门政党法，而普通法系国家宪法则没有规定，甚至没有出现政党字眼，更没有政党法。

（一）大陆法系

虽然自 19 世纪以来政党在国家政治体系中发挥了核心作用，但法律的承认却出现的较晚。政党的法律地位经历了一个变迁过程。从历史观点来看，政党在国家法律上的地位大致有四个阶段的演变：第一阶段是禁止政党时期，这是在君主专制时期及民主政治初期；第二个阶段是默认政党时期，大致在民主政治早期；第三个阶段是法律上消极承认政党时期，第二次世界大战以前基本如此；第四个阶段是法律上积极承认政党时期，主要是第二次世界大战以后。[1] 在第二次世界大战以前，政党一般以社团身份存在，各国基本上是消极地承认政党，对政党地位并无明确的法律规定。1919 年的德国魏玛宪法，也是把政党作为社团来对待。第二次世界大战以后，政党开始在欧洲获得宪法承认，冰岛、奥地利、意大利和德国的宪法率先规定了政党地位，有的社会主义国家虽然一党执政，也在宪法中规定政党的地位。于是，"政党入宪"成为世界政党政治的一个比较普遍的现象（见表 1）。荷兰学者马尔塞文等对 1976 年 3 月 31 日前生效的 142 个国家的宪法（当时有 156 个民族国家）通过计算机分析，结论为：当时有 65.5%（93 个）的国家在宪法中有政党条款。[2] 其中，德国 1949 年基本法第 21 条规定："政党应参与人民政治意志之形成"；法国宪法第 4 条规定："各政党和政治团体协助选举表达意见"，还规定了自由结社政党的权

---

[1]　参见雷飞龙：《政党与政党制度之研究》，台北韦伯文化国际出版有限公司 2002 年版，第 84 页。

[2]　参见马尔塞文等：《成文宪法：通过计算机进行的比较研究》，陈云生译，北京大学出版社 2007 年版，第 83 页。

利。西班牙、葡萄牙宪法也同样规定了政党的地位。

表 1　有关国家在宪法中首次承认政党的年份

年份	国家	年份	国家	年份	国家
1944	冰岛	1974	瑞典	1991	拉脱维亚、罗马尼亚、斯洛文尼亚
1945	奥地利	1975	希腊	1992	捷克、爱沙尼亚、立陶宛、波兰
1947	意大利	1976	葡萄牙	1996	乌克兰
1949	德国	1978	西班牙	1999	芬兰、瑞士
1958	法国	1984	挪威	2008	卢森堡
1960	塞浦路斯	1989	匈牙利		
1964	马耳他	1990	克罗地亚、塞尔维亚、保加利亚		

资料来源：Anika Gauja, Marian Sawer（2016）. *Party Rules? Dilemmas of political party regulation in Australia*. ANU Press.p.4.

　　需要指出的是，大陆法系国家政党的地位不仅由宪法予以规定，也往往通过专门法律予以规制。例如，德国的政党由一系列范围广泛的法律条文规制，包括宪法、联邦宪法法院的裁决、专门的政党法，以及选举法的相关条文。《政党法》规制政党的职能和内部组织，以及向政党提供的捐赠及资助。

　　大陆法系通过立法明确规定政党守法原则。如德国《基本法》规定："凡由于政党的宗旨或党员的行为，企图损害或废除自由民主的基本秩序或企图危及德意志联邦共和国的存在的政党，都是违反宪法的"。1986 年，菲律宾宪法第六条规定："允许根据人民的自由选择而逐渐形成一种自由、公开的政党制度，但须遵守本宪法的规定"。1982 年颁布的土耳其宪法第六十八条第三款规定："成立政党无须经事先许可，政党应在宪法和法律规范的范围内活动"。1961 年，委内瑞拉宪法第一百一十四条第二款规定："政党的组织和活动应受法律的管理，为的是保卫它们的民主性和保证它们在法律面前的平等"。

此外还有巴西、越南、也门等国家的宪法也有类似的规定。1982 年，中国宪法第五条规定："一切国家机关和武装力量、各政党和各社会团体、各企业事业组织都必须遵守宪法和法律。一切违反宪法和法律的行为，必须予以追究"，体现的也是这一原则。将"政党"与"国家机关和武装力量、各社会团体、各企业事业组织"并列提出，强调了"政党"与"国家机关和武装力量、各社会团体、各企业事业组织"是平等的，政党与国家机关和武装力量以及各社会团体、各企业事业组织一样，应当遵守宪法和法律的规定。

大陆法系国家之所以对政党进行法律规制，乃是因为政党的特殊地位。任何团体都是自治组织，但政党肩负民主政治实现的重任，并非一个纯粹自由的社团，应该接受法律规制。通过各国宪法规定可见，政党不仅是一个选举机器，也是民主秩序的内在组成部分，是民主秩序的积极建构者。从逻辑上讲，一个致力于国家民主的政党必然奉行党内民主和自由。没有党内民主，就不可能有国家民主。法律对政党内部民主作出要求就可以理解。于是，欧洲国家的宪法不仅承认政党的外部作用，而且要求政党在其内部结构和运作中保持民主。德国宪法对政党的要求是，政党党内民主，外在不能威胁自由秩序。依据德国《基本法》第 21 条的规定，基本法的民主是一种政党国家的形式。政党的组成和内部组织必须符合民主与自由，而其宗旨和行为若违反自由民主的原则，经由联邦宪法法院审理确定后可以要求解散。德国基本法将政党界定为"虽不属于最高之国家机关，但毋宁为自由组成、源自于社会—政治领域之团体"。透过此一原则，政党享有宪法地位，接受国家法律规制。德国《政党法》规定，党员结社自由，党的执行委员会必须选举产生，党员享有平等投票权，地方党组织必须组织党员参与，党内设立仲裁机构以公正处理党内纠纷。法国宪法第 10 条、第 51 条规定，政党"尊重国家主权和民主原则"，反之，会被解散。葡萄牙宪法要求政党尊重"国家统一和政治民主"，同时要求政党内部"所有成员通过透明、民主组织、管理、参与原则实现治理"。西班牙宪法要求"政党体现政治多元化，听取并表达人民意愿，是政治参与的基本渠道"，且"政党内部结构和职能应是民主的"。

在大陆法系，对政党进行法律规制是"防卫性民主"的需要。任何制度都有利弊。政党对于民主制度的实现至关重要，也可能会为民主制度带来负面效应。因此，政党不仅享有权利和自由，也是义务承担者。大陆法系一方面积极承认政党，视政党为准国家机构，国家财政给予政党一定公共资助；另一方面又对政党采取所谓的"防卫性民主"措施，实行政党禁止制度，不但政党行为违宪要被禁止，政党意识、政党意志违宪也要被禁止。可以说，大陆法系对政党地位规定严格，政党在享受国家赋予的权利的同时，也在很大程度上失去了普通法系政党所享有的自由。西班牙、波兰、土耳其等欧洲国家允许以国家主权和自由民主的名义通过法律来解散政党。这主要是吸取20世纪法西斯政党的教训和对神权伊斯兰教义的担心。土耳其宪法法院在过去50年里，特别强调宪法规定的世俗主义原则，即政教分离，禁止政党违背该项原则。欧洲大陆法系国家法院对于政党的禁止性规制，远非土耳其法院那样激进。但是，他们以法律追求的进步社会价值之名介入政党内部事务，对党内选举予以规制，完全不像普通法那样羞羞答答。根据法国宪法第1条、第4条，政党应该促进性别平等，即政党必须有促进性别平等的记录或候选人名单，否则会被减少政党公共资助。在德国，不仅制定关于政党取缔的专门法律规定，宪法还赋权联邦宪法法院就政党合宪问题作出裁决。

（二）普通法系

长久以来，普通法系国家没有就政党进行专门立法，甚至宪法也不予规定。例如，在英国一系列的宪法性文件如《自由大宪章》《权利请愿书》《人身保护律》《权利法案》《国会法》《国民参政法》中，没有政党条款，甚至连政党这个字眼都未出现。美国宪法对政党一直三缄其口，保持沉默。澳大利亚在 1977 年修订宪法时，在涉及填补临时参议院空缺席位时才提到政党，但也并非像许多欧洲国家宪法那样在广泛的民主领域提及政党。①

在普通法系，政党几乎处于法外状态，处于松散、自由的高度自治状态。政党成立无须特别注册。一旦登记成立政党，政党会有资格享有一系列权利，如选举命名权、候选人提名、政党名称或标志的保护、公共资助、自由飞行时间（free air-time）或接受捐赠免税权。政党所承担的唯一关联性义务是最低限度的财务公开，各国政党财务披露的程度是不同的，如英国政党必须出版经过审计的账目，而澳大利亚政党则只需要对接受的大额捐赠以及全部收入支出做一个年度报告。

关于注册成立政党，既有形式要求，也有实质要求。形式要求包括组织形式、政党党章，甚至入门费。实质要求有两个：一是最低限度的党员数量，二是促进选举竞争。加拿大联邦法律要求至少有 250 名党员，且"政党的基本目的之一是通过核准并支持党员候选人参选而参与公共事务"。澳大利亚联邦法律要求政党有 500 名党员，目的在于"支持所推荐候选人的选举"。新西兰法律要求政党有 500 名党员且"旨在为下一次大选推荐候选人"。英国法律没有对政党党员数量作出规定，仅仅要求政党声明旨在选举竞争。反之，如果一个政党低于党员数量要求或者不能推出候选人，就要被解除。至于党内的组织结构、党规和行为是否符合最低限度的民主要求，则没有规定。另外，普通法系故意对"党员"不做要求，也体现了契约自由精神。党员是政党的主体，党规是党员之间的契约。一个人可以通过向一个政党缴纳党费而"购买"党员权利。符合什么条件才能入党，这交给党

---

① See Anika Gauja, *Marian Sawer.Party Rules? Dilemmas of political party regulation in Australia*. ANU Press.2016,p.3.

规来处理，法律并不介入。制定法虽然要求满足一定数量才能注册成为一个政党，但这些党员既不需要缴纳年度党费，也不需要享有实质性的权利或承担实质性的义务。

政党的自由和灵活性还表现在"党派"现象上。在普通法国家，除了"党员"（membership）以外，还有"党派"（partisanship）。"党派"概念比"党员"更为广泛。一个人可以通过捐助、做志愿者或在社会媒体演说等表达自己的党派性。政党通过培养支持"党派"网络，以弥补党员数量下降的不足。当然，这会导致党内成员与党外人士之间的界限模糊。如果这种状况越来越严重，党员概念将失去意义。

至于政党内部各种事务，完全由政党自决，国家法律不加干预，也无限制性法律条款；即使是政党公职候选人提名，国家法律也视其为政党内部事务，由政党自行决定（美国除外）。即使政党提名的候选人、政党领袖违法，也不株连整个政党。

普通法系国家法律对政党事务保持沉默的原因，一是，普通法对政党内部的结社自由、意识形态目标、党组织结构、候选人选举等采取相对自由放任的态度，这与普通法对政党的非法人团体性质认识密切相关。同时，由于强调以个人权利来限制政府权力，普通法系国家宪法对政党的作用持一种消极态度。二是，普通法关注的是选区选民和候选人，并不关注选民背后的政党，哪怕政党的凝聚力或者政党领袖的魅力构成了选民投票的基础。三是，普通法极少关注政党内部事务，更多关注政党之间的竞争，因为政党之间的竞争可以保护选举市场的公平，防止形成政党垄断。对政党的法律规制源自维持竞争性选举的需要。如熊皮特所言，面对"形同溃败军队，而无力行动的选举大众"，"一个政党之所以是一个政党，不是由于她的原则"，而是"为夺取政治权力进行竞争斗争的行动一致的党员们"。① 一个政党并不必然是民主参与的平台，但必然是竞争性选举的平台。

---

① Schumpeter, J., *Capitalism, socialism and democracy*. London: Routledge, 2010, p.251.

需要指出的是，近年来，普通法系国家也开始对政党进行法律规制。以英国和新西兰为例，英国《2000年政党、选举及全民投票法令》的制定提供了一个周详的规制制度，以管制政党在注册、捐赠及开支等方面的事宜。新西兰没有就政党另行制定法律，主要以选举法规制政党在注册、捐赠及竞选开支方面的事宜。普通法系国家均要求政党须向指定的选举主管当局注册，才有资格派出党员参加选举。一般而言，任何政党如要申请注册，须提供政党的名称及党章，并提供有正式领导层的证明及有关政党党员的资料。通过政党登记，可以有效控制能够参与竞争选举的政党数量。除了政党登记制度外，还有候选人押金制度。如果一个政党要竞争所有席位，提交的候选人押金的数量会很大。如果候选人赢得超过一定比例的选票，候选人押金则可以退还。政党登记和候选人押金制度可以确保选票不会太分散，以便于选民做出明智和有效的选择。在党内选举方面，英国允许政党采取积极措施，减少政党候选人的性别失衡现象。新西兰法律规定政党须按照民主的程序选拔党员参加选举。

普通法系国家对政党进行越来越多的法律规制，主要是因为从近年政党实践看，政党的内部组织结构越来越复杂，党内程序更加清晰，党内运作也比以往更有活力。不仅如此，政党的公共功能与私组织性之间边界模糊，政党的公共性越来越强烈。

一是考虑到政党的公共性。在普通法系国家，基于政党的选举功能，政党不再是基于自愿原则的私人团体，而是越来越多地被视为公共组织，承担公共职能，包括立法招聘、选举竞争以及制定政策议程和动员投票。近年来，公共资助制度改变了政党的内部动力，使得政党从一个私组织转变成公共组织。政党接受国家公共财政资助，会削弱政党的自治性，削弱政党的私人性社团的地位，把政党变成一个独特的公共实体。当然，政党借助公共资助来参加竞选活动，这笔公共资金势必需要监管。因此，法律规制不是为了强化政党的权利，而是为了保证政党的选举功能；政党的财务披露不是满足党员的权利要求，而是防止政党腐败。

二是政党民主和性别平等理念被广为接受。虽然 1948 年《世界人权宣言》和 1966 年"公民权利和政治权利国际公约"都没有提及政党，但联合国人权委员会在 1996 年发布通用第 25 号评论，认为加入或组成政党的自由是行使定期参加选举权利的必要的辅助性权利，认为这是宣言所涵盖的内容。此外，20 世纪 90 年代以来，人们认为妇女在立法机构中的代表性不足已经成为民主的缺陷。这种对政治平等的理解通过《消除对妇女一切形式歧视公约》、"北京行动纲要"等得以加强。此种性别政治平等理念对全球政党法律规制实践带来影响。自 1991 年以来，阿根廷率先开展选举性别配额的立法，大约有 60 个国家纷纷效仿。如果政党没有达到配额，就要对政党进行法律制裁，包括失去政党资格或剥夺选举资助。

三是保障竞争性选举。竞争性选举是政党独有的、不可替代的功能。在选举市场的竞争中，除非政党行为涉及不正当竞争，国家法律不予介入党内纷争。为了反垄断和不正当竞争，国家法律要求新注册政党的名称不能与已有政党名称相似，一个政党不能与其他政党虚假联合或与其他政党相互支持。至于政党内部事务，法律不予关心。为了维持市场公平竞争，法律要求政党财务披露。为追求政党平等，防止执政党拥有过分的市场权力，国家则为政党提供竞选资助。

四是保障党内民主。政党是政治参与和民主审议的平台。近年来，一些国家就如何选择政党领导人进行改革。随着政党行为成为司法审查的目标，人们越来越关注政党的内部程序的民主性，党内规章实施的公平性、公正性。[1] 此外，一些理想主义者希望政党追求审议的党内民主。[2] 协商民主理论认为，民主的价值不在于党内竞争的效

---

[1]　See Anika Gauja, Marian Sawer. *Party Rules? Dilemmas of political party regulation in Australia*. ANU Press, 2016,p.8.

[2]　See Teorell（1999），"A deliberative defense of intra-party democracy". *Party Politics* 5（3），pp.363-382.

率，而是公共论证的质量。他们认为，政党可能削弱而不是促进公共论证的质量。政党在议会的辩论方式具有高度对抗性，欠缺公共论证的质量；即使在政党内部政策的制定过程中，由于党员被边缘化，而政党领袖发挥寡头作用，也欠缺公共论证质量。[①] 保障公共论证质量的党内民主，需要法律的介入。

最后要指出的是，在普通法传统中，美国是例外。美国虽然继承了普通法传统，但情况比较特殊。第一，美国是一个联邦国家，相对来说地方有一定自主性，其中包括对政党的法律规制。第二，在美国，政党功能单纯，仅是政治活动家们通过筹款或投票而联合起来的平台。第三，相比其他普通法国家基于会员费的党员资格，美国政党党员是一个松散概念，根据初选规则，需要通过登记而成为一名共和党或民主党人，这种登记是一种单边行为，是对自己政党认同的一种公开宣称，并不是一种承诺，即不是承诺加入一个受规则限制的组织。换言之，美国的"入党"是政党认同，不是加入政党组织。其实，美国的政党与棒球俱乐部并无区别。美国的政党不能唤起成员的身份认同，一党的党员不能区别于其他政治组织，党员对政党并无义务：他不用向党组织交党费，不用替党组织偿债，不能觊觎党的财产。他也不必履行党员的工作，不必参加政治运动，不必参加党的生活，不必在投票上保持团结，不必投本党候选人的票。第四，在美国，政党公职候选人提名实行初选与政党提名大会相结合的混合提名制。美国政党初选向公众开放，大众参与政党提名，具有极大的社会性。所以，尽管美国法律对政党内部事务一般不加干预，却对政党最重要事务——政党公职候选人提名采取严格的法律规定。美国有关法律规

---

① See Richard Katz and Peter Mair (1995), "Changing Models of Party Organization and Party Democracy: The Emergence of the Cartel Party", *Party Politics* 1 (1), pp. 5-28; Ingrid van Biezen and Peter Kopecky (2007), "The State and the Parties: Public Funding, Public Regulation and Rent-seeking in Contemporary Democracies", *Party Politics* 13 (2), pp.235-254.

定，政党提名必须按照民主方式推荐。更为关键的是，美国视政党初选为"州政府行为"，政党初选不是由政党自行决定，而是由各州法律详细规定，政党必须依法照办。相比之下，虽然政党领袖和候选人选拔越来越向社会公开，但英国、加拿大和澳大利亚仍然将党内选举视为纯粹党内事务，由政党通过党规予以自我规制。所以，普通法系的法律把政党视为一个选举组织，所以法律关注的是如何赢得大选而执政，至于政党内部发生了什么事，政党内部是民主还是专制，法律并不关心。甚至有人说，"一个内部专制的政党可以更好地为政治斗争而武装起来"。[①]

当然，在普通法系，政党法律地位的模糊甚至缺失并非偶然。究其原因，乃是因为，政治是一种使人迷乱的事务。[②]政治的复杂性和魅力就在于政治生活的法外特性。经验告诉人们，宪法、法律只是规范了政治权力结构中很少的一部分，但这很少的部分却是至关重要。宪法从来不是要么是成文的，要么不是成文的，而是二者兼而有之。因此，从政党政治实践来看，不仅大陆法系与普通法系对待政党的态度不一，其实就普通法系内部而言，每个国家通过法律规制政党的实践也不一样，没有统一的答案。

五、党务的司法介入

（一）党规的局限

在大陆法系，由于对政党党规作出明确、具体的法律规制，政党

[①]　Duerger, M., *Political parties: their organizations and activity in the modern state*. London: Methuen, 1954, p.134.

[②]　参见斯威夫特：《政治哲学导论》，萧韶译，江苏人民出版社 2006 年版，第 1 页。

的法律地位清晰，故司法机关介入政党事务不是一个问题。根据德国政党法，对党规的法律规制内容包括：(1)党规形式，即政党必须备有书面章程。(2)党规效力，即地区党部组织，除其直接上级组织之章程另有规定者外，依其地区组织之独立章程处理事务。党章系由政党的最高权力机关，即党员大会或党员代表大会议决，对党员具有拘束力的规范，且所有政党机关皆应遵守，其决议或行为若违反党章的重要规定则无效，若有争议只能上诉于法院或政党仲裁法庭。(3)党规内容，即政党章程必须体现最重要的问题和可能引起争议的问题，包括党员的入党和退党问题、党员的权利和义务、党员的纪律处分及开除等制度、政党的一般编制、地区党部领导机构的组成及权限等规定。政党章程至少要规定党员大会、党员代表大会、理事会及其他政党部门的组成及权限等。(4)党规的制定与变更程序。党章的制定必须立于完全平等公开的基础之上，不能有任何秘密的规范或程序存在。章程的变更须经党员大会多数决为之。

相较之下，在普通法系，对党规一般没有明确法律规制，法院是否介入政党事务，一直是一个备受争议的问题。原因在于两个方面。一方面，党规的契约性质使然。在普通法传统中，政党是在党规基础上形成的政治关系，而党规则是党员之间自由协商制定或者继承的协议，是党员共同认同和遵守的规则，党规对党员具有拘束力。党员依据协议享有权利和履行义务，非党员不能根据该协议享有权利。作为一个组织，政党对外是一个整体；对内则是通过党规团结起来的组织，党规就是党员之间的契约。另一方面，事实上，党规并不见得在生活中完全付诸实现。一是政党特别是政党的下级党组织，都是由志愿者组成。党规的执行者若是志愿者，志愿者对党规的理解难免不准确或者执行不严格。二是党规语言本身难免含混不清，语意模糊，又由于缺乏党规解释机制，党规不能自我说明或解释，党规便不会在生活中自动实现。三是纠纷总是难免的。如果党规适用引发纠纷，如果缺乏有效的内部自我救济，就需要借助外部司法救济。但是，一方面，由于诉讼成本高昂，政党不愿诉诸司法；另一方面，法院也不愿意受理政党这类非法人团体的内部纠纷。对于普通法系政党来说，既没有专门法律来规制政党，也没有特别法庭来解决政党纠纷。

（二）司法介入的意义

在普通法系，政党内部纠纷是否属于法院受理范围，一直没有定论。长期以来，法院的态度很清楚，即政治的归政治，法律的归法律，司法应该是纯粹的，不该介入政治事务。在澳大利亚 Cameron v Hogan（1934）案中，在维克多利亚州，由于当时经济大萧条，工党领袖被工党执行委员会开除党籍。法院认为，虽然开除党籍会影响到当事人的行政职务，但政党开除行为只是一个礼貌不礼貌的问题，是面子问题，法院不该受理这类纠纷。法院认为，政党旨在促进公共事业而不是经济利益，政党党员同意的党规并不构成一个有强制力的契约，党规虽然是党员达成的协议，但更像是"君子协定"。法院判决写道："作为一个普遍规则，法院不介入政党的争论或争吵，或者任何自治联合、社团或俱乐部的内部事务。"[1] 在美国 1946 年 Colegrove v. Green 案中，法院认为州的选区代表名额分配是"政治问题"，拒绝就此予以听证。[2] 在很长一段时期，除非有明确的法律授权，或者侵犯了一项法律权利，美国法院不会介入政党纠纷。

后来，法院态度发生了变化。20 世纪 60、70 年代，英国法院认为党规具有法律效力，不再对介入政党事务持厌恶态度，而是认为政党内部事务应该受到法律的规制。比如，在 Johns v Rees（1970）和 Lewis v Heffer（1978）案中，英国法院认为，政党党规并不是空洞的，

---

[1] Cameron v. Hogan（1934）51CLR358 at 370-371, 384.

[2] See Colegrove v. Green, 328U.S.549 (1946).

而是涉及重要的事务或原则。90 年代，澳大利亚法院认为，由于政党经过登记程序，并且获得公共资助，因此政党内部纠纷并不是社会俱乐部内部的口角，应该承认党规的法律效力。加拿大法院也认为党规具有法律效力。① 美国法院在 1962 年的 Baker 诉 Carr 案子中，推翻了此前 Colegrove 诉 Green 案的判决，不再把政党事务视为政治问题，并援引结社自由、平等保护、政治参与权利等宪法原则，积极介入政党纠纷。②

一旦政党事务具有可诉性，一些对政党心有不满的党员就会针对党规的解释和执行提起诉讼。特别是涉及党员资格的中止或开除、党内选举争议、党规修改争议，甚至反对派重新组建党的执行机关等纠纷，可以诉诸司法救济。在这种情况下，政党考虑到党的内部团结问题，也担心家丑外扬，影响党的声誉，于是特别制定党规规定，禁止党员就党内事务进行诉讼。尽管从法律上讲，这种党规具有法律约束力，但是这种禁止性规定不可能真正成为诉讼救济的障碍。法院会认为，这种党规违背了普通法原则，即私人协议不能规避司法监督。法院会认为这种党规规定类似于私人协议，是在规避法院的监督。于是，政党的党规一般规定，党员要在穷尽党内救济之后才能诉诸司法救济，但是，法院还是保留在紧急情况下改变救济程序的自由裁量权。

法院对政党事务的介入和监督，对政党是好事还是坏事？有人认为，司法介入政党内部事务，只是给政党事务添乱。③ 但是，对于外部的司法介入和监督，大部分政党接受并适应。究其原因，法院介入政党内部事务，对政党来说是一件好事。一者，一些难以处理的、非

---

① See Matteo Bonotti and Veit Bader, *Parties, Partisanship and Political Theory*, Routledge, 2015, pp.86-87.

② See Robert C.Wigton, *The Parties in court: American political parties under the constitution*, Lexington Bookks, 2014, pp.13-26.

③ See Forbes, J., *Justice in tribunals. Sydney: The Federation Press*, 2010, pp.68-72.

常棘手的党内事务，通过司法介入得以解决；二者，一些含义模棱两可的党规通过司法介入得以语义明晰。因此，通过法院介入政党事务，政党获益很多。

（三）司法介入的理念

关于司法介入政党事务的根据，主要有两个思路，一是行政法思路，二是契约法思路。

所谓行政法思路，即把政党视为行政机关，法院像对行政权力那样对政党权力进行监督。莫里斯（Morris）认为，在普通法传统中，政党承担准公共职能，享有行政法律地位。[①] 如果政党开除党员或者对党员作出其他纪律处分，法官可以要求政党遵守公正程序。[②] 当然，把政党视为一个行政机关的思路有些激进。在普通法国家，法院对行政权力进行监督是一回事，但对政党进行监督却是另外一回事。如果把政党视为一个公共组织或者行政机关，不仅政党党员可以把政党起诉到法院，任何一个受到政党影响的人都可以把政党起诉到法院，寻求法律救济。

所谓契约法思路，即把政党视为道德主体，党规是私人契约，应该得到尊重和支持。自由设定义务和相互性承诺足以使得承诺具有法律约束力。[③] 党章是一个协议，是誓言，是承诺，应该予以尊重和法律保障。在普通法系法官看来，尊重契约自由是首要原则，即使一个契约看起来不公正，也应该予以尊重。法官不愿意、也不可能重写政党党章。法院介入政党内部纠纷是出于对契约精神的保护，以防止政

---

①　See Morris, C., *Paliamentary election, representation and the law*. Oxford: Hart. 2012, pp.122-128.

②　See Gauja, A., *Political Parties and elections*, Farnham:Ashgate, 2010, p.105.

③　See Fried, C., *Contract as promise:a theory of contractual obligation*.Cambridge, MA:Harvard University Press, 1981.

党内部出现轻视甚至无视党章的行为，特别是政党寡头领袖擅自修改党章的行为。在普通法传统看来，政党是建立在党员的契约之上，党员是政党的基础，是政党的力量泉源。保护普通党员，防止党内寡头政治，需要司法介入和救济。从某种意义上，党内民主不仅需要一人一票原则，也需要外部司法救济。通过诉讼，可以保护党规党章的稳定性，保护党员权利免受政党寡头侵犯。

客观而言，法院介入政党内部事务，也满足权力制衡的需要。作为权力要素，政党藉由选举而发挥对国家权力机制的影响力，政党所扮演的角色与选举程序中国家机关有着密切关系。政党进入国会，必然影响立法权甚至行政权运作。独立的司法是权力分立制衡制度的重要组成部分。司法独立防止权力集中在政府手里，可以制约过分的立法和行政权力。通过介入政党事务，司法权可以提高自己的政治影响力。

（四）美国司法介入的原则

众所周知，由于历史的原因，美国宪法对政党问题一直保持沉默。由于宪法对政党的沉默，美国国会在立法时对政党也三缄其口，把这个问题留给了各个州来处理。但是，如果美国国会愿意立法规制政党，也是有宪法依据的，即美国宪法第一条第八款规定："国会有权规定并征收税金、捐税、关税和其他赋税，用以偿付国债并为合众国的共同防御和全民福利提供经费"，即全民福利条款。但事实上，迄今为止美国对政党进行规制的联邦立法仅仅处理竞选经费问题，即联邦竞选法。近年来，美国各州的政党规制立法增长很快。这就带来一个问题，即美国各州在多大程度上可以规制政党而又避免侵犯政党和选民的权利。这是美国法院和法官们关心的问题。从司法实践看，法院介入政党事务通常会涉及如下几个宪法原则。

一是政治问题原则。对法院来说，是否介入政党事务，取决于如何理解"政治问题",即法院不应介入"政治性"争论。该原则适用的情形一般有两种,一是纠纷中的政策问题属于"政治问题"。比如,法院在案件中遇到政府涉外事务,会遵从政治问题原则。二是当法院认为没有能力为一个纠纷提供救济或者需要政府的统一回应时,法院遵守政治问题原则。总而言之,当法院认为一个案子涉及政治问题,或者认为这样的案子对法院没有好处,法院就不会作出裁决。一直以来,政党问题被视为"政治问题",法院不予裁决。比如,在 Colegrove 诉 Green 案子中,法官法兰克福(Frankfurter)把选举纠纷比喻为"政治灌木丛",法院不愿冒险介入。在 1962 年的 Baker 诉 Carr 案子中,法院推翻了此前 Colegrove 诉 Green 案的判决,愿意介入政治问题。近年来,在一系列案件中,最高法院不再援引政治问题原则,包括:涉外事务、党派操纵选举、行政机关的内部纠纷、各州的选举票数计票方法、众议院的内部事务。可以说,现代司法的态度更加开放,敏感的宪法问题包括政党问题,都可以接受法院的审理。

二是结社自由原则。美国法院在处理政党纠纷时,除了援引政治问题原则,还援引美国宪法第一条修正案,即集会和结社自由。该原则不仅适用于个人集会和结社,也适用于政党。在 1975 年 Cousins 诉 Wigoda 案的判决中,最高法院裁定,政党组织及其成员享有宪法保护的结社权利,除非为了不可抗拒的利益,州政府不得侵犯之。后来,美国法院不断重新界定并扩大结社自由的内涵,结社自由包括成立一个新政党的权利。当然,承认广泛的结社自由也带来一些令法院困惑的问题。如,在什么情况下可以开除一个党员?在什么情况下一个人可以主张加入特定政党的权利?在绝大多数案件中,面对州立法对政党的规制,法院支持并扩张政党的结社权利。如果政党是一个纯粹的私人性组织,他们的自由是广泛的。如果他们是公共组织,且承担重要的政府服务功能,特别是为公共职位招募和选拔候选人,结社自由必须予以限制。因此,法院对政党的公共行为予以审查。到目前为止，结社自由是处理政党纠纷的重要依据。从政党党员身份到政党初选，从党内领导选举、政党财政资助到选拔党代表，均援引该原则。

三是平等保护原则。美国宪法第十四条修正案的平等保护条款规定："在州管辖范围内，不得拒绝给任何人以平等法律保护"。该规定意味着政府应该平等对待所有公民。美国最高法院起初仅将该规定适用于黑人。在20世纪50年代以后，联邦法院的适用范围迅速扩大。法院越来越多把该规定适用于政治权利和经济权利。在1938年U.S诉Carolene Products Co.案的判决中，法院提到，除了黑人，可能存在"分离的和孤立的少数群体"，也应该适应平等保护原则。该判决标志着现代平等保护原则的出现，即平等保护原则不仅适用于黑人，也适用于美国社会中的女性、原住民、外国人和宗教少数群体。平等保护原则首先适用于涉及种族的选举纠纷。后来，法院逐渐援引平等保护原则来解决包括涉及政党内在的选举纠纷。

四是政治参与权利原则。在建国之初，美国把包括投票权在内的政治参与权利视为公民的一项重大自由。1870年的美国宪法第十五条修正案赋予黑人成年男性以投票权。但事实上，很多州剥夺了黑人的选举权。到了20世纪40年代，南方各州的黑人投票权斗争被交到联邦法院的案头。在这个时期，法院认为第十五条修正案规定的投票权是所有公民的重要政治权利，对该等权利的侵犯必须接受严格的司法审查。20世纪中期以后，联邦法院通过解释第十五条修正案来禁止投票中的种族歧视。20世纪60年代中期，国会通过法案以保证第十五条修正案。这意味着美国国会可以通过联邦立法来确保黑人投票的机会。联邦法院借助联邦立法，作为司法介入各州选举的手段。时至今日，第十五条修正案被视为关于投票权的主要宪法规定，投票权是政治参与权利，是所有公民的一项重大权利。1964年，在Wesberry诉Sanders案判决中，布莱克（Black）法官写道："没有权利比在选举中发声的权利更珍贵，因为选举的是立法者，而立法者所制定法律乃是我们好公民生活之所依。"①于是，第十五条修正案成为法院介入政党选举事务的法律武器。

五是州行动原则（state action doctrine）。该原则改变了政党在美国的法律地位。州行动原则源自早期对第十四条修正案的平等保护条款和第十五条修正案的投票权的解释。两个修正案不是对公民提出的要求，如剥夺公民被法律平等保护的权利或投票权，而是对各州政府提出的要求，如保护公民的投票权。起初，由于政党被视为私人性组织，包括政党在内的非政府实体侵犯公民平等政治参与权利，法院并不予司法审查。后来，由于政党在民主生活中扮演的重要角色，充分的州行动包括政党行动在内。在1927年Nixon诉Herndon案中，法院敲打了得克萨斯州关于限制黑人参与政党初选的立法规定。五年后，得克萨斯州试图绕开法院判决，授权给政党以限制黑人参加初选的机会，最高法院继续予以打击。法院判决告诉人们，至少在种族歧视这个问题上，不存在政党自由。现在，大多数法院对州和政党的行动采取的立场取决于是否有种族或者令人反感的歧视行为。

概而言之，美国法院倾向于强调政党的自治性。一是政党是一个自治组织，有自己的内部纠纷解决程序；二是政党官员不是国家官员，不能适用法律；三是政党内部纠纷属于"政治问题"，政治问题不宜用法律手段解决，特别是政党全国会议代表的选拔或者全国性政党行动，法院没有能力就此提供完全救济；四是法院不愿受理政党内部的派系纠纷，一些法官认为，对于一个富有活力和开放的政党来说，党内斗争是政党健康的表现。政治问题通过政治方式来解决，无须司法介入。哪怕是政党关于公共政策的立场，只要政党内部机制是民主和公正的，就最好由政党自己解决。②

---

① Wesberry v. Sanders，376 U.S.1,17（1964）.

② See Robert C.Wigton, *The Parties in Court*, Lexington Books, 2014, p.73.

第三章　党规的伦理基础

世界各国政党党章往往对政党提出伦理要求。如《中国共产党章程》规定，中国共产党党员"必须全心全意为人民服务，不惜牺牲个人的一切，为实现共产主义奋斗终身"，中国共产党党员"不得谋求任何私利和特权"。该种伦理要求体现在两个方面，一是底线伦理，即政党无害社会；二是高线伦理，即政党服务人民。就高线伦理而言，政党既有外向性伦理关怀，即服务人民与国家利益；也有内向性伦理关怀，即党员忠诚于政党。政党为什么追求伦理关怀，应该追求何种伦理，如何建构稳定的政党伦理生活，这些问题值得思考。研究发现，政党伦理是政党的公共性质使然，不仅为政党提供行动指南，也为政党提供正当性基础。政党有自己的利益，但是政党一味追求利益的结果是派系化和腐败，故需要底线伦理予以限制。政党仅有底线伦理还不够，必须追求道德高线，即利他主义伦理和党员忠诚伦理。欲获得可靠的政党德性，仅仅依靠教育是不够的，必须诉诸于制度，而且这种制度要追求德性，既避免好人变成坏人，也要给好人以继续做好人的机会。

一、政党的伦理关怀

政党的伦理关怀乃政党的公共性质使然。从表面上看，政党由党员聚合而成，政党是党员个体的总和。其中，党员是一个个单独的个体，有着单独的个人利益和偏好。但是，政党并不简单是私人利益的集合。如果政党是私人利益的集合，每个党员遵循自利主义伦理，追求个人利益最大化，党员就是松散的个体，就各自为政，政党也就不成其为政党。相反，政党是一个公共领域。公共领域不能等同于私人领域的总和。因此，一群人为了一个共同的目标走到一起，组成政党，必然要对个人偏好予以自我限制，同时遵循特定伦理规范，追求特定公共利益。所以，柏克给政党所下的定义是，"政党是一群人依据他们全体同意的一些特定原则所组成；其目的是希望藉由共同的努力来促进国家利益"。① 从柏克的定义看，被"原则"所驱使的政党具有"善"的性质，而被利益驱使的政治派系则具有"恶"的性质。所以，政党应该是一个伦理共同体。

　　政党伦理为政党提供行动指南。政党的运作离不开制度，但制度是有局限性的。一者，没有任何一套制度可以将政党的所有行动都纳入其中，予以规制。二者，从客观的生活经验看，世界上没有任何一个仅凭制度就能够维系秩序的共同体，即使政党也概莫能外。所以，迪韦尔热指出，"政党的组织主要是建立在不成文的习惯及实践之上，它差不多全然是习惯性的东西。党的章程及内部条例顶多不过表现出真实情况的一个很小部分，因为它们很少得到严格执行"。② 鉴于制度的局限性，政党可以透过伦理规范来指引政党行为，追求政党目标的实现。借助伦理规范，政党把拥有不同职业、身份、地位、背景的党员凝聚起来，在党员之间形成共同的道德语言，提升政党的凝聚力和战斗力。由于这种伦理要求体现在政党意识形态和政党对世界的认知之中，所以，谢尔（Shell）认为，"政党的目标，即它的世

---

① 　P. Langford（ed.）*The Writings and Speeches of Edmund Burke*, Oxford:Clarendon Press.1981, p.317.

② 　迪韦尔热：《政党概论》，雷兢璇译，台湾青文文化事业有限公司1991年版，第 VI 页。

界观，最能代表该政党的特征，也是塑造其结构和行为模式最重要的因素。"①

政党伦理为政党提供合法性基础。一个政党的生存乃至发展离不开广大社会民众的赞同和支持。这种合法性不仅在于法理上的合法性，也在于伦理上的合法性。政党的伦理合法性在于对社会道德的尊重。如哈特所说："当人们对遵从某规则的一般要求是持续且强烈的，而且对那些违反或有违反之虞之人所施加之社会压力是强大的时候，我们会将此规则当作并说明成是义务。……由强烈的压力所支持的规则之所以被认为是重要的，是因为人们相信，对社会生活的维持，或对社会生活之某些被高度重视之特征的维持而言，它们是必要的。"②社会生活的维持离不开权力，权力要有合法性。在特定社会语境下，政党应当展现社会适宜行为，即符合社会道德要求的行为。只有通过社会合宜的行动，政党才可能获得大众的赞美或尊崇；相反，政党的行为如果脱离社会认可的道德原则，将会受到社会的鄙视及不谅解。因此，政党不可能遵循纯粹的利己主义伦理，而是必须要对自身所处的社会有所顾虑，要尊重社会道德。

二、政党底线伦理

（一）自利主义伦理

作为伦理共同体，政党也有利益追求。政党的利益追求乃是基于自利主义伦理。自利主义伦理的前提预设是自利的个人行为动机。按

---

① 转引自 Moshe Maor:《政党制度的比较分析》，高千雯译，韦伯文化国际出版有限公司 2005 年版，第 8—9 页。
② 哈特:《法律的概念》，许家馨、李冠宜译，法律出版社 2006 年版，第 82—83 页。

照自利主义伦理的逻辑，人是自利的个体，个人以追求自我利益最大化为动机而采取政治行动。根据自利主义伦理，政党是一群为了实现自我利益的个人组织起来的组织，政党有着自己的利益。政党以执政的政党私利为动机，党员参与政党事务皆以自利为动机。自利主义伦理的正面的意义在于，通过承认党员的个人利益和政党的利益，藉由政党和党员追求自利的动机，激发政党的积极性和创造性，更好地服务于社会福祉和人民利益。

当然，自利主义伦理的负面的意义在于，政党政治缺乏道德性。根据自利主义伦理，当社会公益受损、社会正义不彰时，自私的个人、政党，在对自己毫无利益的情况下，只会对之视而不见，放任社会利益受损。所以，自利主义伦理造就追逐个人利益、算计个人利益的自私党员、政客。因而，政党政治事业成为无关公义和道德关怀的利益交换和权力斗争过程。如果政党是一个利益共同体，每个党员则是追逐个人利益的个体，为达到自己的利益会不择手段，党员之间仅仅是一种利益合作关系。政党就成了可以自由出入，想来就来、想走就走的利益场所。不仅如此，由于自利主义倾向，政党政治运作必须具备的廉洁、无私、责任等要素，则因与追求个人自利最大化的价值观格格不入而无从实现。

政党自利的结果是派系化。一直以来，人们对政党的派系倾向抱有深深的疑虑。麦迪逊说"党争的潜在原因，就这样深植于人性之中"，[①] 华盛顿在告别演讲中指出政党"是一团火，我们不要熄灭它，但要一致警惕，以防火焰大作，变成不是供人取暖，而是贻害于人"。[②] 政党是个人和次级团体的集合。一个政党组织有很多层级，政党上层是政党领导人，如议员、官员等；政党中层是次级团体领导人、党务人员等；政党底层是广大政党支持者。这些不同层级的政党

---

① 汉密尔顿等：《联邦党人文集》，程逢如等译，商务印书馆 2006 年版，第 46 页。

② W. B. Allen, ed., *George Washington: A Collection*, Indianapolis: liberty Classics, 1988, p.520.

行动者之所以坚持待在党内，其诱因不尽相同，包括物质诱因、权力诱因、社会地位诱因，抑或实现个人理想的目的性诱因。不同层级的政党行动者分享共同的价值目标，但对如何追求这些目标却可能看法相左，于是引发政党内部冲突。在自利主义伦理的驱动下，政党行动者必然遭遇如下困境：如果政党行动者效忠政党所得到的利益与单独行动所获得的利益之间发生冲突，政党行动者遵从个人利益还是服从政党集体利益？如果政党行动者基于个人利益考量而放弃政党利益，则必然削弱政党凝聚力。

政党自利的另一结果是腐败。政党是追求国家权力的政治组织，但政党不是天使。根据自利主义逻辑，假定人是倾向于腐败或者一旦有机会就会谋取不当之利，那么政党不论选择谁来掌权，这个掌权者都是倾向于腐败或者试图从他人那儿谋取不当之利。而且，一个拥有权力的坏人比之一个没有权力的坏人将给人类社会带来更大的危险。于是，选择一个好人来掌权就意义重大。假如政党可以通过民主机制来选拔好人掌权，也可能面临坏人夺权或者腐蚀好人的问题。假设政党或社会中一定有坏人，那么坏人可以通过暴力或者贿选夺权，也可以通过收买掌权者，让掌权者成为坏人的代言人。可见，只要有坏人存在，不论好人掌权，还是坏人掌权，都存在权力滥用的风险。

鉴于自利伦理的风险，党员个人利益并不必然符合政党集体利益，政党集体利益也并不必然符合社会公共利益。如果政党以自利主义作为伦理基础，一味追求政党利益，则必然导致党争和腐败，最终政党不会得到社会承认。所以，承认政党利益的同时，需要对政党的自利倾向予以限制，即设定政党底线伦理。

（二）政党底线伦理

政党底线伦理是优先考虑到最坏情况、防止和化解最坏情况出现的思维。防止政党危害社会的底线伦理，是政党及其党员必须遵守的最基本的道德规范，是最起码的行为要求。何怀宏认为，"道德底线虽然只是一种基础性的东西，却具有一种逻辑的优先性"。① 政党底线伦理应当首先考虑如何使政党及其党员普遍地成为守规则的人、有原则的人，而不是都成为英雄圣贤。即便政党及其党员追求一种道德的崇高，但也须从基本的义务走向崇高，即在遵守底线规则的基础上，可以继续努力，追求道德高线。

政党底线伦理在于不害人民。在民主生活中，人民的最大利益即当家做主，实现民主。作为国家与人民之间的桥梁与中介，政党具有人民性，但也是一个准国家组织，承担重要民主功能。有一个常识，即没有政党，就不会有民主政治。政党不仅是人们政治参与的工具，是凝聚和代表公民或利益团体意志的管道，还为政府和议会提供人事资源。在林林总总的选民中，选出贤能之士来出任公职人员；在众说纷纭的意见中，凝聚多数民众意志，订出可行的政策，离开政党制度是不可能实现的。鉴于政党在现代民主政治生活中扮演重要角色，政党是现代国家所不可或缺的一种政治组织。但是，由于不可避免的个人欲望和野心，政党可以致力于民主，也可能阻碍民主和社会福祉的实现。政党对人民的最大伤害是把自己凌驾于人民之上，代替人民掌权，以人民的名义向人民发号施令。

对不害人民的政党底线伦理的保障离不开法治。一个政党的可靠性不是基于政党的崇高德性，而是基于底线伦理，底线伦理则需要法治保障。马基雅维里指出："既有好的法律作基础，又有好的规章实施法律，因而不必像其他政府那样，只靠某一个人的品德来维持政权。"② 鉴于人性之恶，人类德性并不能充分保证政治秩序。道德治理固然重要，但不能离开法治；完全依靠政党的德性来治理国家，是绝不明智的。故此，政党与人民都应接受法律的约束。如果不受法律约

---

① 何怀宏：《一种普遍主义的底线伦理学》，《读书》1997 年第 4 期。

② 马基雅维里：《佛罗伦萨史》，李活译，商务印书馆 2008 年版，第 178—179 页。

束，一个德行高尚的政党也可能犯下重大错误；如果不受法律约束，人民也会肆意妄为。政党必须遵循法治，依法执政。如果政党不受约束、任意专断，其执政行为会简单、随心所欲，那么，人们就无所适从，政党甚至会将自己的利益凌驾于人民利益之上，彻底失去道德性。所以，政党必须在宪法和法律范围内活动，法律就是政党行为的底线或边界之所在。

底线伦理对于政党伦理体系来说仅仅只能作为必要条件，但绝不是充要条件。政党仅仅满足于守住底线伦理是远远不够的，还必须有更高层次的道德高线作为其精神支撑和引领。没有道德高线的价值支撑，没有人格美德的主体基础，政党伦理的约束效果将变得十分有限，底线伦理就会不断受到挑战，并难以坚守。因此，作为伦理共同体，政党必须追求道德高线，即利他主义伦理和党员忠诚伦理。

三、政党道德高线

（一）利他伦理

利他伦理是政治生活的重要道德原则。从苏格拉底、柏拉图到亚里士多德，政治的核心命题就是如何改善道德，不能做到这一点，就是失败的政治。这种对于政治的意义和目的的理解，被密诺格（Kenneth Minogue）称作"政治道德主义"（political moralism），被索尔克弗（Stephen Salkever）称为"德性政治"（the politics of virtue）。① 中

---

① See Kenneth Minogue, *Politics: A Very Short Introduction*, Oxford: Oxford University Press, 1995, p.110. Stephen Salkever (1974), "Virtue, Obligation and Politics", *American Political Science Review*, 68 (1), p.78.

国先秦儒家强调政治参与者的道德质量对政治生活的重要意义。① 就政党政治而言，作为民主政治的参与者，政党不但要具备政策制定与执行能力，还要具备一定的利他德性。如此安排，政党才不会在分配公共利益时受到各方利益诱惑而有所偏颇，甚至出现腐败行为。不仅如此，政党不应该只具有执政的功能，还必须有引导民风的道德性目的。所以，对于普通社会成员来说，不违法即为自由。相较之下，对于政党来说，必须在满足底线伦理要求以外，课以特别道德要求。是以，政党应该恪守利他伦理要求，成为引领社会道德发展的先锋队，通过示范引领，为社会开辟理想的道德生活境界。

政党利他主义伦理是人民伦理。政党把为人民服务确定为政党基本伦理要求。毛泽东在《为人民服务》一文中写道："人总是要死的，但死的意义有不同。……为人民利益而死，就比泰山还重；替法西斯卖力，替剥削人民和压迫人民的人去死，就比鸿毛还轻。"② 服务于人民利益，把人民利益视为自己的利益，这是政党道德所在；否则，政党就是渺小的、无足轻重的。当然，正如电影《香水：一个谋杀者的故事》的主人公让·马普蒂斯特·格雷诺耶拥有世界上最纯净的心灵，却双手沾满鲜血；他以爱的名义结束各种美好的生命，创造神迹。③ 利他德性固然高尚，却绝不能违背底线伦理。否则，利他德性也可以为恶。在这个意义上，底线伦理在逻辑上永远优先于道德高线。因此，政党利他主义伦理并非全无限制、毫无原则。

首先，政党利他主义伦理是基于理性的利他主义。传统的利他主义观念总是以个体的自我牺牲为前提，但内格尔强调利他主义的伦理态度应以理性为基础。内格尔说："我所谓的利他主义，并非意指不

---

① 孔子强调："为政以德，譬如北辰，居其所，而众星拱之。"（《论语·为政篇》）孟子主张："王何必曰利？亦有仁义而已矣！"（《孟子·梁惠王上》）荀子声称："论德而定次，量能而授官，皆使其人载其事，而各得其宜。"（《荀子·君道篇》）

② 《毛泽东著作选读》，人民出版社1986年版，第587页。

③ 参见《香水：一个谋杀者的故事》影评，https://movie.douban.com/review/7499954/。

幸的自我牺牲，而仅仅是指一种无须外部动机的驱使便考虑他人利益的行动意愿"。他进一步解释说："毫无疑问，在人们追求他人利益的某些情况下，他们可能受到仁慈、同情、爱、变向自利和各种各样的其他影响因素的动机驱使，但也存在其他的情况，在没有这些动机因素的时候，也会出现利他的动机；而在这些动机因素出现的时候，利他的动机也会发挥作用，此种情况也确实具有人类行为之合理要求的特性。"① 即使从理性出发，在"不完全理性"情况下，仍存在"不企图完全极大化自己利益的行为"，即利他行为。② 当然，社会中有真利他者，也有假利他者，即"企图完全极大化自己利益但伪装成利他者的人"。政党利他主义伦理源自理性，并不否定人的自利天性，而是主张在政党政治领域中应该彰显人的利他精神。如果仅承认利他，而否定政党利益，就会被看作是伪善。所以，政党利他主义伦理虽不认可政党的特殊利益，但并不否定合理利己主义。作为国家与人民的桥梁，政党有自己的利益，即追求国家权力，但是，政党利益必须与人民利益一致，体现人民意志。政党不应该有自己的特殊利益，甚至把自己的利益凌驾于人民利益之上。相应地，党员有自己的合理个人利益，但没有自己的特权。至于如何平衡政党利益与人民利益的关系，则要考虑法治。政党利他行动必须尊重国家法律，行事合法。哪怕是为人民做好事，政党也要依据法定程序，善待人民。

其次，政党利他主义伦理是包容性利他主义。在阶级社会，特别是阶级斗争尖锐对立的社会，"为人民服务"的人民伦理是一种选择性利他。所谓选择性利他，即"人民"可能是某个特定社会阶层，并

---

① 内格尔:《利他主义：直觉的问题》，《世界哲学》2005 年第 3 期。

② 根据经济学中的"理性选择假设"，人性有两个最基本假设：(1) 人性是自利的；(2) 人在作选择时企图利益最大化。但是，相对于"理性选择假设"，人存在"不完全理性"，即"不企图完全极大化自己利益的行为"。人为什么会有"不企图完全极大化自己利益的行为"呢？ 因为人的天性中存在"道德情绪"。(See Frank, R. *Passions Within Reason*. New York: W.W. Norton.1988)

不涵盖社会共同体全体成员。选择性利他即阶级性利他，为人民服务仅是停留在名义上，从实质上来说，都是为统治阶级服务的，统治阶级的道德只能是利己主义的，绝不可能是为被统治阶级服务的。所谓包容性利他，即"人民"是全体社会成员，至少在代表大多数社会成员意志的同时，尊重少数者的意志。在民主社会，政党应该代表人民的利益，而不是特定阶级或阶层的代表，放弃选择性利他而走向包容性利他。

最后，政党利他主义伦理是基于同意的利他主义。政党来自人民，政党为人民服务必须基于人民意志，这是对人民的尊重。基于同意的利他主义，应该能够回答如下诘问——"你为我做好事，我是否喜欢？"所以，只有通过一定方式，有所限制的利他主义才具有说服力。事实上，在生活中，如果别人用利他主义的方式来对待你，你可能不只是不喜欢，甚至还会有憎恨。当一个人身处困境，正好给他人以显示爱心的机会，但这种爱心是否真诚，却颇值怀疑。一个人未经我同意，为我牺牲，为我做事，我甚至可能产生厌恶。就如同一个健康人士无私帮助一位残障人士，这位残障人士可能认为侵犯了他的尊严。因此，利他主义不见得是好的，不见得赢得合法性。你为我做事，这过于简单。你尊重我，胜过你为我做事。政党利他主义应该建立在尊重的基础上，为人民服务的关键是人民同意。未经人民同意，剃头挑子一头热，这种为人民服务要不得。所以，政党利他主义不是强迫性利他。政党利他行动必须尊重人民意志，体现人民意志；哪怕是为人民做好事，也要征得人民同意。

（二）党员忠诚

党员是政党的基本组成要素，是政党伦理的践行者。政党党员无论是在整个国家体系还是政党内部都扮演重要角色。就国家来讲，民主政治是政党政治，党员使国家民主政治梦想成真。离开政党，社会利益难以整合；离开党员，政党民主难以实现。就政党内部来讲，政党是一个分工合作机制，由许多不同成员履行各种任务。政党要履行自己的使命，需要党员的具体实施，贯彻落实政党的计划，这需要党员个人的参与。党员的作用表现在七个方面：承担志愿工作，动员选民投票，向政党提供金钱捐助，政党政策宣传，参与政党决策，培养未来政治领导人，提供未来政党政策理念。

鉴于党员的作用，政党在调动党员积极性，发挥党员作用的同时，也对党员行动予以限制。这种限制主要表现在如下两个方面。一是民主机制限制，即设定党员代表机制，要求党员必须通过代表机制参与政党政治，如影响政党政策、选择政党候选人以及选择政党领袖，借此对党员权利加以限制，以免他们扮演过分突出的角色。二是伦理限制机制，即设定党员忠诚规范，通过自律和他律机制，限制党员权利。世界各政党章程中关于党员的条款，内容很多，无不涉及党员主体德性，特别是党员忠诚，即要求党员认同党、忠诚于党。党员对政党的忠诚度、对政党的付出与认同，对政党的行动绩效有重大影响。

所谓党员忠诚，是指党员对政党事业从一而终、坚持到底的正直行为，也可以视为对于政党信念从未动摇、忠心耿耿的意志。党员忠诚也表现为党员愿意承诺对政党有所贡献，并且不做出伤害政党或者不利于其他党员的行为；党员个体可能会为了增进或保卫政党的福祉，而放弃对个人最有利的选择，甚至为了政党福祉而作出自我牺牲。

党员忠诚的功能在于政党聚合。忠诚将个体与个体联结在一起，促进政党共识的形成，促进党员效忠政党，实现政党目标。强烈的政党忠诚度，可以将党员不管是在心理上或是行为上，与政党紧密联系在一起，让党员愿意为政党付出，并且从政党事业得到满足。相反，若党员没有忠诚度，对政党认同度不高，党员便会觉得自己与政党无关，不论在心理上还是行为上，都不会全心全意为政党付出。特别是非忠诚行为对政党伤害很大。所谓非忠诚行为，即企图破坏政党认同的行为，或者故意与政党高层或政党政策唱反调的行为。党员个体的离心或背叛行为会对政党造成伤害。党员背叛组织而投奔其他政党阵营、理想信念不坚定、贪污腐化等不忠诚行为，对政党造成严重且难以挽回的伤害。

鉴于党员忠诚的意义，首先，鼓励党员忠诚行为。从个人忠诚度来看，普通党员通常只有在政党表现良好、执政的时候，才会支持政党。但是，绝对忠诚的党员则完全不同。不管政党表现优劣，在逆境抑或顺境，他们都对政党表达一致性的支持与肯定，绝不叛党；正因为如此，忠诚的党员往往比普通党员更受到大众的青睐。也就是说，当一个人对某件事物表达高度持续的忠诚度时，他可以收到来自社会大众的肯定与鼓舞，或许政党的表现有高低起伏，但由于自己对政党的支持立场不变，自己的名声便会受到正面的反馈，因此愿意对政党继续表达忠诚与支持。

其次，惩罚党员不忠诚行为。政党必须仰赖诸多党员的持续贡献才能经营运作。对于党员个人来说，若能够少付出甚至不付出而尽情享受其他党员的贡献，当然是对自己最有利的；但是，如果政党里每个党员都这么做，就会变成政党集体的不理性行为，最后资源耗尽，政党终将瓦解。因此，一旦发现党员搭便车行为，政党就予以关注、规范，予以修正，甚至惩罚那些不愿意为政党付出的党员。特别是对位居关键位置的党员、握有权力资源的党员，应该予以更多的关注、评论，甚至是批判，让他们承受更大的压力。

最后，重视关键少数的忠诚度。领导干部特别是高级领导干部这个关键少数的忠诚行为对政党影响甚大。一者，关键少数对政党和党内其他党员具有相对重要性。与普通党员相比，关键少数对政党表现是相对重要的，其忠诚度对政党表现是有益的，而其非忠诚行为对政党所造成的伤害，应该是比较明显的。举例来说，相较于普通党员，领导干部特别是高级领导干部对政党的理想信仰是否坚定、对政党的路线、方针、政策是否看齐，与政党的表现、未来发展息息相关。如果领导干部公开场合说一套，私下另说一套，甚至贪腐，这些动作不管是在政党形象、还是在组织发展上，都会对政党造成无法弥补的伤害。二者，从关键少数的影响性来看，当领导干部与普通党员相互比较时，领导干部会比较受到尊重。这些领导干部的行事风格与见解，往往会受到较多的关注与仿效。若这些关键少数出现非忠诚的行为时，政党里的其他党员便会开始去思考一系列与政党忠诚有关的问题。比如说：为何领导人会做出不忠诚的事情？上级都背叛了政党，那我还坚持什么呢？我继续对党忠诚的意义是什么？还有必要吗？可想而知，当关键少数做出非忠诚行为时，他们对政党忠诚度所带来的影响是很明显的。三者，从行为层面看，关键少数几乎就是政党的代表。关键少数的行为，接近于代表了政党的行为，必然影响其他党员对政党的看法与认同感。如果关键少数贪腐，成为党内投机者，甚至背叛党组织，那么政党的凝聚力与认同感将会受到严重威胁。

四、政党纪律保障

（一）制度德性

政党是一个道德共同体，追求利他精神和政党忠诚，这就要寄望于政党成员的道德质量。但是，存在德性失灵问题。人的德性不是天上掉下来的。人们不会自发拥抱德性。一些人具有德性，另一些人则不一定具备德性；一些人一时拥有德性，但不一定一世拥有德性。换句话说，一个人一时做好人容易，一世做好人难。所以说，完全依靠人的德性来治理政党，难以成功。因此，利他主义德性固然可贵，但不可靠。

欲获得可靠的利他德性，首先要仰赖对党员的道德教育。一方面，通过道德情感教育，培育党员的利他伦理情感，建立利他主义信念伦理体系；另一方面，通过理性说服的方式，而不是透过外在的强制，在道德知识的辩论过程中，理性说服党员个体，发生足够的内在伦理要求，使得党员践行利他伦理所指向的外在行为。但是，仅仅依靠教育是不够的。要解决德性失灵问题，必须诉诸于制度。

制度固然意义重大。但问题的关键在于，如何使制度具有德性。如果人们都具有德性，是善的使者，那么就不存在制度设计问题了。通过设计一种制度，让那些不拥有德性的人也采取葆有德性的行动；同时，这种制度也不会削弱已有的德性。从德性的角度看，制度设计的目标在于增加人的德性，同时免于减损人的德性。换句话说，一个好的制度，应该是让好人继续做好人，也避免好人变成坏人。

这种体现政党德性的制度就是政党伦理规范。政党伦理规范可以分为两类：一类称之为"底线伦理"规范，即"消极的不可作为"的行为规范，例如不可贪腐、不可违法等，这是维护党内秩序所必需的底线道德要求；另一类是"道德高线"规范，即"积极的必须作为"的行为规范，是倡导性纪律，如无私奉献和自我牺牲。就前者而言，底线伦理规范主要是以惩罚为保障的强制性规范，通过明订于纪律之中的底线道德要求，实现道德纪律化，也就是透过纪律来推进政党道德建设。通过纪律保障，使根据自我利益的观点来行动的人，认识到按照非德性方式行动是不合理的，避免按照非德性的方式行动；当然，也认识到按照德性方式行动是合理的。就后者而言，政党需要制定一种党员道德规范，以鼓励德性自觉者，让德性自觉者获得精神奖励。这是一种正向的、倡导性道德规范。如果党内对某种行为予以集体认可，德性自觉者就可能会自发从事这种行为。这种道德化的行为规范很重要。政党颁行党员道德规范，其实是通过将行为规则广而告之，在党内形成一种共同知识，即告诉所有党员，什么是优秀党员，什么是合格党员。这一类行为规则应该明确优秀党员的道德标准，是道德高线的规范化。

（二）制度局限性

在道德规范化的同时，建立纪律监督机制。任何致力于德性的制度都主要依赖适当的监督机制。监督有积极和消极形式，积极监督如奖励，消极监督如惩罚。惩罚或奖励这样的监督能够进入到行动者的理性算计中，并引导他按照德性采取行动。当然，也有的人是自发按照德性采取行动，根本没有考虑奖惩或者监督问题。惩罚仅仅是在发生背离德性的行动的时候才发挥作用。监督会增加人们对德性的信心。因此，纪律监督是促进党员德性的有效方式。

也要看到，纪律有两个局限性。一是如果党员习惯于服从纪律强制，则可能会丧失个人的道德自主性。哈特曾语重心长地指出，仰仗法律的处罚来使主流道德处于不可变更的状态，这种作为当然可能奏效，"但即使奏效了，仍然对社会道德的活泼精神与形式价值的存续没有丝毫助益，同时更可能对其造成伤害"。① 同样，政党伦理不是死的，不是不容改变的，通过道德反省，政党才可以发展出更良善的政党伦理。如果一味通过严酷的政党纪律来维护政党伦理，其结果可能适得其反，并不能造就真正的有德性的党员。刚性的政党纪律固然可以透过大量的道德制度，并辅以各种惩罚，来强制党员减少不道德行为。习惯于服从以惩罚为后盾的强制性规则，本身并不一定是一件坏事，但如果党员因而变成只会服从外在加诸的强制性规则，从而丧失了对于道德自主性的期望与理解，并严重挫伤其自发创造的潜能，这也绝不是可欲的结果。二是德性具有客观性，并非依赖外在纪律强制所能达成。党员德性未必是政党纪律强制的结果。正如联邦党人指出

---

① Hart, H. L. A. *Law Liberty, and Morality*. Oxford: Oxford University Press, 1963, p.72.

的那样，无论在什么时候，即使是在极为恶劣的环境中之中，总会有人表现出伟大的德行。"在历史上最腐化时期的最腐化政体之中亦不乏崇尚德行和荣誉之士"。① 联邦党人从经验的角度论证德行的必然存在以及人的一种不可遏制的社会性，身之为人的个体总是愿意从他人那里得到承认、认同和褒奖，这就决定了德性的客观性。"要么人们是自发地富有德性的，在这种情况下，德性的强制实行毫无必要；要么他们就不是自发地富有德性的，在这种情况下，迫使他们拥有德性是毫无可能性的。"② 三是在纪律面前，党员并非完全被动，而是有能动性。在政党中，一方面，党员总是被迫必须要接受和服从既定的政党纪律；另一方面，党员行动也会对政党德性造成影响。诚如学者吉登斯所言，社会结构乃是由具有主动创建能力的社会行动者所建构的产物，但是他（她）们却置身于一个并非可以完全由他（她）们自己选择的情境当中。③ 申言之，在政党德性生活中，党员不完全是纪律的附庸，而是有创造性。党员个体之间民主互动过程，可以创造政党德性。所以，政党德性之实现离不开政党内部民主。所以，在政党伦理保障上，承认纪律的意义，但不能神话纪律。

（三）集权性监督

鉴于上述纪律的意义及其局限性，为了防范德性失灵，同时促进党员德性，合理的制度设计是，适当的监督体系包括集权性监督体制和社会性监督体制。

---

① 汉密尔顿、杰伊、麦迪逊：《联邦党人文集》，程逢如等译，商务印书馆 2006 年版，第 385 页。

② 佩迪特：《人同此心：论心理、社会与政治》，应奇等译，吉林出版集团有限责任公司 2010 年版，第 390 页。

③ See Anthony Giddens. *New Rules of Sociological Method: A Positive Critique of Interpretive Sociologies*, New York: Basic Books, 1976, p.157.

在集权性监督体制内，监督主体是专责机构，如政党上级机构或者政党纪律机构。监督手段包括两个方面：一方面是奖励，即给德性实践的党员以物质激励或职位提拔，或者授予荣誉称号；另一方面是惩罚，即给非德性实践的党员以严格的纪律处罚，甚至开出党籍。集权性监督体制的必要性在于，这种监督可以保护组织的纯洁性，明确政党价值观。问题在于，是否切实促进党员德性，使得党员成为可靠的、始终如一的德性践行者。从党员德性角度出发，集权性监督体制的局限性在于如下三个方面。

第一个问题，谁来监督监督者。谁来监督守门人，这是一个古老的问题。在集权监督体制下，作为监督者的政党上级组织和专门负责监督的党内组织，不在监督范围之内。谁来监督党中央，谁来监督专职监督部门？显然，集权监督体制无法解决这个问题。由此，集权性监督体制不能有效控制专门监督干部和政党高层领导的行为和操守。

第二个问题，"领导者—行动者"问题。在政党内部，处于高层的党中央领导和高级领导干部是领导者，广大党员是行动者。领导者的目标是促进党员德性的实现，而行动者则是拥有不同德性的人，或者拥有不同程度德性的人。即使领导者完全致力于这个目标，甚至以身作则，带头垂范，但行动者却并不总是如此。即使领导者采取制裁办法，行动者表面上看起来是在致力于那个伦理目标，但事实上却是致力于自己的利益目标。也就是说，行动者总是可能背离领导者的德性要求，因为他有背离的动机。

第三个问题，监督成本问题。为了获得监督的有效性，集权性监督体制设立严密的监督网络，把每个党员关进制度笼子里，遍设监督机构和人员，并付诸于严厉的惩罚措施，甚至在监督机构内部设置专门针对监督人员的监督机构。在这种体制下，党员绝对不能违纪，必须忠诚于党组织。这种体制显然需要大量人力物力，制度成本高昂。从收益来看，这种做法的最大效果是威慑，即能够威慑潜在的违纪者，至少让德性不好的潜在违纪者表面上看起来遵纪守法。但是，这种做法的负面效应是打击那些有可靠德性的党员践行德性的积极性。特别是随着时间的持续，那些有可靠德性的党员、那些德性自觉者会把严密监督视为麻烦、甚至是对人格的侮辱，久而久之，党内就会反抗这种做法。集权监督体制运作的结果是，如同健康的人跟着病人一块吃药，时间久了，没病的人也病了。一个好的医疗制度应该让没病的人更健康，让有病的人免于疾病。过于严密的监督会遏制潜在违纪者，但会得罪纪律自觉者，而且可能会削弱党员的自我自觉约束能力。一味强调外部纪律约束，就会使得被监督者良心麻木。如此一来，事情会变得更糟糕，而不是更好。

（四）社会性监督

鉴于集权性监督体制的局限性，可以考虑其他选择，如社会性监督体制。所谓社会性监督体制，即社会成员和党内每个人都是监督者，党内每个人也都是被监督者。社会性监督体制的设计有两个思路：一是意向性社会监督，二是非意向性社会监督。所谓意向性社会监督，即每个党员必须做出有意识的努力来识别进而惩罚或者奖励其他党员。毫无疑问，意向性社会监督可以大大降低集权监督体制的成本问题。但是，意向性社会监督的问题在于执行困境。所谓执行困境，即意向性社会监督的可行性问题。一是监督动力不足问题。如果人们都是自我考虑的，那么他为什么要去监督别人呢？如果人们各扫自家门前雪，莫管他人瓦上霜，必然会导致监督动力不足。二是监督者德性问题。既然每个党员的德性不同，怎么能保证一个德性不足的党员能够成为有德性的监督者呢？他会不会借此机会诬告别人、滥用监督？三是搭便车问题。如果每一个党员都是监督者，那么，比之没有监督者情形，政党的德性处境会有所改善，但是会出现搭便车问题，即有的党员完全可以享受从其他党员富有德性的监督工作中所带来的成果，而自己不用付出任何成本。

鉴于意向性社会监督的执行困境，应该建立一种非意向性社会监督，即没有固定的监督者，党员和群众都可以成为监督者。这种监督体制可以大大降低监督成本。这种监督体制不是建立在奖赏和惩罚的基础之上，而是建立在党内或者社会认可之上。一个党员拥有德性的动力不是来自外部强制，而是来自党内或者社会认可。所谓认可机制，即通过基于态度或认可而建立的激励机制，来促进公民德性的可能性。① 就政党而言，每个党员都会面对社会态度，而社会态度是一种德性激励机制。党员通过认可机制来给予彼此以压力，通过彼此监督来过一种具有德性的生活。这是完全可能的。这种认可机制不同于道德教育机制和强制监督机制。道德教育机制是用来改变人的品格的，通过教育致力于把党员改造成为自觉的德性拥有者。强制机制是用来改变人的行动的，通过奖惩机制迫使党员不去从事违背德性的行为。认可机制则介于上述二者之间，通过社会压力机制来影响或引导人的行为或品格。

政党认可机制的实现需要三个条件。第一，明确的政党共同伦理。全心全意为人民服务的利他主义伦理是全体党员的共同价值观。在这种共同伦理下，每一个党员都要全心全意为人民服务。为人民服务行为是被鼓励的，脱离群众行为则是不受鼓励的。这种共同价值标

---

① 佩迪特指出："有一个理由可以说明为什么即使一个行动者是仅仅被对认可的欲望所驱动的，也或多或少地能够成为拥有可靠仁慈的人。"他进一步解释说："在任何情况下，都存在一些机会使得她的不被鼓励的行为被发现，并且，确实可以组织一些东西使得这样的机会经常性地出现。在这种情况下，她的被发现的不恰当行为的成本是相对比较大的。在这种情况下，一个人如果打算逃避别人注意并使不恰当的行为得以发生，那实际上也就意味着她显示出自己打算成为一个为了获得认可而采取受鼓励的行为的人。显示出她自己要成为这样一种人，也就意味着她失去了许多认可：意味着一个人不值得被激赏、被爱慕、被感激、被信任或被荣耀，而这些东西实际上都是如果不这样那么她就能获得的。"因此，"即使人们仅仅被认可所驱动，它们仍然会相当富有弹性地显示德性，是具有一些理由的"。（佩迪特：《人同此心：论心理、社会与政治》，应奇等译，吉林出版集团有限责任公司 2010 年版，第 398 页）

准必须为每一个党员所知道，成为党内共同伦理。第二，公开透明的政党行为。任何一种为人民服务行为或者脱离群众行为都必须能被发现和注意。为人民服务行为不能是默默无闻的，脱离群众行为也能被注意到。不仅每一个党员心中有一杆秤，一杆为人民服务伦理标准的秤，而且每一个党员的眼睛是雪亮的，能够看到政党党员的行为。如果政党暗箱操作，社会认可就无从谈起。第三，鼓励个人修养。党员修养即对个人行为进行慎思。慎思是个人对自身的反省机制，是促进党员德性的必要阶段。为人民服务的德性行为与本人利益无关，为人民服务行为是经过慎思的结果。特别的，一个人的德性行为不会受到党内或者社会的嘲弄和伤害。比如，出现好人不得好报的局面，把有德性者视为傻子。做好人虽然不是为了得到好报，但至少不应受伤害。简言之，通过道德教育来确立共同价值标准；通过党内公开或者社会舆论监督来保证建立注意机制；通过慎思制度和无害制度保证德性激励。这三个条件一旦满足，党内就会形成有效的监督机制。

（五）混合监督

无论是集权性监督还是社会性监督，在人的德性的实现上，都有利有弊。仅仅依靠集权性监督或者社会性监督都不够，而是要设计一种混合监督体制。这种混合监督体制的设计一定以人性的善或恶为前提预设，既考虑到人性善，也考虑到人性恶。集权性监督体制是基于人性恶的制度设计。这种制度不会让坏人做坏事，但也不会让人成为好人。因为集权性监督机制有可能削弱德性自觉者遵守党规的动机，让这部分德性自觉者也被假定为坏人。相比之下，社会性监督体制考虑到了人性善的一面，基于人性善作出安排。在社会性监督机制下，最容易受到奖励的是那些德性自觉者。一个德性自觉者会自发的采取有德性的行动，也容易被其他党员或群众注意到，被他们认可。因此，社会性监督机制会鼓励德性自觉者。

当然，不论是集权性监督还是分散性监督，都离不开具体制度支持。这种具体制度即政党纪律规范。政党纪律既体现底线伦理，也追求道德高线。如果没有纪律规范的支持，监督体制是无本之木。如果没有监督体制为依托，道德化规范就会失去制度支持，流于空谈，甚至走向反面。需要指出的是，追求道德高线的纪律规范不可能诉诸于集权性监督体制，只能诉诸社会性监督体制，在社会性监督机制的支持下，人们会支持德性自觉行为，反对违背德性的行为。遵从道德规范的行为会得到认可，进而促进道德规范得到认可。

总之，政党德性不会自然存在。如果党员都是完美的道德人，那么，政党制度就成为多余的了。现实是，党员不是天使。因此，政党德性的实现需要制度。通过制度设计，让党员对德性抱有希望，而不是放弃希望；这种希望不仅是不做坏人，而是要做好人的希望。

第四章　党规的社会基础

政党产生于特定的社会基础，也因为特定的社会基础而取得革命胜利抑或获得执政地位。即使社会结构发生了变化，政党赖以产生的社会基础仍然不会过时。任何政党在执政以后仍然不忘初心，既要巩固其赖以产生和成功的社会基础，也与时俱进，致力于建构新的社会基础。所以，政党必须认真对待社会。那么，政党对于社会的认识和看法，集中体现于其党规，以党章为甚。譬如，《中国共产党章程》开篇亦说，"中国共产党是中国工人阶级的先锋队，同时是中国人民和中华民族的先锋队"，对中国共产党的阶级性和人民性做了清晰界定。因此，党规的社会基础乃是政党性质的宣示，具体言之，政党代表何种社会利益，政党如何建构社会基础，通过党规予以宣示。欲认识把握党规的社会基础，需要厘清马克思主义对于政党之社会基础特别是阶级基础的认识。观之马克思主义关于政党之社会基础的思考，则并非一成不变，而是经历了一个历史性的反思与扬弃。

一、政党的阶级基础

（一）阶级分层

考察政党产生的社会基础，意义重大。如同一个人从孩子成长为一个成年人，其儿童时代对成人时代的影响显而易见，一个政党的产生对其未来发展有着重要影响。政党产生的因素很多，如某个制度，某个魅力型领袖，可以说，探究政党的产生如同探究"政党基因谱系"。比如，一个从议会内部产生的政党往往是精英型政党，一个从议会外部产生的政党往往是大众型政党。在复杂的产生背景中，政党的社会基础尤为重要。在诸多社会基础中，阶级分层是一个重要的社会分化，为政党产生提供社会基础。马克思对此做了探索性和奠基性思考。

马克思对政党与社会的分析，集中体现在他与恩格斯在 1848 年合著的《共产党宣言》中。根据《共产党宣言》，阶级分层是天然形成的，作出阶级划分是反映客观事实的需要。如《共产党宣言》写道："到目前为止的一切社会的历史都是阶级斗争的历史。……从封建社会的灭亡中产生出来的现代资产阶级社会并没有消灭阶级对立。它只是用新的阶级、新的压迫条件、新的斗争形式代替了旧的。但是，我们的时代，资产阶级时代，却有一个特点：它使阶级对立简单化了。整个社会日益分裂为两大敌对的阵营，分裂为两大相互直接对立的阶级：资产阶级和无产阶级。"①

这种阶级分层的理论依据便是马克思著名的"经济基础决定上层建筑"理论。在《共产党宣言》发表 11 年后，也就是 1859 年，马克思在《〈政治经济学批判〉序言》中用一段简洁的语言揭示经济基础和上层建筑的矛盾关系。他写道："人们在自己生活的社会生产中发生一定的、必然的、不以他们的意志为转移的关系，即同他们的物质生产力的一定发展阶段相适合的生产关系。这些生产关系的总和构成社会的经济结构，即有法律的和政治的上层建筑竖立其上并有一定的社会意识形式与之相适应的现实基础。物质生活的生产方式制约着整个社会生活、政治生活和精神生活的过程。不是人们的意识决定人们

① 《马克思恩格斯选集》第 1 卷，人民出版社 1995 年版，第 250—251 页。

的存在，相反，是人们的社会存在决定人们的意识。"① 根据经济决定论，包括政党政治在内的非经济现象均取决于经济因素，特别是取决于一个社会的生产力水平。共产党与无产者的关系，亦或者说，政党与社会的关系，"这些原理不过是现存的阶级斗争、我们眼前的历史运动的真实关系的一般表现"②。据此，政党政治是社会关系的反映，具体言之，是阶级社会的反映。

（二）阶级先锋队

既然政党是阶级社会的反映，那么共产党就有自己的阶级基础，这个阶级基础便是无产阶级。马克思和恩格斯在《共产党宣言》中论述了共产党与无产阶级的关系。在"无产者和共产党人"一节的开篇，马克思和恩格斯就提出一个问题，即"共产党人同一般无产者的关系是怎样的呢？"③ 答案在于两个方面：一是共产党与无产者利益的一致性，另一则是共产党的先进性。一方面，马克思认为共产党具有阶级性，共产党的性质体现在它同无产阶级利益的完全一致上，公开宣布共产党是无产阶级的阶级组织，代表的是无产阶级的利益。④ 共产党与无产阶级的一致性在于，共产党是无产阶级政党，共产党除了代表整个无产阶级的利益外，没有任何同整个无产阶级利益不同的利益，共产党的理论原则是整个无产阶级利益的集中反映。另一方面，马克思认为，尽管共产党是无产阶级的政党，但共产党并不等于无产阶级本身，共产党员也不等于一般的工人群众。共产党是无产阶级中"最

---

① 《马克思恩格斯选集》第 2 卷，人民出版社 1995 年版，第 82 页。

② 《马克思恩格斯选集》第 1 卷，人民出版社 1995 年版，第 264 页。

③ 《马克思恩格斯选集》第 1 卷，人民出版社 1995 年版，第 264 页。

④ 《共产党宣言》写道："共产党人不是同其他工人政党相对立的特殊政党"，"他们没有任何同整个无产阶级的利益不同的利益"，"他们不提出任何特殊的原则，用以塑造无产阶级的运动"。（《马克思恩格斯选集》第 1 卷，人民出版社 1995 年版，第 264 页）

先进的和最积极的"部分。① 共产党不是一般的无产阶级的组织,共产党员也不等于一般的工人群众,共产党是无产阶级的先锋队。

可见,在存在阶级和阶级对立的社会,社会成员因其与生产资料关系的不同而区分为不同阶级,作为阶级之间政治斗争组织形式的政党,其存在的社会基础是特定阶级。在资本主义社会,政党分为资产阶级政党和无产阶级政党两大基本类型。不仅无产阶级政党具有阶级性,任何政党都具有阶级性,都是一定阶级利益的代表,有着自己赖以存在和发展的阶级基础。无产阶级政党注定是工人阶级的代表。

按照马克思"经济决定论"的逻辑,共产党与工人阶级有一种天然契合关系,阶级自然形成于工厂世界中分享相同地位的人们,如工人、资本家。也就是说,政党的阶级基础是天然形成的。看起来,政党完全是阶级社会的自然产物,政党对于其赖以产生的阶级基础无能为力。

二、政党的政治能动性

(一)经济决定论

人类生活是复杂的,马克思本人不可能碰到或预见到人类生活的

---

① 在《共产党宣言》中,马克思深刻阐述了共产党的先进性。他指出,共产党同无产阶级的其他组织和政党的不同点在于:"一方面,在各国无产者的斗争中,共产党人强调和坚持整个无产阶级的不分民族的共同利益;另一方面,在无产阶级和资产阶级的斗争所经历的各个发展阶段上,共产党人始终代表整个运动的利益。因此,在实践方面,共产党人是各国工人政党中最坚决的、始终推动运动前进的部分;在理论方面,他们比其余的无产阶级群众优越的地方在于他们了解无产阶级运动的条件、进程和一般结果。"(《马克思恩格斯选集》第 1 卷,人民出版社 1995 年版,第 264 页)

一切情形。在有些历史情形下，马克思的经济决定论就遇到了挑战。比如，马克思亲身经历的法国革命以及后来发生的俄国革命。于是，我们不得不重读马克思，不得不试着去解释那些具体的政治社会和历史情境。这种解读要从马克思的《路易·波拿巴的雾月十八日》开始。在这部作品中，马克思认识到，政治不仅仅是社会经济基础的反应，也扮演一种相对于经济基础的自觉角色。

在 1851 年 12 月至 1852 年 3 月撰写的《路易·波拿巴的雾月十八日》中，马克思对政党政治的经济决定论进行了修订。1848 年法国革命后，路易—拿破仑·波拿巴在同年 12 月选举中以 550 万张选票的绝对多数当选为总统，并于 1851 年 12 月发动政变成立了军事独裁政权。马克思注意到，1848 年法国工人阶级革命失败后，被农民支持的保守实力兴起，这不是一个经济的结果，而是一个政治策略的结果。路易—拿破仑·波拿巴能够赢得农民的支持，靠的是唤起农民的记忆，即拿破仑的叔叔把他们从封建主义中解放出来。① 不仅如此，波拿巴赢得法国军方的支持，即让军事力量保持中立。相比之下，无产阶级政党什么也没有做。他们不能也没有想过要建立一个城乡联盟，也没有打碎国家机器特别是军队和其他资源。②

波拿巴的成功与无产阶级政党的失败，并不符合马克思的经济决定论原理。马克思发现，波拿巴的成功与经济基础无关，而是政治策略的结果。通过《路易·波拿巴的雾月十八日》，可以获得如下三点启示。第一，经济决定论具有不完整性，经济决定论不是绝对的。政

---

① "旧的社会力量获得了国内外群众的意外支持，也就是农民和小资产者的意外支持"。"虽然如此，国象权力并不是悬在空中的。波拿巴代表一个阶级，而且是代表法国社会中人数最多的一个阶级——小农"。"历史传统在法国农民中间造成了一种迷信，以为一个名叫拿破仑的人将会把一切失去的福利送还他们"。(《马克思恩格斯全集》第 8 卷，人民出版社 1961 年版，第 128、218 页)

② 参见《马克思思格斯全集》第 8 卷，人民出版社 1961 年版，第 117—227 页。

治不仅仅是社会经济基础的反应，也扮演一种相对于经济基础的自治角色。政治具有独立性，政治会独立于经济而行动。第二，农民是一支不可小觑的力量。虽然法国农民是一袋马铃薯，口子一扎，是一袋马铃薯，口子一松，就散了一地；但是如果有人把农民组织起来，它就是一袋子，而不是一盘散沙。[①] 第三，政党政治具有竞争性。虽然共产党的阶级基础是工人阶级，但是如果共产党仅仅强调工人阶级基础，而放弃农民，其他政党和势力就会趁虚而入，就会出现"竞争性替代"。可见，政党政治不仅是社会的反映，也独立于社会而行动，政党政治具有独立性。

显然，关于政党与社会的关系这个论题，马克思主义者们的思想脉络有些凌乱，需要予以厘清。从写作时间上看，《路易·波拿巴的雾月十八日》晚于《共产党宣言》，却早于《政治经济学批判序言》。马克思在《共产党宣言》和《政治经济学批判序言》中对政党与社会的关系作了清楚交代，即共产党具有阶级性，共产党的阶级基础在于无产阶级。这种理解的理论基础是经济决定论。但是《路易·波拿巴的雾月十八日》又提供了一种替代性解释，这种解释与《共产党宣言》和《政治经济学批判序言》的观点相冲突。根据《路易·波拿巴的雾月十八日》，工人阶级与农民阶级应该建立联盟，以推翻国家机器。马克思的言下之意是，在特定情况下，政治策略可能比他以往所强调的经济基础那些东西更重要。工人与农民建立联盟的政治策略很重要，甚至比经济基础重要。总体而言，马克思实际上并没有廓清政党与社会的关系。马克思对经济决定论的自我修正为后来对经济决定论的超越埋下伏笔，特别是为后来列宁的自觉主义以及俄国革命埋下了伏笔。

---

① "法国国民的广大群众，便是由一些同名数相加形成的，好像一袋马铃薯是由袋中的一个个马铃薯所集成的那样"。(《马克思恩格斯全集》第8卷，人民出版社1961年版，第217页)

（二）政党自觉主义

20 世纪早期的俄国革命，是在一个大农业社会，确切地讲是在一个资本主义没有得到充分发展的农业社会，取得了社会主义革命的成功。在当时的西欧，虽然资本主义高度发展，但社会主义革命却一再失败。俄国革命何以成功？这与列宁对经济决定论的扬弃是分不开的。

在 1902 年写就的小册子《怎么办》中，列宁批评了经济决定论，认为它是庸俗的"自发主义"和"经济主义"。[①] 在列宁看来，经济决定论者没有抓住"一种共同的经常工作"。[②] 这个工作任务是工人阶级所不希望的，工人阶级也不知道怎么做，工人阶级也不知道如何去提高和保持一场革命运动。例如，共产党应该出版报纸，让工人了解最新的非正义信息；通过协调安排，在国家最薄弱的地方发动武装起义；在当权者持续抓捕革命领袖和摧毁革命势力的严酷环境中生存。[③] 这恰恰是作为先锋队的共产党要做的。

列宁是第一个把政党没有仅仅看作是社会分层和阶级斗争的反映，而是看作某种别的东西，扮演积极角色的马克思主义者。在马克思主义的发展史上，列宁首先认真思考了经济决定论的不完整性，强调了政党政治的主观能动性和独立性。"列宁主义代表着经济主义模

[①] 列宁："'经济派'要革命者承认'现时运动的正当性'，即承认现存的东西的'合理性'；要'思想家'不要企图使运动'脱离'那条'由各种物质因素和物质环境的相互作用所决定'的道路。""俄国社会民主党内的'新派别'的基本错误就在于崇拜自发性，就在于不了解群众的自发性要求我们社会民主党人表现巨大的自觉性。群众的自发高潮愈增长，运动愈扩大，对于社会民主党在理论工作、政治工作和组织工作方面表现巨大的自觉性的要求也就愈务必迅速地增长起来"。（《列宁全集》第 6 卷，人民出版社 1986 年版，第 20、50 页）

[②] "事实上，可以想一想我们时常遇到的在一个地方或几个地方全部遭到破坏的情况。在所有的地方组织缺乏一种共同的经常工作时，这样的破坏事件往往会使工作中断好几个月。"（《列宁全集》第 6 卷，人民出版社 1986 年版，第 168—169 页）

[③] 参见《列宁全集》第 6 卷，人民出版社 1986 年版，第 169—170 页。

式瓦解并朝向以政治优先性为中心的新马克思主义观念前进的一个关键点。"[①] 按照第二国际那种僵化的马克思主义理论，认为只有生产力最为发达的资本主义国家才有可能发生社会主义革命，而事实证明，列宁领导的俄国革命打破了这种僵化的经济主义观点。列宁主义提出，"并没有一个先验地决定矛盾将以这种或那种方式得以解决的基本原理。它的结果本质上将取决于政治斗争"。[②] 如果把强调经济决定论的立场称为"经济决定主义"，强调政党政治独立性的立场则可以称之为"政党自觉主义"。按照政党自觉主义，政党不再完全依附于阶级社会，而是拥有相对于阶级社会的自主性，甚至拥有对于阶级社会的主导和形塑作用。

（三）政党的能动性

如前所述，列宁既强调阶级分层的意义，又强调政党政治的独立性。的确，阶级分层是一回事，如何进行阶级分层则是另外一回事。既然进行阶级分层，共产党的任务就是把自己所代表的工人阶级组织起来、团结起来。这个过程是一个政治建构的过程，是一个让工人阶级自我认同的过程。在这个过程中，政党扮演重要角色。葛兰西就此进行了阐述。

葛兰西在《狱中札记》中冠名为"现代君主论"的一章集中表达了他的政党思想。[③] 在葛兰西看来：个人的思想和意志是有限的，但是如果能凝聚在一个组织中得到体现，成为无数人的共同思想和意

---

① 拉克劳、墨菲：《社会主义战略，下一步在哪儿？》，载周凡编：《后马克思主义》，中央编译出版社 2007 年版，第 54 页。

② 拉克劳、墨菲：《社会主义战略，下一步在哪儿？》，载周凡编：《后马克思主义》，中央编译出版社 2007 年版，第 55 页。

③ "如果在现代写一部新的《君主论》，其主人公不会是一位英雄人物，而只能是一个政党。"（《葛兰西文选（1916—1935）》，人民出版社 1992 年版，第 341 页）

志，那它就可以成为不可战胜的力量。这个组织就是政党，葛兰西用"现代君主"的独创术语来称呼它。葛兰西认为，意大利共产党的中心任务有两个：一方面，说服工人阶级相信意大利共产党是意大利社会的正确领导者；另一方面，工人阶级与农民阶级打造一个共产党的多数联盟以反对富人阶级，这个工农联盟就是葛兰西所说的"领导权集团"（hegemonic bloc）。①

首先，无产阶级需要被组织起来。没有政党的组织，群众就会"分散成不起作用的一盘散沙"，②特别是农民，"农民的心理依旧像农奴的心理一样，在一定条件下会愤怒地起来反抗'地主'，但不会把自己看作是集体的一员，不会采取系统的和经常的行为来改变共同生活的经济和政治条件。"③不论是工人还是农民，"首要的是组织和纪律"，"必须使城市和农村团结起来，在农村建立贫苦农民的组织"。④

其次，建立竞争性政治替代。共产党要使无产阶级成为现代领导者，必须显著地改变他们的精神面貌，即说服无产阶级享有统治的权利。要完成这个困难的任务，共产党必须设计非此即彼的竞争性政治替代。在《南方问题的一些情况》一文中，葛兰西认为，要使农民摆脱传统的影响，必须在农民中发展革命分子，在农村中建立共产党的基层组织，还要取代资产阶级和教士对农民的知识领导，只有这样才

---

① "当无产阶级成功地建立一个能动员劳动群众大多数去反对资本主义和资产阶级国家的阶级联盟制度时，它能够成为实行领导和统治的阶级。这就是说，无产阶级在意大利现存的实际阶级关系中要成功地取得广大农民群众的拥护"。（《葛兰西文选（1916—1935）》，人民出版社1992年版，第229页）

② 《葛兰西文选（1916—1935）》，人民出版社1992年版，第345页。

③ 《葛兰西文选（1916—1935）》，人民出版社1992年版，第49页。

④ "对于共产主义革命来说，首要的是组织和纪律。在意大利生活的目前客观条件下，革命的主要中心是工业城市及其密集的和单一的工厂工人群众。因此，必须把主要注意力放在工厂，即产生直接工业生产领域中阶级斗争新形式的新的生活上。但是，光靠一两个工厂工人的力量是不够的，那样的话，革命就不能巩固地和普遍地得以取胜。必须使城市和农村团结起来，在农村建立贫苦农民的组织"。（《葛兰西文选（1916—1935）》，人民出版社1992年版，第53页）

能说服农民跟着党走，使他们具有同党一致的共同目标。① 葛兰西告诉我们，意大利共产党通过把撒丁岛人划分为对抗性的社会阶级来赢得农民的支持。农民如果与撒丁岛贵族结成政治联盟，等于是与可憎的"监督者"结成坏不堪言的伙伴关系。相比之下，农民如果与革命工人结成集团，则等于获得解放自己和解放所有被压迫者的机会。②

最后，政党的任务在于让被统治阶级获得一种"共同认识"（common sense），即社会被分成对立的阶级；这些阶级是资产阶级和无产阶级；无产阶级拥有取代资产阶级而统治的权利。政党必须如此解释社会，因为他们的政治对手试图基于宗教分歧来建构可替代的政治联盟。在葛兰西看来，在政治上，广大群众只有通过政党组织起来时才是存在的。必须使工人和农民认识到，他们是被征服的大众。要做到这点，必须通过政党。"理念和意见不会自发从每个人的大脑中生成，他们有一个形成、照射、散播、说服的中心——一个群体"。这个群体就是政党。③谈到党存在的群众基础，葛兰西说："没有他们，党固然不能存在，但如果仅仅由他们组成，党也是不能存在的。必须有人去把他们集中起来，组织起来，训练他们遵守纪律，只有这样他们才成为一支力量；假如没有这种内聚力，他们就会分散成不起作用的一盘散沙，从而消失得无影无踪。"④

可见，共产党的中心任务，就是说服无产阶级相信共产党是社会的正确领导者。因此，政党的任务在于让被统治集团获得一种身份认

① 参见《葛兰西文选（1916—1935）》，人民出版社 1992 年版，第 226 页。

② 在意大利撒丁岛，意大利共产党通过以下方式组织农民拒绝一个地方政党关于脱离大陆的建议："你们来自撒丁的穷人究竟是赞成同这个岛上害得你们倾家荡产和充当本地资本剥削的监工的豪绅结成集团？还是赞成同大陆上想要消灭一切剥削形式和解放所有被压迫者的革命工人结成集团？两者必居其一。"（《南方问题的一些情况》，见《葛兰西文选（1916—1935）》，人民出版社 1992 年版）

③ See Gramsci, Antonio, *Selections from the prison notebooks of Antonio Gramsci* /edited and translated by Quintin Hoare, Geoffrey Nowell Smith. London:Lawrence & Wishart,1971.p.192.

④ 《葛兰西文选（1916—1935）》，人民出版社 1992 年版，第 345 页。

同：我们是无产阶级，资产阶级是我们的敌人，我们应该取代资产阶级而成为统治阶级。这是对社会的政治阐释。共产党如此解释社会，一方面是因为群众需要被组织起来；另一方面，共产党的政治对手也在以替代性方案组织群众。通过以这种方式阐述政党与社会的关系，葛兰西调转了"经济基础—上层建筑"模式。政治斗争并不反映有产阶级与无产阶级的结构性敌对关系，特别是生产关系，恰恰相反，阶级敌对关系反映了政治斗争的内容。

如果比较一下列宁和葛兰西的观点，两个人的共同之处在于，都主张政党的能动性和积极作用，即把社会分裂成对立的阶级群体。但是，二人之间有两点不同。第一，列宁在《怎么办》中主张无产阶级对国家进行直接的正面进攻，但葛兰西发现，列宁的主张仅当资产阶级缺乏市民社会基础的时候才有可能成立，因为没有市民社会的支持，资产阶级就不能布置国家的外围防御。俄国统治阶级缺乏市民社会的支持，所以列宁领导的俄国革命成功了。而意大利和欧洲的情况则不同，那儿的统治阶级有坚实的市民社会基础，如天主教，防止了革命阶级意识的崛起。第二，列宁关注的重点在于，通过建立一个有纪律的、无处不在的政党组织，来推翻国家机器。葛兰西关注的重点则在于，在工人阶级中培养"组织的知识分子"，以渗透市民社会，进而建立工人与农民的联盟。

三、政党的阶级建构

既然政党具有能动性，在阶级斗争中扮演积极角色，那么政党如何建构阶级，并领导阶级斗争呢？沿着葛兰西的思路，阿尔都塞、普热泽沃斯基、拉克劳和墨菲等人进行了思考。需要注意的是，在列宁、葛兰西和普热泽沃斯基的思想里，政党是非常重要的行动者。在阿尔都塞、拉克劳和墨菲那里，政党就没有那么重要。在阿尔都塞那里，政党仅仅是几个可能的意识形态国家机器之一；在拉克劳和墨菲那里，政党是一个进行话语"接合"的幽灵。

（一）阶级身份认同

阿尔都塞与葛兰西关心同一个问题，即一个被压迫群体如何自我认同为一个阶级。根据葛兰西，阶级分层是政治斗争的结果。所谓政治斗争就是把一群人包装成一个阶级身份，这个阶级身份具有对抗性、排他性。当然，没有对抗性和排他性，就不会有政治斗争。阿尔都塞认为，要实现阶级认同，必须仰赖政治询唤。

阿尔都塞发现，资本主义制度能够长期存在，是因为政党和其他意识形态国家机器通过"询唤"使得人们放弃阶级认同，而认同阶级以外的身份。资本主义不仅依靠像军事力量那样的压迫性国家机器，也依靠意识形态国家机器，如政党、学校、新闻组织和教会。阿尔都塞认为，意识形态国家机器通过阐释获得人们的合作。所谓询唤，即把具体个体传唤为具体主体的过程，而所谓主体，即拥有有意义的身份或社会地位的人。政党通过询唤来获得与群众的合作。

通过询唤过程，个人自我认同某种社会地位。于是，阿尔都塞观察到：虽然各种具体的意识形态国家机器具有不同的外在形式，但它们起作用或者说发挥功能的方式——把个人传唤为主体——却是基本一致的。当人们以为自己按照自己的想法在行动的时候，实质上是在受到意识形态国家机器的驱使。这一过程得以实现的秘密就在于，意识形态国家机器与个人联结的纽带是前者对后者的传唤。传唤意味着一种高高在上的役使和谦卑的服从，它使得个人从一开始就不是主体而是一个被动的客体，然而这一切又恰恰是在意识形态把个人建构成"主体"的过程中发生的。阿尔都塞写道："通过我称之为传唤或呼唤的那种非常明确的作用，在个人中间'招募'主体（它招募所有的个人）或把个人'改造'成主体（它改造所有的个人）。我们可以从平时最常见的警察（或其他人）的呼唤——'嗨！叫你呢！'——来想象那种作用。"①阿尔都塞发现，这种呼唤很少落空过，所呼唤的人总会认出那个被呼唤的正是他自己。

"询唤"使得一个人可以拥有多元身份认同——一个人可以被传唤为"男孩或者女孩""工人、老板或者士兵"。假定工人被意识形态国家机器传唤为爱国者、白人或者任何非阶级的主体身份，假定工人认可了这种传唤，工人是不会自发成为革命阶级的。因此，政党或者其他意识形态国家机器使得人们认同非阶级身份。进而言之，欲使工人认同革命阶级身份，需要询唤，通过询唤来实现阶级认同。

可见，阿尔都塞与葛兰西相似，两人都强调工人阶级身份认同的意义，没有阶级分层，就不可能获得和维持政治权力。但是，阿尔都塞的"询唤"（interpellation）概念接近于"认同"（identification），而葛兰西的领导权联盟概念则强调建立工农联盟和获得工人阶级的农民小伙伴的同意。换言之，葛兰西的农民小伙伴乞求工人老大哥带上一起闹革命，而阿尔都塞的主体则是转过身来承认他的身份。

（二）扩大阶级内涵

由于没有被雇佣，失业者游离于马克思主义的阶级分层理论之外。普热泽沃斯基（Przeworski）关注的恰恰是如何把失业者组织起来。②

首先，阶级认同是政治建构的结果。普热泽沃斯基因循葛兰西的思路，认为人们联合成为阶级是政治斗争的结果，而不是由于他们

---

① 陈越主译：《哲学与政治：阿尔都塞读本》，吉林人民出版社 2003 年版，第364 页。

② Przeworski（1977），"Proletariat into a class: The Process of Class Formation from Kautsky's *The Class Struggle* to Recent Controversies." *Politics and Society* 7, p.344.

身处的生产关系。他写道:"阶级不是唯一由客观地位造就的,因为阶级是斗争的结果。"[1]普热泽沃斯基认为,政治斗争面临的挑战和必要性在于如下事实,即"社会分裂、社会分化的经验从来不会直接到达我们的意识。由社会差异到社会分裂是意识形态和政治斗争的结果。"[2]因此,共产党应该成为政治建构者,必须要积极行动。就此而言,他拒绝了经济决定论。

其次,政治建构具有竞争性。既然阶级身份是政治斗争的结果,那么失业者可以被组织起来。问题在于,如果失业者被组织得像工人一样,那么失业者就会把自己看作工人阶级的一部分;如果失业者被以其他方式组织起来,就可能站在工人阶级的对立面。因为如果失业者被竞争性政党组织起来,竞争性政党让失业者拥抱替代性身份认同,甚至失业者会因为失业而谴责社会主义者。因此,社会主义者应该认真对待失业者的政治建构问题。

最后,把失业者纳入工人阶级阵营,关键在于社会愿景阐释。通过政治建构塑造阶级认同,关键在于政党必须清晰表达社会愿景,即社会是什么,社会应当是什么。"政党在斗争过程中参与阶级的形成,斗争在根本上关涉社会愿景。"社会愿景就社会基本问题给出答案:"由阶级或个人组成的社会是否利益和谐?阶级是否是社会分裂的根源,或者阶级分层是否与其他社会分层并列?阶级利益是否是敌对的或者相互合作?什么是阶级?何种阶级代表了更广泛利益?谁构成了大多数?谁有能力领导整个社会?"既然穷人不会自发支持社会主义,共产党必须就社会愿景的根本问题向人们作出清晰阐述,唯其如此,才能把失业者组织起来,让他们认识到自己身处贫困阵营,身处被压迫阵营,站在富人的对立面。简单说,"在阶级之间展开斗争之前,

---

[1]　Przeworski (1977), "Proletariat into a class: The Process of Class Formation from Kautsky's *The Class Struggle* to Recent Controversies." *Politics and Society* 7, p.367.

[2]　Przeworski (1977), "Proletariat into a class: The Process of Class Formation from Kautsky's *The Class Struggle* to Recent Controversies." *Politics and Society* 7, p.370.

意识形态斗争就是关于阶级的斗争"。① 因此，政党必须要做积极的政治建构者，政治建构应致力于阐释社会。

（三）超越阶级认同

如果普热泽沃斯基（Przeworski）的社会主义策略是扩大工人阶级的内涵，把失业者纳入工人阶级的范畴，那么，拉克劳和墨菲的社会主义策略则是超越阶级，提出一个崭新的政治方案，把"反对性别歧视、种族主义、性歧视和保卫环境的斗争"与工人的斗争联合在一起。② 把这些毫不相干的群体联合在一起的理由，与普热泽沃斯基担心失业者被政治竞争对手组织起来是一样的，也就是说，利益和身份从未给予，因此应一起用左翼阵营（或者右翼阵营）的标签来发声。他们强调，"核心问题在于社会对立不是客观关系，政治不是上层建筑"。他们补充说："政治不在于对已存在的利益进行简单登记，而是在塑造政治主体中扮演至关重要的角色。"③

在此，拉克劳和墨菲恢复了葛兰西的观点，即组织领导权的联盟，同时结合了阿尔都塞的"询唤"概念，即当把人们团结在一起时，社会主义者实际上创造"政治主体"。但是，不同于阿尔都塞，拉夫劳和墨菲坚持认为，政治组织不需要用单一身份如"妇女""工人"来传唤主体，可以建构多维度的等价链（chain of equivalences），其中，一个政党可以传唤"反种族主义——女性主义——反害怕同性恋——绿色主义——工团主义"主体。相反，这种传唤就会妖魔化他们的对

---

① Przeworski（1977），"Proletariat into a class: The Process of Class Formation from Kautsky's *The Class Struggle* to Recent Controversies." *Politics and Society* 7, p.371.

② See Laclau and Mouffe, *Hegemony and Socialist Strategy:Towards a Radical Democratic Politics*, London:Verso , 1985, p. xviii.

③ Laclau and Mouffe, *Hegemony and Socialist Strategy:Towards a Radical Democratic Politics*, London:Verso , 1985, pp. xiii-xiv, xvii.

手，如"种族主义——性别歧视者——害怕同性恋——全球气候变暖否定论——大富翁"。① 这就是拉克劳和墨菲所重视的"新社会运动"。"新社会运动"作为一种新出现的反抗运动，从多种立场出发反抗从属关系，表现了一种在阶级斗争之外的反抗关系。它把一系列不同性质的斗争汇集在一起，多样性的斗争包括都市的、生态主义的、反权力主义的、反制度化的、女权主义的、反种族歧视的、少数民族权利的、地区的或性少数的斗争。当然，"新社会运动"超越了阶级斗争。

当然，拉克劳和墨菲认为，仅仅界定"我们和他们"是不充分的。政党必须明确表达社会的首要愿景——我们想成为什么。只有阐述了社会愿景，强有力的等价链才能扎根站住脚。他们的结论是："如果一个人在民主斗争中建立等价链，他需要建立一个阵线，确定一个对手，但这是不够的。他还需要知道他为何而战，他想建立的是何种社会。"②

拉克劳、墨菲超越阶级的政治方案，本质上脱离了经济决定论。他们提出经济不是社会的本质，政治不是由经济决定的，政治在本质上是由话语建构的。政治不是由阶级决定的，政治活动也不具备阶级的特征，不是由阶级关系构成的；政治是由冲突和对抗建构的；这些冲突与对抗都是民主话语，而不是阶级话语。民主的概念是多义的，并没有确定的阶级内涵，不存在资本主义民主和社会主义民主的区别，民主话语的意义是在霸权斗争中建构的。他们得出结论：民主斗争就是社会主义新策略。他们强调政治去阶级化。他们否认工人阶级是社会主义革命的主力军，否认社会主义革命是阶级斗争。他们用"大众"的概念取代了"工人阶级"的概念。社会主义的目标是"激进民主"，其主体是一种大众联合。这种大众联合不是由阶

---

① Laclau and Mouffe, *Hegemony and Socialist Strategy:Towards a Radical Democratic Politics*, London:Verso , 1985, p. xviiii.

② Laclau and Mouffe, *Hegemony and Socialist Strategy:Towards a Radical Democratic Politics*, London:Verso , 1985, p. xix.

级关系构成的，也不是由任何决定性的社会关系构成的，而是由话语构成的。话语形态取代了意识形态，涵盖了整个社会领域。这种政治方案独立于阶级，也不能还原为阶级，这样就放弃了马克思的经济决定论。

拉克劳与墨菲认为，社会分化是多元开放的。他们否定了经济决定论和本质主义的社会概念，认为由经济中心决定，围绕着经济中心建立起来的统一的封闭的社会是不可能的。而正统马克思主义的社会概念，是一个本质主义的社会概念，其中经济是中心，经济决定着政治和上层建筑，政治不具有本体论地位，而是派生性的。拉克劳和墨菲说：他们的新社会主义策略，重要的基础是抛弃马克思主义革命策略中的雅各宾主义的幻象。"我们将要辩护的主题是：正是雅各宾主义和马克思主义之间政治想象的连续性因素受到了激进民主规划的质疑。"①

四、政党的社会建构

如前所述，马克思主义在对待社会的态度上有两个思路：一是经济主义，二是政治主义。经济主义眼里的社会是一个经济社会，有穷人和富人，而且穷人和富人之间是一种对立阶级关系。如马克思和列宁。政治主义眼里的社会是政治社会，不仅有穷人和富人，还有宗教等其他社会分层。这种政治主义又可分为弱政治主义和强政治主义。弱政治主义眼里的社会首先还是经济社会，其次是政治社会。如葛兰西，既考虑阶级分层，也考虑市民社会。强政治主义眼里的社会就是

---

① Laclau and Mouffe, *Hegemony and Socialist Strategy:Towards a Radical Democratic Politics* , London:Verso ,1985, p.152.

一个政治社会，如拉克劳、墨菲，阶级对抗已经没有意义。当代西方马克思主义对政党与社会的关系做了新的思考，对强调经济决定论的正统马克思主义进行了批评和发展。

（一）微观经验论

如前所述，有的马克思主义者主张经济决定论，认为工人阶级的形成取决于某个宏观经济因素，比如社会经济发展的特定历史阶段，宏观经济因素会自动锻造形成一个工人阶级。有的马克思主义者主张政党自觉论，认为工人阶级的形成取决于政党的政治斗争。但是，布洛维和阿民扎得则发现，工人阶级的形成是一个很复杂的社会现象，经济决定论是有限的，政党自觉主义也是有限的。

布洛维在1989年发表了一篇重要论文，对正统马克思主义进行了批评，也对普热泽沃斯基的政党中心论进行了批评，认为微观的生产和生活经验会促生工人阶级身份认同。普热泽沃斯基主张工人的身份认同源自另一个宏观因素，即选举政治。布洛维写道："普热泽沃斯基的批评恰恰缺乏正统马克思主义所缺乏的微观基础"，这个微观基础在于工人中间特别是工厂语境里产生的生产和生活经验。由此，政党只能在政治领域里考虑这些身份认同。他特别提到，在非民主社会，"政党之间选举竞争的缺乏，……并不会妨碍工人发展一个对他们社会的理解的阶级。"[1]布洛维强调阶级身份认同的微观因素，微观的生产和生活经验会促生阶级身份认同。

阿民扎得（Aminzade）同布洛维一样，对正统马克思主义强调阶级分析和强调政治自治的观点进行了批评。他试图解释为什么在19世纪中叶，有的城市工人喜欢投票箱（ballot box），有的城市工人则

---

[1]　Burawoy（1989），"Marxism without Micro-Foundations"，*Socialist Review* 89（2），pp.82-85.

喜欢设置路障。与正统马克思主义相反，工业化水平并不会带来相应的劳工运动。像城市鲁昂，虽然经历了快速的工厂生产力发展，并没有带来最为政治激进的工人。相反，像城市图卢兹，虽然经济回暖，却产生了最激进好斗的革命者。作者认为，社会分层不完全取决于共和党（Republican party）是由自由主义者、激进主义者或者社会主义者控制。但是他也指出，政党不会任意划分工人，界定阶级身份。工人在生产力王国中的结构性位置——阶级地位——确定了一系列重大利益，这些正是政党予以利用以寻求支持的呼求。[①] 可见，一方面，工业化水平的提高并不会带来相应的劳工运动；另一方面，社会分层并不完全取决于政党的政治建构。

（二）政治节制论

在阶级对立社会，阶级的对立性也就决定了阶级的排他性，政党的阶级性决定了政党的排他性，政党的排他性决定了政党政治斗争的尖锐性和革命的你死我活。正统马克思主义强调阶级对立和政党政治的排他性，于是政治斗争的形式是把整个社会被分裂为朋友和敌人关系，认为必须采取彻底的、坚决的革命态度，必须采取暴力的革命形式。区分"敌人／朋友"这种革命的模式就是通过暴力革命夺取国家政权，工人阶级的历史任务就是推翻与消灭资产阶级。这种社会主义革命模式，在马克思主义那里被描绘成无产阶级和资产阶级两大阶级的对抗与斗争，是一种"零和博弈"游戏。

当代西方马克思主义学者的研究发现，政党应该采纳保守的消极革命方案。在民主社会和向民主社会转型过程中，消极革命其实是政治节制（political moderation）。莱利（Riley）和德赛（Desai）的研究

---

① See Aminzade, *Ballots and Barricades:Class Formation and Republican Politics in France, 1830-1871*. Princeton University Press1993, pp.4-9, 252.

发现，消极革命可能是暴力的，有可能是非暴力的。这取决于民族认同的时机和低层阶级的社会动员。在印度，在反殖民斗争的过程中，对底层大众进行社会动员。作为社会精英的国大党领袖，他们招募低层阶级成为脱离英国而独立的力量，但同时保留这些社会精英在印度社会的高层地位。相比之下，在意大利，大众动员在第一次世界大战和第二次世界大战之间发展到顶峰，1870年意大利统一后，大众就一直对社会精英采取敌对态度。及至这些精英执掌法西斯党后，就反过来对工人和农民采取暴力镇压。[1] 激进革命的结果是你死我活，消极革命的结果是双方各得其所，相安无事。列昂（Leon）的研究发现，美国共和党在走向自由民主的过程中扮演了重要角色。美国共和党是"资产阶级大众党"。[2] 没有共和党，美国东北部和中西部的联盟就不可能达成，就不可能诉诸针对主张奴隶制的南方的战争。尽管美国内战具有革命性，因为它结束了奴隶制；同时，也有美国革命有保守性，因为北方胜利后任何对资本主义的批评都受到了暴力镇压。[3] 图格尔（Tugal）的研究发现，一种流行的看法是，伊斯兰教对西方模式的新自由主义和全球化带来挑战。他对这种看法予以批评。他认为恰恰相反，土耳其伊斯兰教主义的正义与发展党（AKP）利用革命性的宗教修辞，吸收伊斯兰教主义的激进分子，开创而不是颠覆新自由

---

[1]　See Riley and Desai (2007)，"The Passive Revolutionary Route to the Modern World:Italy and India in Comparative Perspective." *Comparative Studies in Society and History* 49(4)，pp.815-47.

[2]　共和党从一开始组建就是一个反奴隶制的大联盟，面对1860年大选。共和党逐渐摒弃东北部工商业集团，西部农场主和农民的矛盾达成了共同的目标，在1860年共和党全国代表大会上一致通过了："否认国会、领地立法机构或任何人具有使奴隶制在合众国任何准州合法存在的权力"为主要内容的党纲，同时还提出修改关税和实行新的土地法和国内改进来调和工商业资产阶级和广大农民阶级的矛盾，使共和党的力量能够团结起来。（参见杨生茂主编：《美国南北战争资料选集》，上海人民出版社1978年版，第170页）

[3]　See De Leon (2008)，"'No Bourgeois Mass Party, No Democracy':The Missing Link in Barrington Moore's American Civil War," *Political Power and Social Theory* 19, pp.39-82.

主义。① 上述研究表明，在民主社会或者民主化的过程中，温和保守的消极革命是政党对待社会的一种合理方式——没有截然对立的敌我关系，没有截然对立的价值观。简言之，在社会分层的政治建构中，政党放弃阶级排他性。

（三）政治表达论

正统马克思主义认为政党是社会的反映，政党与特定阶级之间是"选择性亲和"（elective affinity）或者自然契合（natural fit）。② 对此，列昂等人通过解释印度的印度教民族主义、土耳其的伊斯兰教和美国的色盲种族主义的优势，对正统马克思主义予以批评。例如，根据 2001 年印度人口普查，80.5% 的印度人在民族上是印度教人（Hindu）。1947 年印度脱离英国殖民统治而独立，从那以后，印度执政党就是国大党（Congress Party）而不是印度教民族主义印度人民党（Bharatiya Janata Party）。1998 年，印度人民党执政。在此之前的五十年里，印度教身份没有成为一个特别突出的社会分层。在印度教人口占大多数的国家，特别是人民党的根源可以追溯至 20 世纪 50 年代，人民党竟然花了这么久的时间才梦想成真。德赛分析认为，在印度独立后的大多数历史时期，国大党和共产党压制宗教分层，而诉诸其他分层如社会等级和阶级。相较之下，人民党通过暴力抗争和其他战术，把印度教设计成为一个受到不正当迫害的选民，而把国大党设计成"腐败、西方化、精英统治"③。

① See Tugal, *Passive Revolution:Absorbing the Islamic Challenge to Capitalism*. Stanford University Press, 2009.

② See De Leon Cedric, Manali Desai, and Cihan Tugal, 2009 "Political Articulation:Parties and the Constitution of Cleavages in the United States, India, and Turkey." *Sociology Theory 27* (3), pp.193-219.

③ De Leon Cedric, Manali Desai, and Cihan Tugal (2009), "Political Articulation:Parties and the Constitution of Cleavages in the United States, India, and Tukey." *Sociology Theory* 27 (3), p.204.

可见，在一个社会，为什么是这个分层，而不是另一个分层？这并不是"选择性亲和"或"自然契合"的结果，而是政治表达的结果，是政党主观努力的结果。列昂认为，在追求权力的斗争中，政党善于表达"社会"。所谓"政治表达"（political articulation），即通过政治表达过程，"政党不断归化阶级、民族和种族的形成，以此作为社会分层的基础，把完全不同的利益和身份整合为一致的社会政治集团"。①列昂关于政治表达的定义有三个含义。第一，政党建构的社会分层如阶级、种族、宗教看起来是自然的或真实的。政党必须努力使这个社会分层成为社会焦点，在社会中予以凸显。第二，政党要克服困难，才能使所虚构的社会分层看起来是真实的。因为政党政治的成功有赖于政党建构社会多数的能力，也就是说，政党把自己的支持者设计为应该占据统治地位的社会多数，把政治对手的支持者设计为不应该占统治地位的社会少数。第三，政治表达不仅考虑社会分层，也不仅考虑选举，还要考虑价值观。一个政党固然要考虑赢得大选，赢得某个阶层的支持，但是也要考虑到，政党的政治表达必须努力把整个社会秩序纳入某种价值观，如神权政治价值观、共和主义价值观或者自由主义价值观。可见，政治表达论是对现有马克思主义关于政党与社会关系的发展。

五、中国政党的社会基础

对于政党来讲，社会之意义非凡。如果一个政党眼里只有国家，只有执政，脱离了社会，这种执政将缺乏稳固的社会基础，将不会持

---

① De Leon Cedric, Manali Desai, and Cihan Tugal (2009) ,"Political Articulation:Parties and the Constitution of Cleavages in the United States, India, and Tukey." *Sociology Theory 27* (3) , pp.194-195.

久。一个政党不仅要处理政党与国家的关系，也要处理政党与社会的关系。甚至，政党与社会的关系更具有基础性。中国共产党执政的社会基础，具体言之，政党产生及存在的社会结构性基础，主要涉及三个关联性问题：第一是中国共产党产生的阶级基础；第二是中国共产党与其他政党、社会团体的关系；第三是中国共产党与社会大众的联系。

（一）巩固阶级基础

关于政党与社会的关系，核心问题在于如何看待社会。在《共产党宣言》中，马克思与恩格斯认为，资产阶级与无产阶级的分野是资本主义兴起的产物。但是，及至今日，虽存在广泛的经济剥削，社会分层却不具有经济特征。正统马克思主义基于经济决定论，强调阶级分层，忽视阶级以外的其他社会分层。按照正统马克思主义，政党与国家属于上层建筑的范畴，都可以化约为阶级关系。可以透过一个社会的阶级关系，来理解一个政党或国家的政策。例如，福利国家和社会主义政党标志着工人阶级在这个社会处于优势地位；自由放任主义国家和保守党执政则标志着资产阶级在这个社会处于优势地位。正统马克思主义的问题在于，经济决定论已经不能解释为什么一种分层如宗教分层具有重要政治意义，另一种分层如阶级分层却不具有重要政治意义。换言之，正统马克思主义不能解释阶级分层之外的社会分层现象。因此，一些西方马克思主义学者如拉克劳和墨菲主张去阶级化。德国学者贝克甚至说，"不过，如果把公共的、政治性的讨论当作是实际情况的准确反映，那么会很容易得出这样的结论：在西方国家，特别是德国，人们已经走出了阶级社会。阶级社会的概念只是在作为过往的意象时才有用处。它之所以还存活，只是因为尚无其他任何合适的替代。"①

---

① Beck, U., *Risk Society*, London:Sage, 1992, p.91.

毫无疑问，在当代社会，阶级分层的弱化是一个客观事实。"今天的工人已经不再处于社会之外，他们是社会的成员，他们像其他所有人一样是固定职业者"。[①] 但是，阶级分层并没有过时。对于社会分层来说，阶级分层仍然是极其重要的。阶级决定了教育机会、社会流动性和关于社会不平等的信念。当今社会还远远没有超越阶级和分层。"无论是从社会科学研究的角度看，还是从社会中有关个人的常识性认识看，阶级的存在都是毫无疑问的。阶级是社会结构不可或缺的成分，过去是如此，现在仍然是如此，它规定了人们的生命历程。恒久的阶级结构并不是海市蜃楼，不是幻象，而是一个经验的事实。"[②]

政党的产生可能是在遥远的过去，也可能是发生在当下，都有一个社会基础。没有社会基础，政党不能产生，也不能存在。不论是在工厂还是农村，一个自觉的无产阶级是社会主义政党产生的充分条件。一个政党如果没有阶级基础，仅靠意识形态宣传是远远不够的。政党是社会分层的产物，但首先是阶级分层的产物。政党意味着一群人组成一个共同体，他们有着共同的政治纲领。这种政治纲领是情境性的，即基于某种稳定的社会分层而形成。没有稳定的社会分层，就不会有政治纲领的聚合形成；没有政治纲领的聚合形成，就不会有政党。不同政党的政治纲领反映特定社会分层。政党是社会的反映。因此，政党要关注社会。因为政党需要社会基础。政党政治是竞争性的，竞争要成功，就需要社会基础，这个社会基础是一群人，而且这群人是社会的大多数，大多数人要通过政党的意识形态自我认同是一个阶级或阶层。有了这样的阶级或阶层作政党的基础，这个政党才可能成功。政党的任务就是宣传，拟制一个阶级或阶层身份，让大多数人相信，你属于这个阶级或阶层，你们这个阶级或阶层与另一个阶级或阶层势不两立，你们除了斗争，别无他途。

---

① 阿伦特：《人的境况》，王寅丽译，上海世纪出版集团 2009 年版，第 171 页。

② 罗尔夫·贝克尔、安德烈亚斯·哈贾尔：《"个体化"与阶级结构》，《国家社会科学杂志》（中文版）2016 年第 1 期。

工人阶级是中国共产党产生的阶级基础。根据李普塞特和罗坎，当政党形成时，它们会反映当前的社会分化结构状况，而且在分化已经变得不显著时，仍然会保留这一分裂结构。简言之，大众民主参与的结果便是特定的政党派系倾向固化（freeze）成稳定的选民联盟，从而凝结成稳定的政党制度。这就是所谓的政党制度"固化"假设。在政党制度的"固化"假设之下，社会分裂通过稳定的政党制度得以整合。① 可见，政党是社会的产物，政党政治则是社会分裂结构的反映。无产阶级政党是阶级社会的产物，社会结构的稳定性导致无产阶级产生的阶级基础仍旧是政党执政的阶级基础。早在中国共产党发展初期，中国共产党人就发现，在农民占人口大多数的国家里，必须坚持中国共产党的工人阶级性质，发挥无产阶级思想领导作用。毛泽东在 1928 年的《井冈山的斗争》一文中明确指出："我们感觉无产阶级思想领导的问题，是一个非常重要的问题。边界各县的党，几乎完全是农民成分的党，若不给以无产阶级的思想领导，其趋向是会要错误的。"②

工人阶级是中国共产党执政的阶级基础。在中国共产党执政以后，中国共产党的阶级基础依然具有根本意义。在当代中国，经历了改革开放和市场经济发展的洗礼，工人阶级依然最先进，工人阶级作为社会化大生产的产物，依然是先进社会生产力的代表。"中国工人阶级是最富有政治远见和牺牲精神，最具有革命的坚定性和彻底性，最具有组织性和纪律性，最能代表全体人民根本利益的先进阶级。我们党自成立之日起，就把自己确定为中国工人阶级的政党，按照中国工人阶级先锋队的要求来建设自己，巩固自己，加强自己。也正因为如此，我们党才能成为中国最先进的政党，取得领导中国

---

① See Lipset, S. and Rokkan, S., "Cleavage structure, party system, and voter alignments: an introduction." In:Lipset and Rokkan, eds. *Party system and voter alignments: cross-national perspectives*. New York:Free, 1967, pp.1-64.

② 《毛泽东选集》第一卷，人民出版社 1991 年版，第 77 页。

革命和建设的资格，具有强大的号召力和凝聚力。"①中国共产党的先进性，根本上就是中国工人阶级的历史地位、历史使命决定的，是这个阶级的先进性的集中体现。20世纪80年代初，在改革开放的背景下，邓小平明确告诫全党："我们党是马列主义、毛泽东思想武装起来的工人阶级先锋队，这个性质不能动摇，不能改变。"②所以政党从革命党转变为执政党后，这个阶级基础不会消失，执政党仍须不忘初心。

（二）扩大群众基础

在巩固阶级基础的同时，中国共产党致力于扩大群众基础，原因有三：一是当代社会分层多元化事实，二是注重个人权利的社会主义民主制度，三是群众基础与阶级基础的一致性。

首先，无产阶级政党重视群众基础问题。按照葛兰西的国家理论逻辑，权力关系不仅存在于阶级之间，也存在于国家与市民社会之间。国家权力体现为军队和警察等强制力，革命政党向国家机器进攻有两个条件：一是国家是否脆弱，二是资产阶级对市民社会的控制是否脆弱。如果国家是脆弱的，而社会大众仍然认同资产阶级统治或者自由资本主义经济制度，那么革命政党在发动暴力起义之前应该首先渗透学校、教会、媒体等市民社会的关键机制，改变社会认同。简言之，在政党、国家与社会之间，正统马克思主义认为政党与国家反映阶级之间的权力平衡关系；葛兰西则增加了一个权力平衡，即国家与市民社会之间的权力平衡关系。由此，对社会的认识不能简单基于经济的角度。现代社会分层是多元的，有基于经济的分层，也有基于宗教的分层、基于文化的分层等。因此，政党对于社会的领导不能局限

---

① 中共中央宣传部理论局：《强本固基筑高楼》，《求是》2003年第7期。
② 《邓小平年谱（1975—1997）》（下），中央文献出版社2004年版，第811页。

于狭隘的阶级认同，而是建构超越阶级的价值认同。葛兰西在《南方问题》中明确主张，工人阶级的领导不应当局限于保护狭隘的阶层利益，而是应该吸收其他阶层的参与。政党领导不仅是政治领导，也是道德、文化、知识分子的意识形态领导。政党对社会的领导不再仅仅依据阶级基础，而是也注重群众基础。

其次，政党是社会分层的产物，并不仅仅是阶级分层的产物。自政党诞生以来，社会分层就极为复杂多元，并不仅仅局限于阶级分层，甚至还有宗教分层、民族分层等。根据李普塞特（Seymour M .Lipset）和罗坎（Stein Rokkan），民族革命和工业革命给欧洲社会带来了四条分化，即"中心—边缘""国家—教会""农业—工业"以及"业主—工人"。这四条分化线分别造就了以种族和语言为基础的政党、宗教政党、农民党、保守党和自由党，以及社会主义政党和共产党等政党。政党政治与社会分层的联系可以表现为16—17世纪以种族和语言为基础的政党，18世纪的以宗教为基础的政党，19世纪以工人和农民分层为基础的农民党、保守党和自由党，20世纪初的社会主义政党和共产党以及20世纪60年代以后的绿党或生态政党（见表2）。显然，政党是社会的产物，政党政治则是社会分层结构的反映，社会分层结构呈现多元化。根据曼扎（Manza）和布鲁克斯（Brooks）的研究，美国政党的社会基础包括四个社会分层，即种族、宗教、阶级和性别。其中，种族分层排在第一，宗教分层次之，阶级分层第三，性别分层最后。可见，作为政党社会基础的阶级分层越来越弱，政党的阶级属性越来越淡薄。[①] 另外，社会正在发生四个变化：（1）社会结构的变迁，特别是日益提高的富裕水平、向上的社会流动、日益下降的同性婚姻；（2）日益提高的教育水平和选民的"认知动员"，可能为选民提供独立于社会群体忠诚的判断工具；（3）新价值观的兴起

---

① See Jeff Manza and Clem Brooks. *Social cleavages and political change : voter alignments and U.S. party coalitions*, Oxford ; New York : Oxford University Press, 1999,pp.20-33.

与冲突问题；(4) 政党制度的变化与宏观选举联盟的形成。① 所以，鉴于上述变化，没有政党基于一个单一的社会分层来赢得执政地位，政党必须扩大他们的诉求以迎合更多社会分层的支持，如此一来，政党必然弱化其原先的社会分层基础。在社会分层多元化的时代，一个政党要赢得执政地位，就不能仅诉诸于某个阶级基础，而是要扩大社会分层，扩大群众基础。

表 2　社会分化与政党制度的联系

分化	关键时机	议题	政党成员
核心—边陲	宗教改革—反宗教改革（16—17 世纪）	国教 vs. 超国教发言 vs. 拉丁语	以种族和语言为基础的政党
国教—教会	民族革命（1789 年及以后）	大众媒体由世俗或宗教掌控	宗教政党
土地—工业	工业革命（19 世纪）	农产品的关税水平；控制或放任工业工厂	农民党；保守党和自由党
雇主—劳工	俄国大革命（1917—1919）	与国家政体整合或投身国际革命运动	社会主义政党和共产党
物质主义—后物质主义	文化革命（1968 年及以后）	环境产品 vs. 经济成长	绿党或生态政党

资料来源：Lipset, S. and Rokkan, S., 1967. "Cleavage structure, party system, and voter alignments: an introduction. In:Lipset and Rokkan," eds. *Party system and voter alignments: cross-national perspectives*. New York:Free, pp.1-64.

第三，社会主义民主制度强调尊重每个人的主人翁地位，社会分层的意义式微。中国共产党通过社会主义民主机制，来凝聚社会共识，巩固执政的社会基础。中国共产党执政的群众基础就是尊重每一个人的民主权利。所以，《中国共产党章程》强调，"发展更加广泛、更加充分、更加健全的人民民主，推进协商民主广泛、多层、制度化发展，切实保障人民管理国家事务和社会事务、管理经济和

① Jeff Manza and Clem Brooks. *Social cleavages and political change : voter alignments and U.S. party coalitions*, Oxford ; New York : Oxford University Press, 1999, pp.20-33.

文化事业的权利。尊重和保障人权。广开言路，建立健全民主选举、民主决策、民主管理、民主监督的制度和程序"。通过法治政治和民主政治建构，公民身份和权利意识张扬，民主政治使得阶级对抗性不在，新的民主法治的竞争政治平台出现。在此种制度背景下，社会分层乃至阶级基础的意义式微，中国共产党强调群众基础。毕竟现代社会仅仅以阶级基础来作为政党的社会基础是不够的。在同一个阶级，对同一个问题，会有不同立场；在不同阶级，对同一个问题，可能会有相同立场。特别是在现代社会，存在多元价值和多元身份，阶级认同趋于衰落。通过尊重并保障每个公民的民主权利，马克思主义政党有阶级性，有必要也能够超越这种阶级性。政党与社会的联系复杂多样，有的是通过社会成员的投票行为来实现的。不同国家、不同政党，政党动员社会大众进行政治参与的方式不同。最为普遍的方式是投票。在选举机制下，政党的社会动员就是投票。人们投票的动机与政党的阶级基础有着密切联系。但是，为了赢得选举或者广泛的民意支持，政党不可能固守原来的阶级基础不变，甚至可能会弱化阶级基础，以扩大与其他社会分层的联系。在社会分层多元化的今天，阶级基础虽没有过时，但显然有局限性，已经不足以为党的执政提供充分有效基础，扩大政党执政的群众基础就势在必行。

第四，中国共产党坚持工人阶级立场与人民立场的统一。中国共产党虽然强调阶级立场，但也同时坚持人民立场。马克思、恩格斯在《共产党宣言》中说："无产阶级的运动是绝大多数人的、为绝大多数人谋利益的独立的运动。"①这是马克思主义创始人关于人民立场和阶级立场统一的经典表述，指明了两者在本质上是一致的：无产阶级立场就是"绝大多数人的、为绝大多数人谋利益的"立场，即人民立场。毛泽东把全心全意为人民服务确立为党的根本宗旨，强调"一切都是

---

① 《马克思恩格斯选集》第1卷，人民出版社1972年版，第283页。

为了人民的利益"，①"共产党人的一切言论行动，必须以合乎最广大人民群众的最大利益，为最广大人民群众所拥护为最高标准"。② 共产党的立场就是无产阶级立场，无产阶级立场就是人民大众的立场。中国共产党的立场、无产阶级立场、人民立场是内在统一的，始终坚持人民立场，其主体正是作为中国工人阶级先锋队的中国共产党。坚持党的工人阶级先锋队性质和为人民服务宗旨的统一。无产阶级政党要坚定地站在人民大众的立场上，同时要坚持阶级立场。正因为中国共产党的阶级基础与群众基础是一致的，所以，中国共产党没有自己的特殊利益。也因此，中国共产党与民主党派、群团组织的利益是一致的。一般而言，政党与社会团体的联系，可能是稳定的，也可能是变化的。中国共产党没有自己的特殊利益，其利益就是中国人民的利益。因此，中国共产党与民主党派、群团组织的联系是稳定的。

（三）发挥政党能动性

在当代社会，虽然政党政治有衰弱迹象，但是政党依然在现代政治中扮演关键角色。我们不能像葛兰西那样认为政党主要关心的是组织阶级，也不能像拉克劳和墨菲那样认为任何组织都能完成替代性的新的社会分层的任务。在当代社会，替代性的新的社会分层是可能的，但是完成这种新的社会分层任务，离不开政党。尽管政党不是能够把社会组织起来的唯一群体，但是相比其他社会组织，在把人们组织进入竞争性社会集团时，政党处于有利位置，因为政党能够提出替代性价值观。习近平总书记在庆祝全国人民代表大会成立 60 周年的重要讲话中指出："一个国家的政治制度决定于这个国家的经济社会基础，同时又反作用于这个国家的经济社会基础，乃至于起到决定性

---

① 《毛泽东文集》第六卷，人民出版社 1999 年版，第 10 页。
② 《毛泽东选集》第三卷，人民出版社 1991 年版，第 1096 页。

作用。在一个国家的各种制度中，政治制度处于关键环节。"①这种政治能动性体现在政党政治语境，即政党的政治能动性。政党只有真正实现对社会的整合，得到社会的认可，才可视为真正巩固执政根基。在社会分层面前，中国共产党不应消极被动，而是有所作为。政党的行动甚至会对社会基础建构起到决定性作用。

第一，在社会经济变迁时代，发挥政党的政治能动性，善于重构新的社会分层。在社会转型或者经济危机时刻，一个社会的确存在出现新的社会分层的可能，存在重组社会分层的可能。政党不能随波逐流。正如英国学者艾伦·韦尔（Alan Ware）指出，"社会力量发生的变化总会推动某些政党及政党制度自身相应地发生变化。从一种极端角度讲，可以把政党理解为是各种社会力量在国家处于某一关键时刻互动的产物，但此后，只有社会出现大动荡才会引发政党发生变化，一些不太剧烈的社会变迁对政党或政党制度不会产生多大影响。"②简言之，政党是特定社会分层结构的产物。但是，政党不能随意建构新的社会分层。也就是说，尽管经济或社会变迁很重要，但是这种变迁在政治上的重要性取决于政治建构。当然，如果一个社会没有发生重要的社会断裂，一个政党也很难提出并建构一个新的社会分层。如果一个社会的确发生了社会断裂，社会断裂自身不能决定哪个社会分层是重要的，哪个社会分层应该退到后台甚至退出历史舞台。这要取决于政党政治斗争的竞技场，即政党的政治建构。一场社会危机或经济衰退自身没有自然的政治意义，因为自由主义者、保守主义者、社会主义者都可能在根本不同的方向上去组织人们。

第二，通过意识形态来建构政党的政治传统。政党固然是社会的产物，但政党也能影响社会。在社会面前，政党并不是无能为力，政党不仅仅是社会的产物，政党也能通过能动建构，来影响社会。比

---

① 《十八大以来重要文献选编》（中），中央文献出版社 2016 年版，第 62 页。

② 韦尔：《政党与政党制度》，谢峰译，北京大学出版社 2011 年版，第 16 页。

如，通过意识形态来引导社会，通过组织手段来控制社会。政党建构了某种政治分歧，而不是反映了某种政治分歧。把政治分歧看作社会或政治文化结构的直接反映的观点受到了批评。① 一种意识形态传统的形成以及它和其他意识形态的关系，在某种程度上是被解释出来的。换句话说，政治版图的轮廓是政党建构出来的，政治传统依赖于政党的创造性。②

第三，积极建构社会价值认同。处理中国共产党与社会的关系，关键是中国共产党如何看待今天中国的社会分层？这个社会是一个什么样的社会？在当代中国，中国共产党强调"东西南北中，党政工农学，党是领导一切的"。《中国共产党章程》和《中华人民共和国宪法》对中国共产党与人民的关系均宣示，即"党领导和团结人民"。中国共产党对社会基础的建构应该强调经济主义，兼顾政治主义。现代社会是一个经济社会，也是一个政治社会。一方面，工人阶级是先进社会生产力的代表，实现社会主义共同理想，需要唤醒工人阶级的阶级意识；同时，加强工人阶级身份认同的建构，但是要放弃狭隘的阶级身份，努力扩大工人阶级基础的内涵。同时，也要认识到社会主体和政治主体的多元性，政治主体不可能单纯按照他们在生产关系中所处的地位来决定。在当代中国，政治集中体现为个体权利，任何维护个人权利的合法行为都具有政治意义。特别是在自媒体技术发展的条件下，新的政治主体在形成，新的政治主张在形成，如同性恋权利、社会弱势群体权利、少数族群权利等。因此，在工人阶级以外，谨慎把握新的社会分层。面对社会中出现的新的政治主体和政治声音，应该致力于政治表达，致力于从身份认同政治走向价值认同政治。中国共产党对社会基础的建构需要清晰阐释当代中国的社会愿景。"三个代

---

① Gallagher et al. *Representative government in modern Europe*. New York:McGraw-Hill. 2006, ch.9.

② White, J. (2012) ,"Community, transnationalism and the left-right metaphor". *European journal of social theory* 15 (2) , pp.197-219.

表"重要思想阐释中国共产党的先进性，科学发展观阐释中国共产党的正确性，习近平新时代中国特色社会主义思想是中国共产党对当代中国社会愿景的最新政治表达。其中，中国梦是14亿中国人民的梦想，是实现中华民族的伟大复兴的梦想。这是中国共产党对社会基础的价值建构。

第四，发挥党的组织引领作用，对广大群众进行政治整合。作为党的基础组织，党支部负有组织群众、宣传群众、凝聚群众、服务群众的职责；在工作中，坚持践行党的宗旨和群众路线，组织引领群众听党话、跟党走，成为群众的主心骨。同时，通过党的统一战线工作，对民主党派和群团组织进行政治整合。随着社会分工的专业化，社会结构日趋复杂。中国共产党除了通过基层党组织直接联系群众以外，还通过发挥组织性力量，对在社会中具有影响力与代表性的组织特别是群团组织进行政治整合。群团组织是中国共产党联系人民群众的桥梁和纽带。民主党派、群团组织联系不同社会分层、群体，反映群众意愿。

第五章　党规的理性基础

　　鉴于政党议事决策并不仅仅是一个政党内部事务，而是具有公共性，是政党与群众互动的平台，政党议事决策必须通过对各种社会意见进行搜集整理、归纳分析，议事决策，满足社会需要，回应社会主张，所以，政党议事过程关系到政党的政治正当性。也因此，各政党党规均强调政党议事过程的民主性和科学性。政党议事程序规则势必遭遇"理性的吊诡"。所谓"理性的吊诡"，就是理性的自我否定。因为从理性的角度来看，现代社会最主要的问题是一方面工具理性（instrumental rationality）充分发达，以致手段强悍；另一方面，赖以界定行动目标的价值理性（value rationality）则缺乏客观共认的准则，因此冲突难免。为解决这个问题，哈贝马斯提出沟通理性，认为人类可以透过理性的沟通建立共识。[1] 但正如福柯（Michel Foucault）指出，权力在日常生活中是弥散的，散布于社会的每个角落。[2] 如果不能完全排除权力因素的话，理性的共识便很难建立起来。这种权力因素既包括个人的偏好，也有强权以及群众理性，可谓之共识证成的三大难

---

[1]　哈贝马斯认为，道德真理（moral truth）也好，事实真理（factual truth）也好，最终也要建立在共识的基础之上。（see Habermas, Jùrgen *Moral Consciousnessand Communicative Action,* ztrans. by C.Lenhardt and S.W.Nicholsen, Cambridge:Polity Press, 1990, pp.43-115）

[2]　福柯说，"任何人际关系在一定程度上都是权力关系。"他甚至认为，话语（discourse）本身就是权力，无形中在执行什么是理性的、健全的或者是真实的规范。（引自 Best, Steven and Douglas Kellner, *Postmodern Theory* , New York:The Guilford Press. 1991, p.54）

题。罗尔斯则提出公共理性，认为在"合理多元的事实"下，透过公共理性来建立共识。[①] 公共理性通过强调公共论坛主体的公共身份来化解个人性难题，通过遵守公共探究指南和主体之间的相互性来化解强权难题，但是对于群众理性难题以及共识证成程序本身的开放性，则考虑不多。如果把罗尔斯的"公共理性"概念运用于政党议事过程研究，就不仅可以阐释罗尔斯的"公共理性"概念，也可以丰富政党民主和科学决策的理论。

一、政党议事的公共性

（一）内容公共性

把罗尔斯的公共理性概念适用于政党研究，主要是考虑到，按照罗尔斯，公共理性适用于公共论坛，而政党议事的内容属于公共论坛，应该接受公共理性的限制。

政党论坛一般包括党内事务和公共事务。讨论党内事务，可以基于特殊的政党价值偏好，但是讨论公共事务，则需要借助公共理性。一个政党欲使自己的决策获得普遍社会支持，就不能借助特殊的政党价值，而必须适用公共理性。政党议事决策的范围包括就国家、地区问题作出决策，通过法定程序使政党的主张成为国家法律或地方性立法。可见，政党议事决策的内容具有公共性，不完全是政党的内部事务，而是社会公共事务。政党议事决策的会议是公共论坛，应该接受

---

① 在《政治自由主义》一书中，罗尔斯表示，"政治自由主义假定，出于政治的目的，合乎理性的然而却是互不相容的全面性学说之多元性，乃是立宪民主政体之自由制度框架内人类理性实践的正常结果"。（Rawls, *Political Liberalism*. New York: Columbia University Press, 1993,p.xvi）

公共理性的限制。

也许有人认为，罗尔斯的公共理性乃是适用于基本的政治问题，但政党决策并不限于基本的政治问题，甚至大量适用于非基本的政治问题。的确，政党决策不仅适用于宪法修改等基本政治问题，也包括非基本政治问题，如地方社会公共事务。按照罗尔斯，公共理性的适用主题是有关社会正义的基本政治问题，也即仅适用于涉及宪法根本要素和基本正义的政治问题，如，谁有权利选举；什么样的宗教应当宽容；应该保障谁有机会均等；应该保障谁的财产。① 许多政治问题并不属于基本政治问题。罗尔斯举例说："大部分税法和财产调节法；环境保护与控制污染的法律；建立国家公园、保护野生区域和野生动植物物种的法规；以及为博物馆和艺术建立专用基金的法规"。② 显然，这些非基本政治问题也适用于公共理性。

首先，非基本政治问题具有基本性。如罗尔斯指出，非基本政治问题，有时候也包含基本性。③ 只不过，在基本政治问题与非基本政治问题之间难以划清界限。罗尔斯只是认为，应该首先考察最明显的情形，然后才考虑其他情形。在他看来，基本政治问题属于适用公共理性的最明显的情形。可见。罗尔斯并不反对将公共理性适用于非基本政治问题。

其次，政党议事具有适用公共理性的可行性。公共理性适用的可行性取决于"判断的负担"。④ 政党在立法、政策问题上提出立场、

---

① See Rawls, *Political Liberalism*. New York: Columbia University Press, 1993, p.215.

② Rawls, *Political Liberalism*. New York: Columbia University Press, 1993, p.215.

③ See Rawls, *Political Liberalism*. New York: Columbia University Press, 1993, p.215.

④ 它指的是人们在做判断时会受到以下因素的影响：用以做判断的证据经常是复杂或冲突的、不同人对相同证据有不同的衡量比重、人类拥有的概念在某种程度上是模糊的且其被运用在困难的情况中、对证据和价值的评估会受到个人整体生活经验的影响、存在许多极端不同的规范性考量、许多艰难的决定可能没有任何明确的答案等。因此，即使人们真心诚意的交换意见、自由讨论，他们仍会对同一件事做出不同的判断，而导致合理的歧见。(See Rawls, *Political Liberalism*. New York: Columbia University Press, 1993, pp. 55-58)

观点，取决于其判断的负担。相较于公民论坛或者群众论坛，政党论坛的信息成本低，有可能实现公共理性。群众论坛追逐局部问题的解决，追求眼前问题的解决，加之信息不对称，则可能偏离公共理性。

最后，政党议事有充分的激励来适用公共理性。政党决策既关注基本政治问题，也关注非基本政治问题。在政党决策适用公共理性过程中，各种意见相互独立、相互交织。一个政策立场必然影响其他政策立场。例如，教育投资政策势必影响国防投资政策，反之亦然。所以，任何一个政策抉择并非孤立，都有全局性。对于政党决策来说，关于非基本政治问题的立场论证需要公共理性。在从群众中来的过程中，政党搜集各种各样意见，进行研究整合；然后通过对各种意见进行分析聚合，通过公共证成形成整全性政策。在此过程中，政党把非基本政治问题提炼为基本政治问题，因为越是基本政治问题越具有普遍性，越有普遍性，政党意见越可能得到社会成员的普遍支持。

由此，将公共理性适用于政党议事是可能的。当然，公共理性适用于国家与社会事务，而非纯粹党内事务。政党议事决策，如果关涉社会正义的基本政治问题，具有全局性、普遍性，是最明显的适用公共理性情形。即使政党的议事决策涉及非基本政治问题，也有一定公共性和基本性，应该适用公共理性。

（二）主体公共性

政党议事决策的主体包括政党与群众。一般认为，政党决策的主体是政党，而非群众。但是，政党决策并非单向度的民主决策，而是政党与群众双向互动的民主决策方式，政党决策的主体既包括政党，也包括群众。

第一，群众是政党决策的参与者。群众是政党决策的主体，群众拥有一定的政治参与权力。群众并非乌合之众。群众的意见并非是个别的、分散的，甚至是非理性的。群众意见的形成过程也是公共证成的过程。借助公共理性，群众就社会公共事务进行论证，提出意见。如各种人民团体、社会组织就社会公共事务进行讨论审议，形成理性化的群众意见，为"从群众中来"提供高质量素材。

第二，群众智慧是制约政党决策的强大力量。政党决策强调以人民为中心，一切为了人民，一切依靠人民。深入群众是政党必然的选择。因为没有深入群众，就不可能有政党的正确决策。正如毛泽东指出："没有民主，就不可能正确地总结经验。没有民主，意见不是从群众中来，就不可能制定出好的路线、方针、政策和办法。"①群众身上拥有不可或缺的首创精神。在此意义上，群众的权力大于政党的权力。政党议事决策不是恣意而为，而是要受到群众意见、利益的制约。虽然群众在政党决策中的地位和权威是有限的，但是不可忽视。

第三，群众是国家民主的主体。在人民民主国家，群众当家做主，对各项国家立法和政策进行监督。在革命时期，执政党从群众中来，然后直接到群众中去；在执政时期，群众路线与国家民主相结合，执政党从群众中来，要再到国家中去，遵循法定程序，将政党决策提交国家民主论坛，接受人民议事机构审议，转化为国家立法或者政策，回到群众中去。

第四，如果把政党决策的主体仅仅视为政党，把决策的主动权完全交给政党，其结果只有一个，政党决策沦为政党专制的工具。因为是否深入群众，何时深入群众，如何深入群众，完全取决于政党的意愿，取决于其主观能动性。只有把群众视为政党决策的主体，才能迫使政党遵循民主理念，恪守民主和科学决策原则。

---

① 《毛泽东文集》第八卷，人民出版社 1999 年版，第 294 页。

在政党议事决策过程中，政党与群众的关系具有罗尔斯所说的"相互性"。[①] 由于所有公民都是自由且平等的，所以社会制度和公共政策必须奠基在彼此都能同意的公共理由之上，公民也必须对自己支持的政治主张或政策做相互的解释和证成，且所有人都有平等的权利，去检视和讨论彼此提出的理由是否能够成立。也正是借助这种相互性，政党决策才成为可能。比如，群众路线首先强调"从群众中来"，即收集意见；其次是把这些零散的意见"集中"起来，形成系统的意见；最后，把这些系统化了的意见带回到群众中去，接受群众的审视，转化为群众的意见。在收集群众意见阶段，要深入群众，不能脱离群众。政党从群众中来，再到群众中去，看起来既能身处高山之巅，也能俯身于平原。但是，根据"相互性"理想，执政党与群众之间，应该是平等的公民关系，而非马基雅维里的"高山"与"平原"的关系。[②]

政党议事的公共性要求政党决策的主体以公共身份参与决策，即适用公共理性，放弃个人色彩或特殊偏好。任何公共证成都需要避免决策者的个人色彩或偏好。在从群众中来的过程中，如果群众意见带有个人色彩或团体色彩，在政党"加工"过程中，政党决策者不仅要避免群众的个人色彩，还要避免决策者本人的个人色彩，以防止个人权力对公共理性的干扰。

首先，在公共论坛，政党应该具备公共理性能力。公共理性即公

① 公共理性表达出一种相互性的理想，即它要求根据平等的基准来制订社会合作条件或制度：所有人都被纳入考量，没有人必须因为其他人的利益而被牺牲。对罗尔斯而言，相互性是合理公民之间的一种政治关系，并且，它反映出"自由平等人"的共享观念以及"相互尊重"的德行。（see Rawls, *Political Liberalism*. New York: Columbia University Press, 1993, pp.16-17, 282）

② "正如那些绘风景画的人们，为了考察山峦和高地的性质便厕身于平原，而为了考察平原便高踞山顶一样，同理，深深地认识人民的性质的人应该是君主，而深深地认识君主的性质的人应属于人民"。马基雅维里：《君主论》，潘汉典译，商务印书馆2005年版，第2页。

民在公共领域中进行论理和审议的能力。① 罗尔斯认为，虽然在当代多元社会中存在许多重大争议，但是讲理的公民能够根据一套政治性正义观进行论辩说理，以寻求共识。如果决策者具备这种尊重公共价值、进行公共论理的能力，则会避免决策的个人性。政党的公共理性能力是能否促成政治共识的关键要素。我们可以说，唯有当政党具备理性和合理性的能力，并愿意根据相互性理想的要求，试图寻求社会合作的公平条件时，公共理性才是可能的，也才能避免强权共识的局面。政党之所以适用公共理性，愿意遵循公共理性的限制，是因为他们是理性的（rational）和合理的（reasonable），且愿意根据相互性的要求，共同寻求规范社会合作公平条件的社会制度与政策。②

其次，议事者以"公"身份进行论述。罗尔斯说："在贵族政体和独裁政体中，当人们考虑到社会善时，不是通过公共理性的方式，而是通过统治者来考虑社会善的。公共理性是一个民主国家的基本特征。它是公民的理性，是那些共享平等公民身份的人的理性。他们的理性目标是公共善"。③ 换言之，公共理性是就人作为民主公民的政治能力，而不是针对他们作为某个政党的成员或扮演其他角色时具有的能力来讨论的。政党愿意透过公共理性的推论方式来寻求政治共识，这是因为政党没有自己的特殊利益，也没有特殊的价值。每一个政党党员都具有"公"身份。在公共论坛上，党员不能有个人利益考虑。党员不是家庭成员，不是教会成员，不是私人组

---

① 公共理性是指"面对宪政核心争议与基本正义问题时，公民在公共论坛进行公共推理的能力"。（Rawls, *Political Liberalism*. New York: Columbia University Press, 1993, p.10）

② 若要促成人们之间的公平合作、进而达成政治共识，则"理性的"与"合理的"特质缺一不可。这是因为，一个纯粹合理的人缺乏想透过公平合作来加以实现的目的，那么他就不需要跟他人合作；而一个纯粹理性的人由于不能认识到判断的负担，所以将缺乏公共理性的态度。（See Rawls, *Political Liberalism*. New York: Columbia University Press, 1993, p.52）

③ Rawls, *Political Liberalism*. New York: Columbia University Press, 1993, p.213.

织成员。他们必须接受公共理性限制。在议事决策中，政党党员必须保持价值中立，放弃政党特殊价值。在决策过程中，政党并非基于某个阶层、某个个人的考虑，也非基于政党自身的考虑，而是诉诸"为人民服务"。

再次，政党议事主体不进行个人性沉思和反省。公共理性的限制对象包括"当公民在公共论坛中进行政治辩护时，且因此适用于政党的成员、政党在竞选活动中的候选人，以及支持这些候选人的其他团体"。① 但它却不适用在对政治问题的个人性思考和反省，也不适用在诸如教会、大学等文化团体的成员对社会政治问题的思考与言论。在日常生活中，人们可以根据全面性学说提供的"非公共理由"（nonpublic reasons）来讨论政治问题。不过，一旦他们站上公共论坛，进入政党议事过程，以执政党议事者的身份发表政治言论时，就必须遵守公共理性的限制。

最后，遵循社会共享价值是政党的道德义务。公共理性的本质和内容是共享的政治正义观和政治价值。在讨论基本政治问题时，人们的推论方式和提出的理由必须是所有人都能合理接受的。于是，这些理由所依据的价值观只能是公民共享的政治价值，而不能涉及任何全面性宗教、道德和哲学学说的特殊价值观。② 罗尔斯认为，遵守公共理性是公民的道德义务。所谓"公民性义务"指的是"一种对那些基本问题，能够彼此解释其所提倡或投票赞成的原则和政策如何能够被公共理性的政治价值所支持之道德义务"。③ 政党决策，必须遵循社会共享价值，这是其道德义务。

---

① Rawls, *Political Liberalism*. New York: Columbia University Press, 1993, p.215.

② 罗尔斯指出，公民共享着两类政治价值：（1）政治正义的价值：包括平等的政治自由和公民自由、机会平等、社会平等、经济互惠、共善（common good）的价值；（2）公共理性的价值：包括公共探索指导方针的价值，以及诸如合理性（reasonableness）、尊重公民性义务（the duty of civility）的意愿等政治德行之价值。(See Rawls, *Political Liberalism*. New York: Columbia University Press, 1993, p.224)

③ Rawls, *Political Liberalism*. New York: Columbia University Press, 1993, p.217.

二、政党议事的正当性

（一）"合理多元的事实"

罗尔斯认为，由于民主社会的制度充分保障个人在思想、言论、信仰等各方面的自由和权利，所以促成了多元的全面性学说。[①] 不仅如此，在各种持不同主张的宗教、道德与哲学学说等全面性学说之中，许多都是"合理的"。换言之，在当代民主社会中，合理的宗教、道德与哲学主张是多元而非唯一的。罗尔斯称这种合理全面性学说及其相应价值观的多样性现象为"合理多元的事实"。罗尔斯指出，除非透过政府强制力的压迫性使用，否则不可能消除这种合理多元的事实。然而，诉诸压制的手段显然不符合社会正义的要求。

任何社会若要良好运作，它就必须制订并施行各种公共规范，且所有社会成员都要遵守这些规范。在合理多元的事实下，人们对公共规范的内容不可避免抱有分歧、甚至是相互冲突的意见。于是，在避免采取压制手段的前提下，民主社会应透过哪一种道德上可证成且实际可行的方式，来凝聚公民对政治问题与公共政策的共识？为此，罗尔斯提出"公共理性"的观念。公共理性并不要求在公共论坛提出的理由或原则必须是"真理"。按照罗尔斯，如果讨论真理，则对公共议题的讨论必然陷入各种全面性宗教、哲学或道德学说的论点，这将使得持不同全面性学说的人们争论不休。然而，在当代社会存在合理多元的事实下，这类有关真理的争论很难让人们达成最后的共识。根据罗尔斯的公共理性观，在思考与推论基本政治问题时，以"合理"

---

① "现代民主社会不仅具有一种全面性宗教学说、哲学学说和道德学说之多元化特征，而且具有一种互不相容却又合乎理性的诸多全面性学说之多元化特征"。(Rawls, *Political Liberalism*. New York: Columbia University Press, 1993, p.xvi)

概念取代"真理"概念。他说："停留在合理的范围内的优点是，尽管如同我们看到的，有许多合理的全面性学说，但其中只能有一个真的学说。一旦我们接受合理多元是自由制度之下公共文化的一个恒久条件之事实，那么合理的概念就会比道德真理的概念，更适合作为立宪体制的公共证成基础的一部分。抱持一种作为真理的政治观，且仅基于这个理由主张它适合作为公共理性的基础乃是排斥性的，甚至是偏狭的，且因此很可能会助长政治分化"。[①]

　　传统上，政党议事通过民主和科学决策来追求真理，但在"合理的多元事实"下，以终极真理作为制定法律和公共政策的基础，很可能会造成公民之间的对立和冲突，这将危及社会的稳定。以合理的概念取代真理的概念，虽然不能消除价值冲突，但是可以为持有不同真理的人们提供一种共同接受的理由基础。也就是从一种"政治共识"出发，为公共议题的解决寻找所有人都可接受的办法。当然，即使在"合理的多元事实"下，我们也不否定真理的意义。我们愿意持一种宽泛的公共理性观点，允许真理的概念进入公共论坛，但是，真理概念要受到合理概念的限制，即作为决策基础的不是真理，而是共享的政治价值。

（二）科学的政治功能

　　以合理代替真理，并不否定科学的政治功能。按照罗尔斯，公共理性就是公共探究指南，而科学共识是公共探究指南的重要组成部分。[②] 用以探讨政治问题的指导方针"只诉诸现时为人们所接受的常

---

① Rawls, *Political Liberalism*. New York: Columbia University Press, 1993, p.129.

② 罗尔斯指出，一种自由主义的政治观除了包含关于基本结构的实质性正义原则外，还包含各种探究指南，"这些指南具体规定着各种与政治问题相关的推理方式，以及与政治问题相关的信息标准"。（Rawls, *Political Liberalism*. New York: Columbia University Press, 1993, p.223）

识性普遍信念和推理形式，以及当下不存在争议的那些科学方法和结论"。① 政党决策首先遵循社会存在的某种普遍信念，如果决策违背了普遍信念，则会失去决策的道德基础；其次是遵循逻辑推理，如果政党决策离开形式逻辑，哪怕说得天花乱坠，也难以获得群众认同；最后是遵循科学共识，政党决策可以援用科学共识，不能援用社会上存有争议的科学争论。科学的政治功能表现在如下三个方面。

首先，科学为政党决策提供正当性。当代民主政治的一个难题在于，诸多个人意见如何被政治代表忠实、完整表达出来，并付诸公共政策。② 在政党决策语境中，政党的决策如何才能被具有现代意识的群众所接受，如何化解政党公共行动与群众意见之间的紧张关系。特别是一党长期执政条件下，群众为什么信任执政党的决策？那是因为群众相信群众路线；群众之所以相信群众路线，是因为群众路线体现了科学性。科学在政党与群众之间架起一座桥梁。政党的议事决策是否符合群众的期待，政党的政治行动是否符合群众的意愿，这需要科学。科学知识就是一种政治资源。借助科学知识，政党决策可以获得群众的信任和支持。

其次，科学是一只"看不见的手"，自发引导群众意见。科学是一种公共知识，如果群众分享、信赖这样的知识，并在科学的基础之上主张自己的意见，那么群众相互之间就可以对话，就会对彼此行动有所预期，反之，离开科学，则是任意或混乱的行动。因此，在一个社会，虽然群众的意见是散乱的，但是，由于科学的存在，社会不会因为意见分歧而陷入混乱纷争，也才可能为政党决策提供高质量材料。

---

① Rawls, *Political Liberalism*. New York: Columbia University Press, 1993, p.224.

② 根据 Ezrahi，当代民主政治的一个难题在于，"有一种工具性的行动概念（instrumental concept of action）是需要被审慎观照，而这概念就是意指众多个人的自主性及完整意见，能否藉由政治代理人这样的工具而被审慎及忠实性的代表出来，使众多个人的目的能透过代理人的公共行动来得以彰显及实践"。(Ezrahi, Yaron. *The Descent of Icarus: Science and the Transformation of Contemporary Democracy*. MA: Harvard University Press.1990, p.16)

再次，借助科学这只看不见的手，群众可以审视和评判政党的决策。在政党决策过程中，群众藉由科学知识，塑造出一种有力的权力制约机制。科学这只"看不见的手"能够自发形成对政党这只"看得见的手"的制约。有了科学，群众行动就具有自觉性。有了科学，政党决策就不敢恣意妄为，就不敢危害个人自由。因此，科学具有规训政党决策的作用。① 也就是说，政党决策必须建立在科学知识的基础上，符合科学知识的基本原理。

最后，科学是一个价值中立的工具，它可以服务于人民民主，也可以服务于专制政治。科学可以武装人民，让人民自觉行动起来；同时，科学也可以被少数政治代理人所利用，服务于专制政治。② 科学迫使政党决策符合群众的主观需求及科学知识的客观要求。但是，如埃兹拉希（Ezrahi）所说，专业术语及学说理论有可能成为政治代理人的障眼法，使他们的政治行动看似依据科学及技术知识，但却是另有其他政治意图，使他们的所做所为与一般大众的期待越来越远，也使一般大众更难以监督他们。③ 可见，政党可能会操弄科学，打着科学的旗号，行专制之实。亦可见，政党决策强调科学性，党规把科学作为政党的行动原则，有其合理性，也有局限性。

---

① Ezrahi 认为，科学具有规训政治秩序的作用，能把政治代理人的政治行动加以外部化（externalization），成为一种有轨迹的模式。（see Ezrahi, Yaron. *The Descent of Icarus: Science and the Transformation of Contemporary Democracy*. MA: Harvard University Press.1990, pp.23-28）

② Ezrahi 批判，当科学及技术在自由民主的政治体制里，逐渐成为政治行动的决定性作用时，这样的转变其实也是一种政治性的结果。"当医师、物理学家、化学家、工程师、经济学家、心理学家及其他专家大量的被安排在当代民主国家政府当中时，他们所依赖的知识不只建构出一种（科学及技术）工具主义，并型塑出一种政治行动的实质模式（包括规划过程及政策内容），而这样的工具主义更成为一种政治策略来为他们的政治行动服务"。（Ezrahi, Yaron. *The Descent of Icarus: Science and the Transformation of Contemporary Democracy*. MA: Harvard University Press.1990, p.38）

③ See Ezrahi, Yaron. *The Descent of Icarus: Science and the Transformation of Contemporary Democracy*. MA: Harvard University Press.1990, pp.38-40.

（三）政治正当性证成

政党决策追求科学与正确有局限性。在罗尔斯的"合理的多元事实"条件下，可能不存在唯一正确或者真理，而是存在多个正确。在这种情况下，通过政党民主过程而获得正确决策，可能就无法达成社会共识，决策也就无法获得社会的支持。如果在多个正确中选择一个正确，通过宣传教育强加于群众，也难免形成强力压制的结果。因此，政党决策应该追求共识，此种共识应该基于政治正当性而达成。

对罗尔斯而言，公共理性是政治正当性证成过程。公共理性可以帮助人们在多元价值观之中寻求政治上的共识，为政治权力的运用以及强制性公共政策的施行，提供了正当性基础。即罗尔斯所谓"自由主义的正当性原则"（liberal principle of legitimacy）。① 在动态多元社会，不仅是基本政治问题，各种法律或政策都需要公共证成，这是因为任何法律或政策的实施，都涉及政治权力的强制性运用，其实施结果会对社会成员产生约束和限制，所以，行使政治权力的正当性建立在所有公民的共同认可之上。对罗尔斯而言，即使没有共识，但公民谨守公共理性的限制，便足以使得其集体决定具有政治正当性。因此，在政治正当性证成过程中，政党追求的是证成，而不是证明。罗尔斯指出，"证成"（justification）不同于"证明"（proof）。证明"只表现出命题之间的逻辑关系"，② 它是从列出的各种前提推论出的有效论证。"证成"是直接向那些不同意我们主张的人提出的，为的是表明他们应该相信我们的看法。③

---

① 该原则指出："唯有当政治权力的行使符合宪法，而宪法的根本要素是所有公民都能合理期待所有人接受其为合理与理性的原则和观念时，我们对政治权力的行使才是适当的、且因此是可证成的。"（Rawls, *Political Liberalism*. New York: Columbia University Press, 1993, p.217）

② Rawls, John. *A Theory of Justice*. Cambridge, Mass.: Harvard University Press, 1971, p.580.

③ "它假定在人与人之间或个人的不同观点之间存在着冲突，并寻求去说服他人或使我们自己相信，我们的主张和判断所依据的原则之合理性"。（Rawls, *A Theory of Justice*. Harvard University Press, 1971, p.580）

要完成这个任务，"首先从讨论中所有各方所共有的见解开始"。仅仅证明本身还不是证成。但是，一旦出发点是某个共识，证明就成了证成。① 因此，在讨论基本政治问题时，必须从所有社会成员都能同意的某些观念出发，进而寻求一致的结论。通过公共证成，政党决策的强制施行才具备正当性。

政党决策是一个追求政治正当性的过程。从群众中来，就是了解和反映民意，这是制定公共政策的社会基础。没有调查就没有发言权，更没有决策权。政党深入群众中去，开展调查研究，广泛听取群众各方面意见，进而对群众意见进行聚合分析。政党是公共决策的"加工厂"。政党决策过程大致包括三个阶段：第一阶段，深入群众，了解各方意见，当然，这种意见是可以经过证明的"正确"意见，是理性的展现，而不是"胡搅蛮缠"，不是没有凭据的信口开河；第二阶段，在了解各方意见的基础上，分析并寻求各方的共识，也就是异中求同。这种共识可以是利益，也可以是制度安排，甚至是某种基本理念；第三阶段，在获得共识的基础上，作出决策，这个决策乃是各方一致接受的结论。

三、政党议事的公开性

（一）公开性的功能

在正当性证成过程中，公共理性说了算，而不是强权说了算。在证成过程中，各种不同意见甚至是错误的意见得到自由充分的表达、论证，以理服人，防止决策过程中的强权如"家长制"。在正当性证

---

① See Rawls, *A Theory of Justice*. Harvard University Press, 1971, p.580.

成中，对付强权的最有力武器是公开。根据公开性原则，政党必须公开提出自己支持某项法律或政策的理由，并且该理由所涉及的价值观和推理方式必须是其他人能够了解且能够接受的。

康德在《永久和平论》中把公开看作一项基本的道德要求，相当于一个绝对律令。"凡是关系到别人权利的行为而其准则与公共性不能一致的，都是不正义的。"康德认为这一原则不仅是伦理的，而且也是法理的。① 一个行为的公开性并不是其道德正当性的充分条件，但是一个必要条件。如果一个行为必须是秘密的，那是因为该行为不能被普遍和自由接受。在此意义上，公开性是公共证成的题中应有之意。公共证成必须公开告诉群众真相，公开决策者的想法。在《正义论》中，罗尔斯提出"公开性"（publicity）观念，要求正义原则必须为所有社会成员所知晓，任何违反这个条件的正义原则都将被排除。② 也就是说，公开性条件排除所有建基于隐秘知识上的正义观。公开性条件为什么在社会正义理论中具有如此重要的地位。如果藉由欺骗能让正义原则得到最佳实践，那么我们是否应该抛弃公开性条件的限制呢？

渥尔（Wall）指出，正义社会的要素之一即是政治权力的执行者与受约束者之间的相互性关系，而秘密做出的政治决定将使得民众丧失对权力执行者的信任感，于是便破坏了彼此的相互性关系。相

---

① 参见康德：《历史理性批判文集》，何兆武译，商务印书馆1997年版，第139页。在《理论与实践》的一条脚注中，康德评论说："在一个国家中任何正当都不能被缄默和莫测地包含在一种秘密的内心领会中，至少那种人们坚持是属于宪法一部分的正当不能包括在内，因为所有宪法的条文都必须被看作是一种公开意志的产物。这样，如果一部宪法允许叛乱，它就必须公开地宣布这一点，并说明它为何允许。"（转引自罗尔斯：《正义论》，中国社会科学出版社1988年版，第127页）

② "各方假定他们是为了一种公开的正义观而选择原则的。他们假定：对这些原则，每个人都知道若接受它们是一项契约的结果他所能知道的一切。这样，他们的普遍接受的一般领悟就应有可欲的效果，并维持社会合作的稳固性"。（Rawls, *A Theory of Justice*. Harvard University Press, 1971, pp.130, 133）

反地，若要建立此一关系，则正义原则必须是所有社会成员都能接近到且能开放接受批判的。因此，公开性条件成为一种基本的证成（justification）要求。[1] 莫西度（Macedo）也指出，之所以要求正义原则或社会制度必须经过公开的证成，乃是因为人们普遍相信，在公开批判和检验的过程里将会出现较好的证成理由和主张。[2] 罗尔斯从公民教育的角度对公开性条件的重要性做了阐述。他说："公开性条件具有一个重要的后果，即它赋予政治的观念以一种教育的功能。我们认为，作为常识性的政治社会学的一个普通事实，在秩序良好社会里成长起来的人在很大程度上是从公共文化以及隐含在这种公共文化中的人和社会的观念来形成他们自己作为公民的观念的"。[3]

第一，公开性原则要求公开讨论，而不是秘密讨论。公开讨论的好处在于，每个参与者被迫为自己的立场做辩护。每个人在表达自己的立场前，必须就有关公共议题深思熟虑，避免盲目，避免仓促，认真仔细思考有说服力的理由或观点，考虑到各种可能的反对意见。这样，才可称之为明智。政党应该具备这种公共理性能力。政党不是专制地将自己的立场强加于人，而是进行公共讨论和说服。

第二，公共性原则要求人们在讨论公共议题时，必须放弃自己的个人立场或者团体立场，不能屁股决定脑袋，以避免被他人指责是偏狭的。公开性不能消除个人的自私甚至卑劣动机，但是会迫使或诱使发言人把自私动机隐藏起来。因为在公开场合，在公众面前，诉诸自利动机难以服众。公共论坛的发言人虽然抱有自利自私的想法，甚至也可能不真心相信其所提出的公共理由，但是，公共性原则促使公共讨论者放弃围绕私人利益的博弈，转向公共利益论述，以所有人都能

---

① See Steven P. Wall (1996), "Public Justification and the Transparency Argument," *The Philosophical Quarterly*, 46 (185), p. 502.

② See Stephen Macedo (1988), "Liberal Virtues, Constitutional Community," *The Review of Politics*, 50 (2), p.219.

③ 罗尔斯：《作为公平的正义》，姚大志译，上海三联书店 2002 年版，第 198 页。

接受的观点来思考社会制度与政策制定。

第三，公开性具有"简单揭露的效果"。公开讨论的过程将会揭发一般不会注意到的不正义、腐败。暗箱操作会有助于非法交易。美国最高法院大法官布兰代斯（Brandeis）曾说："阳光是最好的防腐剂"。(sunlight is the best of disinfectants) [①] 在公开讨论中，把立场、理由和证据陈述清楚，会降低腐败可能，防止不正义决策。一个基于公开透明过程作出的决策，比较能够让人们接受。根据罗尔斯的公共理性观，在公共论坛中必须以所有人都能接受的政治价值，公开地为自己支持的社会政策或政治立场做辩护。公开性原则可以对公共议题的审议带来某些良好的效果，即"简单揭露的效果"(the simple exposure effect)：公开性可以揭发一般不会被注意到的不正义、腐败和非法交易。于是公开性原则促使人们必须放弃自私的理由，而采取公共理性的态度。

鉴于上述，公共性原则促使人们深思熟虑，防止自私，减少腐败。这样的公共论证原则有助于应对复杂社会的歧见，凝聚共识，维系政治稳定。

（二）公开性的局限

在现实生活中，事情要复杂得多。公开性在理论层面与现实层面的效果大为不同。面对社会大众讨论问题，政治家考虑得更多的是，如果就某个问题回答不上来，就可能被迫改变自己的立场。当然，在公众面前，一个政治家也有机会去改变他人的看法。公共理性假设公民拥有正义感的道德能力及其相应的合理性使得他们能够充分展现公共理性的审议态度，来思考基本政治问题。但问题是，现实社会并非真正良序的社会，群众并没有拥有正义感和合理的能力，群众理性就在

---

① 引自 Cass R. Sunstein, *Republic.com, Princeton*, N. J. :Princeton University Press, 2001, p.174。

所难免。正如钱伯斯（Chambers）提醒我们，公开性原则也具有负面的影响：它可能降低政治审议的质量。这是因为，当政府官员或公职候选人感觉到他们必须以所有人都能接受的理由或公共利益的措辞，来陈述其政治主张时，便有可能使得原本用意良好的公共理性堕入群众理性（plebiscitory reason）之中。所谓"群众理性"指的是一种肤浅的公共理性运用：在公开性的压力下，发表言论者诉诸的虽然是共同的或公共的价值，但这些价值只是一些贫乏、表面的价值或人性共通的负面因素，其目的是要得到大多数人的支持。①

事实上，公共决策会面临到群众理性的问题。在公共决策过程中，群众并不直接参与政策或法律的审议和制订过程，而是透过政党和国家来制订并施行各种政策和法律。一旦公民普遍缺乏对公共议题的了解，他们便很容易受到错误信息和煽动性言论的操弄。缺乏理性批判和审议能力的公民也可能被一些肤浅诱因或贫乏推论所吸引，而影响到他们的理性选择。于是，在公共政策和立法的讨论中，公开讨论的最大问题在于群众理性：决策者希望尽可能取悦大多数的人，他们提出的理由虽是多数人会接受的，但却可能违背公共理性，政策内容也无益于社会整体利益。② 因此，在公开性原则之下，公共理性的审议精神不复存在，讨论过程也很难发挥意见交换和相互说服的效果。在政党论坛中，政党的行为越公开，其所承受的来自外部的压力就越大。虽然政党不是懦夫，但是在社会舆论面前，政党容易作出让步。但是，如果执政党在公众的注视下工作，那么他的行为就会被迫

---

① See Simone Chambers（2004），"Behind Closed Doors: Publicity, Secrecy, and the Quality of Deliberation," *The Journal of Political Philosophy* 12（4），pp.390-393.

② 在有关宪法根本要素的审议方面，艾尔斯特（Jon Elster）曾比较 1787 年美国以秘密审议方式进行的费城制宪会议（the Constitutional Convention of Philadelphia）和 1789 年法国以公开方式进行审议的制宪会议（the Assemblée Constituante）。他认为前者采秘密讨论方式得出较好的审议质量。（See Jon Elster, "Strategic uses of Argument," in Kenneth J. Arrow et al. ed., *Barriers to Conflict Resolution*, New York: Norton, 1995, p.251）

保持连贯性和前后一致性。这种连续性是暂时的，因为执政党关注的是临时问题和临时的公众。这就不能保证长久的连续性，就与普遍性冲突。①

虽然公开性具有局限性，但我们不能因此拒绝它，而是要认真对待公开性。对于公共证成而言，公开性是原则，不公开是例外。一般情况下，在决策会议上发生了什么，社会公众有了解的必要，政党在没有公众监督的情况下自行思考问题、作出决策，是不可以的。因为公开的审议与决策过程不但可以让人们建立对政治权力执行者的信任感，以及彼此之间的相互性关系，还可以产生揭露不正义和非法情事的良好效果。相反地，闭门密谈却可能导致私人或政党的利益交换和讨价还价的更严重后果，因此，对于涉及宪法根本要素和社会政策的问题，坚持公开性原则仍是较适当的。至于如何设法降低群众理性的威胁和干扰，不是采取秘密决策，尔后强加于人的方式，而是坚持公开性原则。至于群众理性难题，需要通过提高公民的公共理性能力予以解决。唯有当公民普遍具备健全的素养与能力，才能够降低群众理性对公共审议质量的可能伤害。因此，社会应致力培养公民拥有充分的正义感和合理能力，具备对公共议题相关信息的必要认识，以及理性推理和批判能力。如此，群众便能在深思熟虑之后分辨出公共论坛中的理由哪些是符合公共理性精神的理由，哪些只是肤浅的群众理性之展现，并进一步把这样的判断反映在投票行为上。

在特定情况下，即使政党选择保密而不是公开，他们也应该向公

---

① 20世纪70年代早期，美国国会（the House）向公众包括电视观众开放了所有会议，并且决定所有投票表决的姓名和投票应该记录在案。国会选择委员会（The House Select Committees on Committees）批评这个阳光条款，抱怨这样的公开性条款会妨碍议员在激烈问题上的发表意见的真诚性，妨碍坦诚讨论，阻碍达成妥协的努力，有碍于代表改变自己的立场，接受他人的意见，有可能使代表承受更大的来自院外集团的压力。（See Arthur Maass, *Congress and the Common Good*, New York: Basic Books, 1983, pp.62-66）

众作出说明。而且，这种保密还符合普遍性和自主性的要求。在没有其他条件或标准的情况下，公开性是一个必要条件。鉴于公开性会破坏政党审议质量，限制公开性就有必要。什么样的情况适用于公开，什么样的情况适用于保密，就值得探究。（1）会后及时公开。一般来说，公众很难接受一个完全封闭的会议，除非他们可以在未来的时间查阅会议记录。那么，如果会议是秘密的，会议信息什么时候公开呢？如果政党责任意味着公众及时监督政党，对政党的行为作出评价，那么，信息的公开就应该是及时的，不应拖的太久。（2）公共政策不公开进行。有时，一些事关公共政策的事项，公众不必要参与。例如，事关长远利益的公共福利立法，如果政党的动机是善良的、真诚的，那么公众就没有必要参与。而在有些情况下，公众的广泛参与却是非常必要。（3）合理解释。在一些理性问题上，政党的能力要高于群众。在秘密状态下作出的决定符合理性，但不见得赢得群众的理解。群众要了解政党行为的理由，而不是仅仅看到结果。政党责任意味着政党有义务向群众解释它的行为。毕竟政党在为公众作出决定。政党要对现在负责，也要对未来负责。

四、政党议事的开放性

（一）过程开放性

政党决策的正当性证成不是一劳永逸的。因为社会是动态的、开放的。随着时间的流动，社会的变迁，各种新主张或者利益势必绽露，政党决策过程必须接受这些声音，否则，原来的共识势必压制这些声音，甚至导致不能发出声音。

罗尔斯的公共理性概念是一次性的，缺乏一个反复接近的过程设计，对社会变迁作出回应的能力很弱。相比之下，中国共产党的群众路线过程具有天生的开放性，是一个"反复逼近的方案"。毛泽东在《关于领导方法的若干问题》中对群众路线进行了具体的解释："在我党的一切实际工作中，凡属正确的领导，必须是从群众中来，到群众中去。这就是说，将群众的意见（分散的无系统的意见）集中起来（经过研究，化为集中的系统的意见），又到群众中去做宣传解释，化为群众的意见，使群众坚持下去，见之于行动，并在群众行动中考验这些意见是否正确。然后再从群众中集中起来，再到群众中坚持下去。如此无限循环，一次比一次地更正确、更生动、更丰富。"① 对此，斯考特·哈里森将群众路线凝练成以下三个环节：（1）收集群众的多元性的想法；（2）从多元个体自身以及他们整体所形成之共同生活的双重视角出发处理这些想法，尤其是群众长程的利益（而不只是关注与解决他们眼前的问题）；（3）以政策调整的方式（而不是高举旗帜或者喊空洞口号之方式），将对群众想法之集中后的处理反馈给他们。这三步合在一起，只是完成了群众路线的一个阶段性落实，而绝不意味着"群众路线"政治的终结。哈里森将"群众路线"称之为一个"反复逼近的方案"（reiterative method）：不要想一劳永逸地把它永久落实，它必须被不断地运用，以一步一步地靠近群众的利益。这个过程只有起点，但没有终点。② "从群众中来"就是深入到群众中，把群众分散的意见，化为集中系统的意见；"到群众中去"就是把集中起来的意见再回到群众中去，指导群众的实践。这样一个过程循环往复，以至无穷，不断检验、丰富和发展真理。由此，群众路线的过程保持开放性，其生存能力、对社会的适应能力强大。

---

① 《毛泽东选集》第三卷，人民出版社 1991 年版，第 899 页。

② See Scott Harrison, *The Mass Line and the American Revolutionary Movement*, unpublished manuscript. 转引自吴冠军：《"人民"的悖论：阿甘本问题与"群众路线"》，《学术月刊》2014 年第 10 期。

（二）内容开放性

一是尊重追求共识过程中的异议。在政党决策的公共证成过程中，对不同意见，哪怕是少数意见都抱有包容性。公共理性的要旨在于，对不同意见的包容性，认为真理并非唯一，并不绝对。公共论坛应该充分听取各种观点，包括不同的甚至相反的观点，在各种观点相互争鸣、相互辩驳基础上，形成理性共识。[①] 在当代民主社会里，人们对于全面性学说，包括宗教、道德和哲学方面的信念和价值观，往往抱有极不相同的主张。在公共论坛，允许公民诉诸全面性学说，旨在可以让大家增加对彼此的全面性学说的认识。这种相互认识会增加一种相互尊重。在公共论坛提出非公共理由，可以促进公民的政治团结，促进不同价值观之间的相互容忍、包容。于是，公民在公共论坛里诉诸自己的合理全面性学说与价值观作为辩护理由，并进一步聆听、了解其他不同学说和价值观。经过充分讨论，人们有可能取得对某个公共议题的一致性看法。这不仅有助于化解原来基于价值观和学说的对立和冲突，而且增进团结，让人们对相关法律与政策的制定达成共识。即使不能达成共识，至少有助于团结，提醒政策制定者在政策实施的时候，考虑到各种可能性。即使大家有不同的认识，不同的看法，甚至也不相信他人的价值观是真的，但也愿意把他人的观点看作是合理的。这有助于相互理解和尊重，凝聚社会共识，而非分裂社会。

二是尊重达成共识后的异议。马克斯·布鲁克斯导演的电影《僵

[①] 密尔阐述了保障话语权对于增进人类精神福祉的重要性："第一，若有什么意见被缄默下去，据我们所知，那个意见却可能是对的"；"第二，纵使被迫缄默的意见是一个错误，它也可能，而且通常总是，含有部分真理"；"第三，即使公认的意见不仅是真理而且是全部真理，若不容它去遭受到猛烈而认真的争议，那么接受者多数之抱持这个意见就像抱持一个偏见那样，对于它的理性根据就很少领会或感认"。（密尔：《论自由》，许宝骙译，商务印书馆1959年版，第61—62页）

尸世界大战》电影讲述的是一个非常精彩的虚构故事，但对话中所说的"第十人理论"却货真价实。按照"第十人理论"，在议事决策中，九人意见完全一致，需要第十个人，这个人的意见一定不同于九人意见，共识需要质疑。① 开放性原则意味着包容，善待不同意见，让大家"保留"各自立场，依据公共理性的精神来思考和讨论基本政治问题。当作为"少数"的党员意见与作为"多数"的党员意见不一致时，作为"少数"的党员在服从和执行作为"多数"的党员意见的前提下，不仅可以保留自己的意见，而且享有通过各种渠道向组织申明自己意见的权利。

（三）开放性僵局

无疑，政党决策的开放性使得各种主张百花齐放百家争鸣，充满活力，但是也因此带来决策或者执行效率低下的难题。一方面，应该充满活力，善于倾听不同声音；另一方面，公共论坛"无限逼近"正确，那就意味着任何一次政党决策只是接近真理或者共识，而非获得真理或共识，不能有效凝聚群众共识；而且，如果人们经过充分讨论之后仍然无法化解争议，就会议而不决，陷入僵局，这就势必影响政党决策的效率，影响社会的运作。为此，引入民主投票程序化解政治僵局，颇有必要。

如果人们经过充分讨论之后仍然无法化解争议，那么诉诸民主投票程序，以简单多数决的结果来制订政策。罗尔斯说："合理的公民

---

① 在第四次中东战争之后，以色列国防部专门成立了一个名为 Red Team 的机构，又称魔鬼代言人，他们可以运用各种方式挑战情报机构做出的普遍假设，用来保证情报的准确性。这个机构就是那个"第十人"。也就是说，不管前面九个人的结论看起来多么正确，多么万无一失，他们都必须提出异议，努力找到这九个人都错了的特例，并提供给军方进行评测。后来，这个做法成为以色列的 Intelligence reforms（情报改革）法则，被译为"第十人理论"。

知道，在政治生活中的一致同意很少出现，所以一个合理的民主宪政体制必须包含多数决或其他投票程序，以达成决定。"①在争议陷入僵局时，为了社会的持续运作，人们必须暂时搁置争议，以获得最多数人支持的政治正义观来做最后的政策决定。的确，透过投票来决定政策不能让所有人都觉得满意，但我们必须承认，事实上没有任何政策能够满足所有人的想法，当争议双方诉诸的不同政治正义观陷入僵局之际，投票将是最能让人接受的方式。不过，投票行为也需要符合公共理性要求。②也就是说，所有公民都必须真诚地依照他认为最合理的公共理性形式来投票。民主多数决被要求奠基在公共理性的理想之上：公民必须把选票投给他们认为最合理的政治正义观，而不能诉诸个人或团体利益的考量。

在政党论坛中，在通过充分的民主讨论也无法取得共识的情况下，为了避免影响党内意志统一和行动一致，防止陷入党内无休止争论，按照"少数服从多数"的原则进行表决，把党内"多数人"的意见确认为代表全体党员意见的党内决策。党内决策一旦形成，全体党员都必须无条件服从并贯彻执行。这是保障投票结果效力，走出协商僵局的必然选择。

鉴于上述，在动态、多元的开放社会，借助公共理性概念，追求政党议事正当性证成，极有必要。为此，通过公共身份和立场避免了决策者的个人性；通过公共理性、公开性避免了强权决策；通过有限公开避免了群众理性；通过多数决走出开放性带来的论证僵局。政党决策程序应该坚持四项原则。第一，强调人民的主体地位。在议事决

---

① Rawls, *The Law of Peoples:The Idea of Public Reason Revisited*. Harvard University Press.1999, p.613.

② 罗尔斯强调，正如同法官必须根据判例、被认可的法令诠释以及其他相关根据，而不能诉诸个人观点来判案一样，当宪法根本要素和基本正义问题的讨论陷入僵局时，公民也必须根据公共理性来做推论。(See Rawls, *The Law of Peoples:The Idea of Public Reason Revisited*. Harvard University Press.1999,p.605)

策过程中，政党决策要接受群众意见的制约，因为人民群众也是政党决策的主体，每个人都拥有一些政治权利，政党必须要尊重这些权利。政党必须要考虑到社会上大多数人的利益、权利与意见。第二，强调政党论坛的公开性。政党向社会公开决策过程可以让更多人参与决策的进行，因此有更多的社会信息会被考虑到，政党政策可以受到更多批评性的评估，群众的需求有更多机会被听见，各种不同意见有更多机会被提出来讨论；当然，政党的道德理念与价值观也因有更多机会接受公民的检视与评价而获得提升。第三，强调公共理性。政党论坛倾向于使人们为支持与维护自己的权利与利益而站出来，说话与发声；当然，个人被鼓励要谨慎与理性地思考，这些理性意见将透过政党论坛影响到整个社会的利益。第四，强调基于平等的相互性。公民参与决策时，必须倾听他人的意见，也被要求为自己的意见与立场提出理据与理由，因此被迫要部分地站在他人的立场与利益为他人设想。只有当人们处在这样的处境时，人们就会真正为公共利益与正义来思考与设想。

政党议事决策过程是复合开放的公共理性。所谓复合公共理性，即社会成员在不同论坛，适用公共理性，寻求共识，经历三重公共理性。第一重公共理性，即"从群众中来"的公共理性，政党深入群众，广泛听取群众意见，这些意见不是简单民意，而是群众论坛适用公共理性而达成的共识，为政党决策提供材料；第二重公共理性，即在听取群众意见的基础上，政党论坛适用公共理性，寻求共识；第三重公共理性，即政党决策后依据法律程序，付诸国家代议民主论坛，通过适用公共理性来寻求共识，出台国家公共政策。这三重公共理性是一个链条，相互联结，相互制约。这个三重公共理性论证并未就此结束，而是在实践过程中，再次对群众的意见或分歧作出回应，启动再一轮的群众论坛、政党论坛与国家论坛的公共理性证成。这个过程循环往复，以至无穷。在这个过程中，为了防止政党理性专制，复合开放的公共理性要求政党必须坚持民主和法治，即通过人民民主来启动公共理性过程，通过政党论坛来予以公共理性证成，通过国家代议民主来予以法律正当性证成，通过法治程序来限制和规范群众论坛、政党论坛和代议民主论坛的行为。唯其如此，政党才能恪守公共理性，寻求政治的共识，为公共决策提供正当性证成。

第六章　党规的纪律基础

哪里有权力，哪里就有反抗；哪里有制度，哪里就有越轨行为。党规的效力不仅依赖于党员的自觉遵守，也离不开纪律的强力保障。所以，政党纪律是一个普遍的政治现象。厘清政党纪律治理的逻辑，对于了解党规乃至于政党生活，意义非凡。

一、纪律的意义

（一）现代现象

在现代社会，纪律无处不在，如企业纪律、军队纪律、政党纪律。纪律是一种行为规范，更是一种为了实现功利目的而对人的身体加以规训的方法。按照高斯基（Gorski），现代纪律可以追溯至宗教戒律以及宗教精英的宣扬。[1] 欧洲近代宗教改革开启了纪律化进程，这大大增强了早期现代国家的力量。高斯基认为，如同工业革命，纪律革命转变了生产的物质和技术基础，它创造了生产社会和政治秩序

---

[1]　See Gorski, Philip S. , *The Disciplinary Revolution: Calvinism and the Rise of the State in Early Modern Europe*. Chicago, IL. The University of Chicago Press, 2003, pp.25-26.

的新机制。在他看来，如同蒸汽引擎对现代经济的影响，纪律对现代政体影响甚大。①

　　马克思早就发现纪律对于现代社会的意义。在马克思看来，资本主义之所以能够在欧洲兴起，有一个重要原因，就是欧洲近代工业资本主义早期所建构的纪律机制，也就是企业管理、监视机制。在 1847 年《哲学的贫困》中，马克思发现，现代化大生产的"困难主要在于培养必要的纪律，使人们抛弃毫无次序的工作习惯"。② 相比较于自由散漫的传统农业生产方式，作为一种新的生产机制，工厂的秩序和管理何以可能？答案不仅在于出现新的机器技术，还在于出现了一种崭新的政治合作技术——纪律。马克思引用尤尔博士的话写道，"工厂制度的原理就在于机器劳动排斥手工劳动，以及操作分解为各个组成部分以代替手工业者间的分工"。③ 当机器劳动代替手工劳动，当操作被分解开来，工厂内的资本家和工人如何协调合作，工人与工人如何协调合作，人与机器如何协调合作？答案在于纪律。按照马克思，企业纪律的意义在于协作带来的"生产力"。④为了强调企业纪律的意义，马克思甚至以军队为例来说明纪律的功

---

① See Gorski, Philip S. , *The Disciplinary Revolution: Ca lvinism and the Rise of the State in Early Modern Europe*. Chicago, IL. The University of Chicago Press, 2003, p. XVI.

② 尤尔博士说道："在阿克莱以前很久，淮亚特发明了纺纱机械（一列沟槽罗拉）……主要的困难并不在于自动装置的发明……困难主要在于培养必要的纪律，使人们抛弃毫无次序的工作习惯，帮助他们和自动的大机器的始终如一的规律性运转融为一体。但是要发明一个适合机器体系的需要和速度的工厂纪律法典并付诸实施，是一件非常吃力的事情，这是阿克莱的高贵成就。"（《马克思恩格斯全集》第 4 卷，人民出版社 1958 年版，第 169—170 页）

③ 《马克思恩格斯全集》第 4 卷，人民出版社 1958 年版，第 170 页。

④ "和同样数量的单干的个人工作日的总和比较起来，结合工作日可以生产更多的使用价值，因为可以减少生产一定效用所必要的劳动时间。……这种生产力是由协作本身产生的。劳动者在有计划地同别人共同工作中，摆脱了他的个人局限，并发挥出他的种属能力。"（马克思：《资本论》第 1 卷，人民出版社 2004 年版，第 382 页）福柯在阐述纪律意义的时候，也引用了这段话。（参见福柯：《规训与惩罚》，刘北成等译，三联书店 1999 年版，第 184 页）

能，① 并强调纪律在劳动分工与军事战术问题上的相似性。② 可见，纪律是建构工业资本主义制度的重要工具。只有对人口进行有效的规训与监视，资本才能从人的积累和市场的扩大中受益，如果不把身体有计划地投入生产过程，如果不对人口进行有利于经济效率的规训，资本主义的发展是不可能的。

恩格斯探讨了纪律对于现代军队的意义。在 1857 年为《美国新百科全书》所写的"军队"条目中，恩格斯提到摩里茨发明的"齐射"战术。③ 由于"齐射"战术需要士兵们一致行动才可能发挥其效果，因而若无严明的纪律，"齐射"战术是不可能实现的。中世纪骑士军队以追求荣誉、个人英勇和对领主忠诚为美德，现代军队则以服从命令、遵守纪律、集体感、合作精神、标准化、等级制等作为行为方式和价值观念。因为此种训练的需要，最终导致常备军在欧洲的

---

① "一个骑兵连的进攻力量或一个步兵团的抵抗力量，与每个骑兵分散展开的进攻力量的总和或每个步兵分散展开的抵抗力量的总和有本质的差别，同样，单个劳动者的力量的机械总和，与许多人手同时共同完成同一不可分割的操作所发挥的社会力量有本质的差别。……这里的问题不仅是通过协作提高了个人生产力，而且是创造了一种生产力，这种生产力本身必然是集体力。"（马克思：《资本论》第 1 卷，人民出版社 2004 年版，第 378 页）福柯在阐述纪律意义的时候，也引用了这段话。(参见福柯：《规训与惩罚》，刘北成等译，三联书店 1999 年版，第 184 页)

② 马克思在读完《军队》而给恩格斯的信中指出，"军队的历史比任何东西都更加清楚地表明，我们对生产力和社会关系之间的联系的看法是正确的"。（《马克思恩格斯选集》第 4 卷，人民出版社 1995 年版，第 335 页）

③ "拿骚的摩里茨编写了近代第一部操典，从而为整个军队的统一训练奠定了基础。步兵又重新开始操练步伐了；他们已经变得更整齐划一和紧密了。这时他们被编为较小的单位：过去每一连有 400—500 人，这时减少到 150—200 人，并且 10 个连编成一个团。改良的火枪排挤了长矛；整个步兵有三分之一是火枪手，和长矛手混编在一个连内。长矛手只有在白刃格斗中才需要，他们仍然保留了头盔、胸甲和铁护手，火枪手则没有任何护身器具。长矛手通常排为两列，火枪手排为 5—8 列；第一列齐射后即后退，重新装弹。"（《马克思恩格斯全集》第 14 卷，人民出版社 1964 年版，第 31 页）

出现。① 在《反杜林论》中，恩格斯引用拿破仑的话阐述军队纪律的意义，认为骑术不精但有纪律的骑兵会战胜最善于单个格斗但没有纪律的骑兵。②1860 年至 1862 年，恩格斯在为《朗卡郡和柴郡志愿兵杂志》和《军事总汇报》撰写的一系列关于英国志愿兵运动的评论文章中，强调军队的战斗力来自纪律。恩格斯引用麦克默多的话，"我用'纪律'这个词，并不是指纠正不良行为的；我说的纪律，是指成了习惯的团结一致，即旨在实现一定目的的那种精神和肉体的结合，——这种精神和肉体的结合使一切作为一个整体来行动，使一个连、一个营或一个旅的行动就像一部机器一样。"③ 恩格斯对此表示"完全赞同"。④ 在恩格斯看来，军队之所以需要纪律，还因为"对规定方式的任何违反，都必然会使秩序受到一些破坏，不够整齐，不够正常，这不但给参观者一种马虎从事的印象，而且也意味着浪费了一定的时间，同时还使志愿兵以为条令上的各条规定不过是瞎扯"。⑤

　　可见，纪律是一个现代现象。由于现代化大生产离不开各种技

---

① 参见许二斌：《变动社会中的军事革命》，黑龙江人民出版社 2008 年版，第 103—119 页。

② "拿破仑描写过骑术不精但有纪律的法国骑兵和当时无疑地最善于单个格斗但没有纪律的骑兵——马木留克兵之间的战斗，他写道：两个马木留克兵绝对能打赢三个法国兵，一百个法国兵与一百个马木留克兵势均力敌，三百个法国兵大都能战胜三百个马木留克兵，而一千个法国兵则总能打败一千五百个马木留克兵。"（《马克思恩格斯选集》第 3 卷，人民出版社 1995 年版，第 168 页）

③ 恩格斯引用英国上校麦克默多的话："假如这个平原被敌人炮兵火力扫射，假如你们快渴死了，假如你们的伙伴在你们身旁纷纷倒下，假如你们突然在烟尘滚滚中感到你们脚下的土地由于敌人骑兵的强大攻击而震动，情况又会怎样呢？你们想一想吧，年轻的部队在这种情况下是很容易不稳定的。怎样才能克服这一切呢？靠纪律，只有靠纪律。"（《马克思恩格斯全集》第 15 卷，人民出版社 1963 年版，第 286 页）

④ 《马克思恩格斯全集》第 15 卷，人民出版社 1963 年版，第 285 页。

⑤ 《马克思恩格斯全集》第 15 卷，人民出版社 1963 年版，第 291 页。

术，特别是时钟技术。① 时钟技术的问世和应用促生了崭新的生产体系——一个仰赖纪律的生产体系。时钟使纪律成为可能。时钟不仅可以告诉人们时间，也可以协调人的行动。有了时钟，时间的精确化、客观化成为可能，量化时间成为可能，纪律才成为可能。

（二）纪律的功能

在现代社会，纪律的意义在于，通过人与人、人与工具的协作，提高组织运转的效率。因此，纪律的功能不仅在于减损，也在于增益。首先，纪律的底线功能是"消除危险"，塑造秩序。当众多人口聚集于一个组织，不论是学校、军队、企业，还是政党，必然带来秩序问题。欲防止失序，则需要纪律。所以，福柯说："最初，纪律用于消除危险，束缚无用的或躁动的居民，避免大规模聚会造成的烦扰"。② 其次，纪律的高线功能是发挥每个人的潜能，提高组织效率。对于军队来说，纪律不仅仅是为了防止逃兵、不执行命令等现象，而且是为了把军队打造成一个统一体，增强每个人的技能，协调人与人的技能运用，提高军队战斗力。对于工厂来说，纪律不仅是为了防止盗窃和企业财产损失，而且是为了提高各种能力、速度、产量，从而增加利润。③ 所以，福柯认为，纪律的目标是"建造一种机制，应能通过其各基本构成因素的协调组合而达到最大效果"，纪律"强化对

---

① 芒福德认为，现代工业时代的关键不是蒸汽机，而是13世纪开始发展的机械时钟。芒福德：《技术与文明》，陈允明等译，中国建筑工业出版社2010年版，第14—15页。虽然发电机在资本主义诞生之前就已经存在，但正是时钟的发明，才使之能够系统地建立起一个崭新的生产体系。因为时钟"是一种新型的发电机，这种发电机确保电力资源及其分配，能以均匀的能源流入所有的工厂，并且使生产的规范化和产品的标准化成为可能"。（吉登斯：《历史唯物主义的当代批判：权力、财产与国家》，郭忠华译，上海译文出版社2010年版，第136页）

② 福柯：《规训与惩罚》，刘北成等译，三联书店1999年版，第236页。

③ 福柯：《规训与惩罚》，刘北成等译，三联书店1999年版，第237、184页。

每个人的利用"，①"纪律越来越成为造就有用人才的技术"，纪律是确保对人类复杂群体进行"治理的技巧"。②

政党纪律是一种通过对党员的身体运作加以精心控制，使之驯顺以达到政党一致性目的的方法。政党纪律旨在保证作为个人的党员在即使并不认同政党决定的情形下，也要行动一致，而不能违背政党的意志自行其是，或者避免党员行为破坏政党的形象而给政党造成损害。政党纪律的意义在于两个方面，一是防止随意背离政党、分裂政党、对政党不忠诚等伤害政党的行为，确保政党的生存和秩序；二是发挥每个党员的能力，把党员团结起来，把政党的战斗力最大化，以实现政党的政治任务。

世界各国政党都有自己的纪律，但纪律的内容或者说严格程度并不相同。政党纪律的内容取决于政党扮演的角色。就西方政党而言，在竞争性选举背景下，政党行为的一致性往往通过在议会中的投票体现出来。西方政党将本党议员贯彻落实党的意志，看成是党内纪律的重点内容。如葡萄牙社会党规定："社会党议会党团和代表党组的成员在议会或其他政府部门表决时得服从党的投票的纪律。"西班牙工人社会党的党章规定："在所有情形下，本党联邦议会党团的成员皆得受行动一致和投票纪律的约束。"③听从政党领袖的指令，保证本党提出的政策、纲领、方案在议会中通过，或者步调一致地反对政治对手的议案，都是党纪的重要内容。西方政党纪律的主要目的在于保证政党在议会投票过程中行动一致。

相较于西方政党，无产阶级政党扮演的革命先锋党角色需要严格的纪律。需要指出的是，马克思没有发展出一套政党纪律理论。因为马克思所处的历史时期，正是政党政治刚刚萌芽起步的历史阶段，所

---

① 福柯：《规训与惩罚》，刘北成等译，三联书店1999年版，第236页。

② 福柯：《规训与惩罚》，刘北成等译，三联书店1999年版，第244页。

③ 李军、朱昔群主编：《世界主要政党规制制度文献：葡萄牙、西班牙》，中央编译出版社2015年版，第147、287页。

以马克思不可能预见到其后的第二国际时代的政党政治，也不可能想象列宁式的先锋政党。经过了 20 世纪 80、90 年代第二国际的政党政治，列宁发展出一套系统的政党纪律理论。列宁领导的布尔什维克是革命先锋党，以"民主集中制"为组织方式，追求铁的政党纪律。

首先，作为革命先锋队，无产阶级政党需要严格的纪律。无产阶级政党之所以扮演革命先锋队角色，有两个原因。一者，无产阶级专政需要革命先锋队。在《国家与革命》里，列宁将无产阶级专政诠释为是在革命先锋队正确的领导、专政之下的一种直接民主模式。为了彻底摧毁布尔乔亚的民主制度与国家机器，列宁认为革命分子必须在旧制度之外建立另一个新的权力中心，后者采取由下而上的直接民主方式，但必须由革命先锋队所领导。二者，工人阶级需要革命先锋队。在 1902 年的《怎么办》里，列宁指出，工人阶级的自发意识往往为"布尔乔亚意识形态"所污染，是不可靠的，是不能信赖的。因此，坚持科学真理也就是社会主义意识形态的革命先锋党是有必要的。在"布尔乔亚"与"社会主义"意识形态之间，没有第三者选项，所以，凡是不信任社会主义的人都受到了布尔乔亚意识形态的污染，都是革命先锋队进行思想改造和统战的对象。① 既然无产阶级政党扮演革命先锋队角色，那么无产阶级政党在思想和组织上的先进性、纯洁性就需要严格的纪律予以保障。特别是在无产阶级政党执政的情况下，只有实行和保持严格的纪律，才能防止各种有害的分子混入执政党里来。

其次，无产阶级政党的团结统一需要严格的纪律。政党的凝聚力和战斗力来自组织一致性。政党的各个组织和全体党员必须同党中央在政治上保持高度的一致，并且坚决服从和执行党的路线、方针和政策。列宁认为，任何派别活动都具有很强的危害性，它不仅会分散党齐心协力工作的精力，而且还会给混进党内的敌人加紧分裂党的活动

---

① 参见陈宜中：《从列宁到马克思：论马克思的共产思想及其与列宁的关联性》，《政治与社会哲学评论》2002 年第 2 期。

以可乘之机，从而达成否定和反对党的领导的目的。① 为了保证政党的一致性，任何政党都要追求纪律性。政党纪律是执行政党的路线、方针、政策和决议，维护政党的团结统一，提高政党战斗力的重要保证。作为革命先锋队，无产阶级政党通过纪律建设，实现政党的一致性、纯洁性、先进性。

最后，革命环境下无产阶级政党的生存需要严格的纪律。在革命环境下的政党，为了生存和发展，必须要遵守严格的纪律。毛泽东总结巴黎公社失败的教训，其中之一就是"没有一个统一的集中的有纪律的党作指挥——我们欲革命成功，必须势力集中行动一致，所以有赖于一个有组织有纪律的党来发号施令"。② 列宁也指出："不加强和发展革命的纪律、组织和秘密活动，就不可能同政府进行斗争。"③ 严格的纪律是同非无产阶级思想斗争的有力武器。在列宁看来，党内机会主义派和革命派在组织问题上的分歧，主要在于"是彻底实行组织原则，还是崇尚涣散状态和无政府状态"，④ 具体来说，是"自治制同集中制的冲突，民主主义同'官僚主义'的冲突，削弱组织和纪律严格性的倾向同加强组织和纪律严格性的倾向的冲突"。⑤ 所以，无产阶级政党只有成为具有严密组织性和严格纪律的组织，才能具有强大的凝聚力和战斗力。

二、纪律治理技术

政党纪律是一套治理技巧，治理的对象是党员的身体。作用于党

---

① 参见《列宁专题文集：论无产阶级政党》，人民出版社 2009 年版，第 295 页。
② 《毛泽东文集》第一卷，人民出版社 1993 年版，第 35 页。
③ 《列宁专题文集：论无产阶级政党》，人民出版社 2009 年版，第 44 页。
④ 《列宁专题文集：论无产阶级政党》，人民出版社 2009 年版，第 104 页。
⑤ 《列宁专题文集：论无产阶级政党》，人民出版社 2009 年版，第 145 页。

员身体的纪律不是强制力，也不是意识形态的控制，而是种种身体的规训技术和策略。这些策略包括规范化、监视、检查和惩罚。

（一）规范化

按照福柯，规范化评判（normalizing judgement）是指在监狱中有一套训练与惩罚的标准。依据这个标准，来裁量、比较、区分、排列犯人在监狱场域的位置。[①] 政党的规范化是指政党对党员有一套行为和奖惩标准，这个标准的目的在于为党员行为提供规范。规范贯穿于政党纪律之中。政党规范化可以产生两种效果：一是可以判断出未有达到规范要求的人；二是通过奖励与惩罚来引导党员的行为，使纪律影响到每个党员。可见，政党纪律的规范化是经由惩罚制度，审视政党成员的行动，并对其予以评判，以造就党内规范化的力量。规范化不仅强化整个政党的纪律机制，也使党员的行动被限定在规范化标准内，为党员提供行动指南。

第一，政党规范化是一套关于党员的微观处罚制度。之所以说是"微观处罚制度"，是因为规范化关注行动细节，关注微不足道的小事。[②] 通过对小事规范化并对不规范行为予以回应，使越轨者认识到自己的过错。为了把党员行为置于政党纪律的评判之下，政党纪律的建构首先是设立行为规范。所以，我们看到，政党对党员的行为细节均做了规范化要求。比如，《中国共产党纪律处分条例》对党员行为做了具体而广泛的规定，包括政治纪律、组织纪律、廉洁纪律、群众

---

① 参见福柯：《规训与惩罚》，刘北成等译，三联书店 1999 年版，第 201—208 页。

② 福柯就发现，"工厂、学校、军队都实行一整套微观处罚制度，其中涉及时间（迟到、缺席、中断）、活动（心不在焉、疏忽、缺乏热情）、行为（失礼、不服从）、言语（聊天、傲慢）、肉体（"不正确的"姿势、不规范的体态、不整洁）、性（不道德、不庄重）"。（福柯：《规训与惩罚》，刘北成等译，三联书店 1999 年版，第 201—202 页）

纪律、工作纪律和生活纪律。欧洲国家政党对党员行为也作了规范化要求，涉及在思想和行为方面忠诚于党的纲领、路线和章程；服从党的组织领导，包括不得拒绝接受党组织所指派的任务，按照党的统一规定参与政治活动，以及不得从事党所禁止的一些活动；遵守党的规则；宣传党的理论和纲领；遵守党在财政方面的规定。

第二，政党纪律规范化是一个等级分配体系。"按等级分配具有两个作用：一是标示出差距，划分出品质、技巧和能力的等级；二是惩罚和奖励。"[1] 在政党中，制定一套复杂的等级体系，体现在党员行为标准的评判上，如优秀党员、合格党员、违纪党员等；也体现在党员职务评判上，如党组织负责人、一般党务人员；还体现在党内身份上，如普通党员、党员代表、党员领导干部。对于党员违反规范的行为，政党设定一个等级处理体系，实行等级处理，如诫勉谈话、组织处理和纪律惩罚。组织处理包括批评教育、通报批评、调离、降职、责令辞职、免职等形式。纪律惩罚包括警告、严重警告、撤销党内职务、留党察看、开除党籍。

第三，政党纪律规范化是一个奖惩二元机制。规范化既依赖惩罚，也依赖奖励。"惩罚仅仅是奖—罚二元体制的一个因素"，[2]"这种二元机制使得规训处罚具有某些特殊的做法。首先，关于行为和表现的定义是基于善与恶这对立的两个价值。……其次，对这个领域进行量化，并据此制定一种计算方法……通过对行为进行精确评估，纪律就能'实事求是'地裁决每个人"。[3] 在规范化条件下，纪律惩罚的理由是不规范。所谓"不规范"，即"不符合准则、偏离准则"。[4] 通过规范化，政党设计一套人为的秩序，由规范予以明确规定。对不规

---

[1]　福柯：《规训与惩罚》，刘北成等译，三联书店 1999 年版，第 204 页。

[2]　福柯：《规训与惩罚》，刘北成等译，三联书店 1999 年版，第 203 页。

[3]　福柯：《规训与惩罚》，刘北成等译，三联书店 1999 年版，第 203—204 页。

[4]　"规训处罚所特有的一个惩罚理由是不规范，即不符合准则、偏离准则。"（福柯：《规训与处罚》，刘北成等译，三联书店 1999 年版，第 202 页）

范行为的惩罚，则旨在维持政党秩序。

第四，政党纪律规范化具有矫正功能。对违反规范行为的惩罚，有报复功能，也有矫正功能。"规训惩罚基本上与义务属于同一类型。它与其说是一种被践踏的法律的报复，不如说是对该法律的重申，而且是加倍地重申，以至于它可能产生的矫正效应不仅包括附带的赎罪和忏悔。"① 政党纪律惩罚不仅在于强调规范的权威，而且旨在"惩前毖后，治病救人"。正如毛泽东所说，"我们揭发错误、批判缺点的目的，好像医生治病一样，完全是为了救人，而不是为了把人整死。"② 纪律规范化目的是要把犯错误的党员拉回到正确的轨道。

第五，政党纪律规范化有助于养成政党传统。规范不仅明确和指引人的行动，而且会有助于身体习性的养成。按照布迪厄，身体习性的养成有赖于规范化和制度化。③ 随着规范化，身体习性受到越来越完备的制度的塑造，使事物得以建立明确的规范性。这种规范性表现为语言修辞的规范性或者规则的规范性。政党纪律的规范性表现为一系列的具体明确的规则。通过规范化，政党得以展示自身的生命力，党员融入其中，形成政党的传统。当然，规范化也离不开习性。④ 政党的纪律建设离不开党员的身体习性。纪律的力量来自党员的自觉遵守，把遵守纪律作为一种身体习惯，这样，纪律才能得以充分实现。

---

① 福柯：《规训与惩罚》，刘北成等译，三联书店 1999 年版，第 203 页。

② 《毛泽东选集》第三卷，人民出版社 1991 年版，第 828 页。

③ "习性能使行为人生活于制度之中，在实践中占有制度，从而使制度保持活力、生机和效力，不断地使它们摆脱无效和衰竭状态，通过方法是使得被弃于其中的意义复活，方法是对制度加以修正和改变，因为修正和改变是重新活化之补偿和条件。"（布迪厄：《实践感》，蒋梓骅译，译林出版社 2012 年版，第 87—88 页）

④ 布迪厄指出："习性更是制度借以得到充分实现的东西……制度，即使涉及到经济，若要变得完备和完全可行，就必须在事物中，也就是在一个特定场的超越特定行为人的逻辑中被持久地客观化，此外还必须在身体中，也就是在趋向于承认和实施这个场的内在要求的持久行为倾向中被持久地客观化。"（布迪厄：《实践感》，蒋梓骅译，译林出版社 2012 年版，第 88 页）

（二）监视

政党纪律的实现离不开监视。"纪律的实施必须有一种借助监视（observation）而实行强制的机制。"[1] 按照高斯基，纪律革命的核心技术是监视，即自我监视、相互监视、层级监视的技术。监视技术使得人类灵魂的能量有可能被释放出来，利用它们来达到政治权力和支配的目的。[2] 监视不仅仅是一个纪律规训机制，也是一个决定性的政党政治活动因素，是保障政党凝聚力和战斗力的一个重要保障机制。

第一，政党是一个监视机构。在政党内部，党员和各级组织数量庞大，任务繁重，需要一套监视体系。政党监视体系呈现金字塔结构，有中心点，有中继站，在这个体系内，一切都一目了然。"完美的规训机构应能使一切都一目了然。中心点应该既是照亮一切的光源，又是一切需要被了解的事情的汇聚点，应该是一只洞察一切的眼睛，又是一个所有的目光都转向这里的中心"。[3] 规训机构需要中继站。"金字塔形能够比环形更有效地满足两个要求。一是能够完整地形成一个不间断的网络，从而能够增加层次，并把各层次散布在需要监视的整个平面上。二是结构合理，不会将一种惰性力量压在需要规训的活动上，不会成为这种活动的制动器或障碍"。[4] 政党监视体系包括不同层级之间的监视，如上级对下级的监视和下级对上级的监视；也包括层级平面监视，如在各个层级平面上设立专门监督机构和党员相互之间的监视；还包括外部社会监视，即外部社会对政党成员的监视。

第二，政党纪律监视是层级监视。根据福柯，层级监视（hierarchical observation）是一种复杂、匿名性质的权力网络系统。层级监视

---

[1] 福柯：《规训与惩罚》，刘北成等译，三联书店 1999 年版，第 194 页。

[2] See Gorski , Philip S. , The Disciplinary Revolution: Calvinism and the Rise of the State in Early Modern Europe. Chicago , IL . The University of Chicago Press , 2003, p.XVI.

[3] 福柯：《规训与惩罚》，刘北成等译，三联书店 1999 年版，第 197 页。

[4] 福柯：《规训与惩罚》，刘北成等译，三联书店 1999 年版，第 197 页。

是一种无所不在的、持续的、全方位的、切实有效的监督。层级监视如同前述金字塔般结构，监视权力交错纵横，无处不在，它们体现在军营、学校、医院等规训机构的建筑设计中，特别是监狱的全景敞视建筑。① 时至今日，全景敞视机制无处不在，如日常管理中面部识别器、录像监视器、指纹扫描器的应用；政治生活中的民主制度则是以实现对全民全面性规训作为代价，将整个社会置入全景敞视机制之中，致使每个人都置身在被监视而无所遁逃的情况中。在政党生活中，党员亦陷入全景敞视监视中，这种监视来自党内专门监督机构，也来自党员之间相互监视，也有不同等级之间的相互监视，还有来自党外的社会监视。

第三，政党纪律监视是弥散监视。依据福柯，权力并非由某人掌握，也不是置于社会结构的特定位置。他认为，权力是一种关系。权力不是都包含在一个宰制与被宰制，统治与被统治之间的公式里。② 纪律是把人们置于权力关系的策略性力量。纪律是一种策略，不是某种支配性权力。纪律监视权力是"由下而上"的"上升权力"，完全不同于传统"由上而下"的"下降权力"。上升权力不同于下降权力，后者蕴含少数特权者可以独占实质权力，进而使用监督机制来控制党内一切。在政党生活中，民主纪律监视是"上升权力"，寡头纪律监视是"下降权力"。上升权力是整体政党权力关系的结果，并非实质权力，也无法被垄断和独占。上升权力是从最低层次逐渐转向中心汇聚成全党监视机制，下降权力则是从权力中心向四面八方推进其影响和控制。所以，政党纪律监视是弥散监视，不是专门的集中监视。因此，现代政党监督权力是由下而上的监督权力，并不是哪一个阶层或者机关蓄意控制的手段，而是政党内部多种权力关系相互作用。政党纪律的监视主要依赖于党员之间、政党组织和党员之间、政党组织之

---

① 参见福柯：《规训与惩罚》，刘北成等译，三联书店 1999 年版，第 201 页。

② See Foucault, The eye of Power. In Colin Gordon (ed.) Power/Knowledge: Selected Interviews and Other Writings 1972-1977, The Harvester Press Limited. 1980, pp.100-101.

间的相互权力关系，如群众监督、党员监督；其次才辅助于党内专门的监督权力，如上级监督或者专门机关监督。如果一个政党诉诸于专门的集中监督，则不能有效实现身体规训和心灵规训，而且可能造成权力集中和垄断。所以政党纪律监视应该关注政党日常生活中的监视，比如，政党内部的集体活动、党的代表大会等。这不是说政党权力结构不重要，而是说在权力关系网络中，权力是无处不在的。一个党员对于纪律规训的自愿服从和自我检查批评，才说明其身体与心灵被纪律全面而彻底的控制。在弥散监视之下，监督无处不在，任何人，包括监督人员，都接受着监督；同时，监督过犹不及，不能压制政党活动，过分监督使得政党分崩离析，不能发挥战斗力，那就本末倒置。纪律"这种关系权力是自我维系的。它用不间断的精心策划的监督取代了公共事件的展示"。[1] 因此，政党监督应该基本上是在沉默中发挥作用。

（三）检查

检查是综合性的纪律实现方法。检查"把层级监视的技术与规范化裁决的技术结合起来"，[2] 是对某种权力关系的"强行介入"。[3] 政党纪律检查的方式包括纪律检查、考核、文字管理、报告、调查、谈话等。

一是纪律检查。政党纪律检查将规范化、监视与惩罚的技术结合起来，一方面，用监督的技巧将党员纳入监督关系从而受到控制与改变；另一方面，通过党内纪律惩罚机制，依据纪律和程序，对违纪行为作出裁决和惩罚。在政党中，党的纪律检查机关就是不断对党员的遵纪情况进行检查，进而对违纪行为予以惩罚。

---

① 福柯:《规训与惩罚》，刘北成等译，三联书店 1999 年版，第 200 页。

② 福柯:《规训与惩罚》，刘北成等译，三联书店 1999 年版，第 208 页。

③ 福柯:《规训与惩罚》，刘北成等译，三联书店 1999 年版，第 208 页。

二是考核。定期检查考核制度旨在通过对党员干部履行职责情况进行考核，可以有效把党员和各级党组织置于监视之下，并依据一定标准对其行为作出评判。"正是被规训的人经常被看见和能够被随时看见这一事实，使他们总是处于受支配地位。"①党员干部考核包括平时考核、年度考核、专项考核、任期考核4种方式。

三是文字管理。政党各种形式的检查最终都会转换成文字，形成文字"痕迹主义"，如调查处理违纪案件的档案材料，各种书面报告。如福柯所说，"检查留下一大批按人头、按时间汇集的详细档案。检查不仅使人置于监视领域，也使人置于书写的网络中。它使人们陷入一大批文件中。这些文件俘获了人们，限定了人们。检查的程序总是同时伴有一个集中登记和文件汇集的制度"。②在现代社会，"书写权力"成为纪律规训机制的组成部分。③不仅如此，从学生的成绩单到每个党员的个人档案、事项报告，成为检查的载体。按照福柯，"规训方法颠倒了这种关系，降低了可描述个性的标准，并从这种描述中造就了一种控制手段和一种支配方法。描述不再是供未来回忆的纪念碑，而是供不备之需的文件"。④

四是日常检查。以政党基层组织为平台，通过党员大会、党小组会和上党课、组织生活会、民主评议党员、个人自评、党员互评、民主测评制度，对党员日常表现情况进行检查。

（四）惩罚

惩罚是建构政党纪律的基本方法之一。在纪律治理的过程中，难免遇到违纪问题。一个政党没有违纪行为，是难以想象的。按照福柯，

---

① 福柯：《规训与惩罚》，刘北成等译，三联书店1999年版，第211页。
② 福柯：《规训与惩罚》，刘北成等译，三联书店1999年版，第212—213页。
③ 福柯：《规训与惩罚》，刘北成等译，三联书店1999年版，第213页。
④ 福柯：《规训与惩罚》，刘北成等译，三联书店1999年版，第215页。

"要了解正常是什么，应从不正常来着手"，"有权力就有反抗。反抗从来不是在权力关系的外部，而总是在权力关系的内部，没有外在于权力的反抗，权力是无法脱离反抗的，哪里有权力，哪里就有反抗"。[1]同样，在政党内部，有政党权力，就有对政党权力的反抗；有纪律，就有违纪。反之亦然，没有反抗，就不能证明权力的权威；没有违纪，就不能证明纪律的权威。反抗是权力关系存在的具体表现。违纪是一种"催化剂"，藉由违纪行为可使政党权力关系浮出台面，并且可藉此巩固政党纪律权力。在这个意义上，没有违纪，就没有纪律的权威。

纪律惩罚是政党团结的必要条件，政党的凝聚力需要通过对违纪行为的惩罚来实现。违纪行为不是仅仅伤害政党的行为，或者损害政党利益的行为，也是伤害政党集体情感的行为。按照涂尔干，在一个共同体内，如果没有越轨行为，惩罚就无从谈起，集体情感的加强也就成为不可能，"社会团结的纽带松懈了"[2]。违纪是严重侵犯一个政党集体情感的行为。正是因为违纪行为侵犯了政党集体情感，就引发了政党的惩罚性反应。在一个政党内，党员分享共同的道德情感或者政治信仰，要通过包括惩罚在内的各种方法来保证这些情感。违纪行为伤害了这些情感。通过对违纪的惩罚可以加强政党团结，维护政党集体情感。

纪律惩罚可以防止政党权威崩溃。纪律惩罚虽然不会造就政党权威，但会维持政党权威。一个秩序一旦确立，惩罚能确保这个秩序不会因为个人的侵犯行为而崩溃。如涂尔干所说："为纪律赋予权威的，并不是惩罚；而防止纪律丧失权威的，却是惩罚，如果允许违规行为不受惩罚，那么纪律的权威就会逐渐为违规行为所侵蚀。"[3]惩罚的作用就是展示权威的力量。在这个意义上，对违反纪律行为必须予以惩罚不是因为该行为所造成的伤害，而是通过惩罚表明该行为破坏了秩

---

[1]　Foucault,*The History of Sexuality*, London:Penguin.1978, p.95.

[2]　涂尔干：《社会分工论》，渠东译，三联书店 2000 年版，第 70 页。

[3]　涂尔干：《道德教育》，陈金光等译，上海人民出版社 2001 年版，第 162 页。

序。在政党中，惩罚是维系政党凝聚力和团结的必要手段。

政党纪律要赢得党员的尊重和服从，方法之一就是强加于党员意愿之上惩罚。政党的纪律一经形成，就要严格遵守。如果违背纪律，则要受到惩罚。为了保障政党的一致性，必须严肃党纪，必须对违纪行为予以惩罚。根据沃克尔（Walker）对惩罚含义的分析，[①] 政党纪律惩罚具有以下特征：（1）纪律惩罚是一种公认的不利后果。纪律惩罚所产生的不利后果是一种客观的不利后果。纪律惩罚意味着对被惩罚者施加某种不受欢迎的东西。比如，取消某种资格带来的不便；严厉批评带来的心理痛苦；被驱逐出组织带来的痛苦。（2）纪律惩罚是由政党故意施加的，施加是有根据和理由的。惩罚必须是政党根据一定理由而为之，不是"天罚"；是"人意"而不是"天意"，也不是"随意"。政党惩罚必须依据纪律作出。(3) 在党员看来，政党享有惩罚的权利。政党的惩罚权是由党章党规确定的，党章党规为党员所认同。具体而言，党纪是政党通过民主程序予以制定或者受到党员的自愿接受。(4)惩罚的理由是某个行为（包括作为和不作为）违反了党纪。惩罚的对象是行为，不是思想，思想是不能被惩罚的。如果党纪对思想进行惩罚，这样的纪律会让绝大多数政党成员感到不舒服，不久就会寿终正寝。（5）被惩罚的党员必须是有责任能力的行为人。（6）政党施加惩罚的理由必须是正当的。政党对其惩罚行为作出正当性证成：一是对纪律作出正当性证明，例如，惩罚是为了预防违纪或者教育违纪党员；二是在具体违纪案件的审理中，政党要对惩罚作出具体的解释，说明惩罚的纪律根据和事实根据。纪律惩罚是针对个人或组织违反纪律行为作出的裁决，是政党按照一定程序，依据纪律和事实作出的裁判。根据上述特征分析，我们可以将纪律惩罚界定为：纪律惩罚是政党依据党的纪律而对违纪行为而采取的强制措施，对被惩罚者而言是一种公认的不利后果，也是对违纪行为作出的公开裁判。

---

① See Nigel Walker, *Why punish?* Oxford University Press, 1991, pp.1–2.

三、纪律治理的局限

（一）道德风险

纪律对于一个政党的维持与发展来说是必要的，但对于一个社会来说，则未必。如果一个政党走在正确的道路上，严格的纪律会造福社会；如果一个政党走在错误的道路上，其严格的纪律就会助纣为虐。

鲍曼（Bauman）对第二次世界大战期间纳粹大屠杀现象进行了思考，认为"现代文明不是大屠杀的充分条件；但毫无疑问是必要条件。没有现代文明，大屠杀是不可想象的。正是现代文明化的理性世界让大屠杀变得可以想象"；他发现，"纳粹分子集体屠杀欧洲犹太人不仅是一个工业社会的技术成就，而且也是一个官僚制度社会的组织成就"。[①] 那么，是何种力量使得普通德国人变成集体罪行的刽子手？有很多因素，但是鲍曼认为，组织纪律是其中一个重要因素。

政党纪律往往强调政党集体主义，强调为了政党集体利益而牺牲党员个人利益，强调党员对政党的忠诚和服从。服从上级、遵守纪律甚至成为党员的绝对价值。[②] 在政党内部，党员个人权利让位于服从的义务，自我牺牲成为一种德行。[③] 对一个党员来说，服从纪律、自

---

① 鲍曼：《现代性与大屠杀》，杨渝东等译，译林出版社 2002 年版，第 18 页。

② "要求服从上级的指令而排出所有其他的对行动的刺激，要求献身组织福利，这些要求由上级命令来使之明确，高于其他一切奉献和承诺。"（鲍曼：《现代性与大屠杀》，杨渝东等译，译林出版社 2002 年版，第 29 页）

③ "纪律的理想旨在与组织的完全认同——这反过来就只意味着要消除个人自己的独立特性和牺牲个人自己的利益。在组织的意识形态中，准备做这样一种极端的自我牺牲被表述为一种德行；准确地说，是被表述为注定要取缔其他所有道德需求的德行。"（鲍曼：《现代性与大屠杀》，杨渝东等译，译林出版社 2002 年版，第 29 页）

我牺牲是最高意义上的荣誉。"通过荣誉，纪律取代了道德责任。惟有组织内的规则被作为正当性的源泉和保证，现在这已经变成最高的美德，从而否定个人良知的权威性。"[1]一旦纪律取代了良知和道德判断，纪律是"技术的道德化"。[2]一旦党员把遵守纪律视为道德要求，而放弃自我道德良知判断，则政党纪律就会带来道德风险。因为严格的政党纪律可以保证政党的一致性，但不能保证政党的一致性行动符合社会福祉的要求。

鉴于纪律的道德风险，任何政党要接受社会监督，要接受国家法律的规制，以防止政党为所欲为。所以我们看到，无论是大陆法系国家的专门政党法律，还是英美法系的司法规制，都是看到了政党纪律的道德风险，强调对政党的外部监督和规制。

（二）纪律僵化

政党纪律的风险源自纪律规则本身的局限性。在一个变化的社会，政党必须适应外部环境的变化。如果缺乏这种适应性，政党就会被淘汰。过多的纪律规则会过犹不及，使得政党思维和行为僵化，丧失对外部环境的适应能力。严格的纪律会造成纪律僵化，进而影响政党的适应性。所以，纪律可以维持一个政党权威，但不能塑造一个政

---

[1] 鲍曼：《现代性与大屠杀》，杨渝东等译，译林出版社 2002 年版，第 30 页。

[2] "在权威的官僚体系内，关于道德的语言有了新的词汇。它充斥着像忠诚、义务、纪律这样的概念——全部都朝向上级。上级是道德关怀的最高目标，同时又是最高的道德权威。事实上，它们全部可归结为一点：忠诚意味着在纪律规范的限制下尽个人的义务。当它们凝聚并相互强化的时候，作为道德准则，它们的力量大到能够废止与排斥其他所有道德考虑的程度——首先就是那些与权威体系对自我再生产的倾注相左的伦理问题。"（鲍曼：《现代性与大屠杀》，杨渝东等译，译林出版社 2002 年版，第 210 页）"官僚体系的双重技艺就是伴随着否定非技术问题的道德意义，而使技术道德化。正是行动的技术而不是它的实质受到好与坏、恰当与不恰当、对与错的评价。"（鲍曼：《现代性与大屠杀》，杨渝东等译，译林出版社 2002 年版，第 210—211 页）

党的权威。为了维持政党权威而不断强化纪律，就可能造成纪律至上的僵化和专制，进而伤害政党权威。

纪律是手段，纪律也是目的。在追求严格遵守纪律的同时，不能忘记纪律的工具性、手段性。过分强调纪律的目的性价值，会适得其反。毛泽东在这个意义上深刻探讨了无产阶级政党纪律的局限性。毛泽东认为，"革命的组织形式应该服从于革命斗争的需要。如果组织形式已经与斗争的需要不相适合时，则应取消这个组织形式。"[①]在对待组织形式问题上，总的来说，毛泽东是一种矛盾态度。毛泽东对组织行为的评估是，它既对革命目标的实现起到一定作用，又威胁到革命目标的实现。[②]一方面，政党纪律是政党生存发展的不可或缺的手段；另一方面，纪律有追求稳定的倾向，而在变化的社会语境中，如果纪律不能随着环境的变迁而及时更改，则导致纪律僵化，进而导致政党缺乏适应性，纪律会成为毁掉政党的原因。对政党纪律局限性的克服，需要良好的政党组织内部机制，即党内民主。毛泽东认为，"一系列单个个人不受约束的自由以及制度本身包含的僵硬性都必须避免，为使革命保持某种持久性时，尤其需要如此。实现革命变革，需要有足够的凝聚力，它使集团内的每个成员都有可能得到改造；但与此同时，也需要有足够的自由，以便使创新的行动有可能出现。"[③]

（三）德性困境

在党员德性与政党纪律之间，存在着紧张关系。一方面，政党纪

---

① 斯塔尔：《毛泽东的政治哲学》，曹志为等译，中国人民大学出版社 2006 年版，第 102 页。

② 参见斯塔尔：《毛泽东的政治哲学》，曹志为等译，中国人民大学出版社 2006 年版，第 107 页。

③ 斯塔尔：《毛泽东的政治哲学》，曹志为等译，中国人民大学出版社 2006 年版，第 106 页。

律的实现仰赖党员的德性。政党纪律旨在保障政党行动一致性。这种一致性的理想境界是全体党员一致为人民服务。这就需要全体党员都具有高尚德性。另一方面，党员德性仰赖纪律保障。在政党生活中，德性失灵是一个客观现实。因为党员不会自发拥抱德性；即使一些党员具有德性，另一些党员也不一定具备高尚的动机。再者，一些人一时拥有德性，不一定一世拥有德性。欲获得可靠的德性，仅仅依靠教育是不够的。可靠的德性，有赖于纪律和惩罚。通过适当的纪律制裁，引导党员按照德性采取行动。因为严格的纪律制度设计的前提是假定党员都是按照理性选择模式开展行动。当然，也有的党员是自发按照德性采取行动，根本没有考虑纪律制裁。制裁仅仅是在发生背离德性的行动时才发挥作用。纪律制裁会增加人们对德性的信心。因此，纪律制裁是促进党员德性的有效方式。问题在于，严格的纪律能否保证党员葆有高尚德性。

严格的纪律意味着设立严密的制度体系，把每个党员关进制度笼子里，遍设监督机构和监督人员，并付诸于严厉的惩罚措施。在这种制度下，党员不能违纪，必须对组织诚实，要小心行事。这种严格的做法的确能够威慑潜在的违纪者，让德性不好的潜在违纪者遵纪守法。但是，这种做法的负面效应是会激怒那些有可靠德性的党员。特别是随着时间的持续，那些有可靠德性的党员、那些德性自觉者会认为这是麻烦、这是侮辱，人们就会反抗这种做法。这相当于要求健康的人跟着病人一块吃药。时间久了，没病的人也病了。一个好的制度应该让没病的人更健康，让有病的人免于疾病。过于严厉和严密的监督会遏制潜在违纪者，但会得罪纪律自觉者，而且，可能会削弱人们的自我自觉约束力量。过分强调外部约束，会使得人的良心麻木。如此一来，事情会变得更糟糕，而不是更好。

既然严格的纪律可能不能保障党员德性，甚至还会伤害党员德性，就需要通过设计一种制度，让那些不拥有德性的人也采取有德性的行动；同时，这种制度也不会削弱已有的德性。

四、超越纪律治理

既然政党纪律有其意义，也有局限性，就需要在加强政党纪律建设，谋求政党行动一致性的同时，还要理性对待纪律，防止纪律僵化，防止纪律过于苛刻，防范纪律的道德风险。因此，在纪律之外寻找解决问题之道，确有必要。

（一）能动身体

纪律是对人的行为的规训。纪律规训假定人的行动是理性的。但根据马克思·韦伯，人类的行为动机非常复杂。人类行为在有些情况下是基于理性而行动，有些是基于价值而行动，有些是基于情感而行动，有些则是基于传统或者习惯而行动。① 同样道理，党员的行为动机是复杂的，党员可以基于政党价值而行动，可以基于个人利益得失而行动，还可以基于某种情感而行动，也可以基于习惯而行动。政党纪律假定党员是理性行为者，仅仅依靠纪律制裁来威慑党员违纪行为，显然忽视了党员行为动机的复杂性，也就难免存在局限性。因此，理解党员行动的逻辑，需要借助社会结构。

① 韦伯：《经济与社会》（上卷），林荣远译，商务印书馆2004年版，第56页。具体来说，工具理性行为，即个体借以实现其精心计算的短期自利目标的方式。在这种行动中，目标和手段都是通过个体理性选择的，并在多种可能的手段中选择一种达到目的最有效、最理性的方法。其次是价值理性行为。这种行动取决于对真善美或正义等价值，或一种有意识的信任和认同。再次是情感行为，即由感觉、激情、心理需要或情感状态决定。最后是传统行动，即一种养成了习惯的行动。可见，个体行动并非完全有意识和自主。很多人类的日常行动是凭借直觉，如每日三餐。人类在采取行动前并没有有意识地考虑和算计行动的利弊得失。

按照福柯，身体不但是权力运作的对象，同时也是可以被驾驭、使用、改造的肉体，通过一些精细的技巧与策略，也即对空间的分配、活动的控制、时间的安排，来塑造"柔顺身体"。① 但根据吉登斯的结构化理论（Sturcturation Theory），人的实践生活具有循环往复的特性，它们"虽然不是由社会行动者一手塑成，但却持续不断地由他们一再创造出来。社会行动者正是通过这种反复创造社会实践的途径，来表现作为行动者的自身；同时，行动者们还借助这些活动，在活动过程中再生产出使它们得以发生的前提条件"。② 又根据布迪厄的习性理论，社会习性是持续与可置换的行为倾向系统，该行为倾向系统是源自于客观规律的社会实践，因此系统化的偏好是被结构的结构（structured structure），从而支配、影响与主导个人的行动与实践，是可结构的结构（structuring structure）。③ 习性看似个人主观意志的选择，其实是客观社会条件的结果。当行为人被社会结构影响时，也就是被社会结构化时，才会形成自己的倾向和习性。

无论是福柯的"柔顺身体"或是布迪厄实践理论下的个人"习性"，两者均是着重于阐述个体为何会持续进行相同的行动，以及身体是如何成为纪律化的载体。在"柔顺身体"逻辑下，纪律权力关系是一种单向度的压制—反抗或者压制—服从逻辑，用麦克内（McNay）的话说，福柯的柔顺身体是白版（tabula rasa），④ 也即"在被动空白表面上铭刻出权力关系"。⑤ 柔顺的身体不断反复地被外部的纪律权力雕琢，身体本身是被动的，缺乏施为（agency）的概念，也缺乏时间性的要

---

① 福柯：《规训与惩罚》，刘北成等译，三联书店 1999 年版，第 141—167 页。
② 吉登斯：《社会的构成》，李康、李猛译，三联书店 1998 年版，第 61—62 页。
③ 布迪厄：《实践感》，蒋梓骅译，南京译林出版社 2012 年版，第 80 页。
④ McNay, Lois（1999），"Gender, Habitus and the Field: Pierre Bourdieu and the Limits of Reflexivity". *Theory, Culture and Society* 16（1），p.101.
⑤ McNay, Lois（1999），"Gender, Habitus and the Field: Pierre Bourdieu and the Limits of Reflexivity". *Theory, Culture and Society* 16（1），p.96.

素（atemporality）。① 按照吉登斯的结构化理论和布迪厄的习性理论，在规训场域，身体并非完全被动。布迪厄社会习性的身体强调实践的时间性，社会习性集过去、现在与未来于一身，身体是过去（社会、历史）的产物，但是身体的实践持续建构未来的社会关系。也就是说，柔顺身体只是重复既有的权力关系，而能动身体呈现出的身体与社会关系则是动态与开放的。

因此，在纪律的规训下，柔顺的身体也有能动性。在纪律规训场域，纪律权力对个体产生作用，不仅是权力对个体的巧妙驯服，还必须获得驯服个体的共谋，权力被宰制者并非总处于被宰制的地位，他们亦能从权力运作机制中，寻找有利于自身权益之处，并进而持续实践此种有利于己的运作机制，使自身亦得到宰制其他群体的优势。身体的能动性告诉我们，在政党纪律之下，党员身体也并非全然臣服。一者通过违纪而表现的反抗性；二者通过共谋而成为党内游戏规则的支配者。任何组织，包括政党都不是由自动服从的机器人组成的。即使一个政党拥有一个伟大的魅力型领袖，也不可能直接向一个庞大的政党机器发号施令，这个政党机器不是由一群温顺的绵羊组成，时刻等待着命令，服从命令。党员是积极的、能动的，是有能力的，而并非如福柯所说"柔顺的身体"。

（二）实践建党

政党行为是一系列实践。根据社会结构和习性理论，政党建设并不仅仅是纪律建设，而是党员一系列的日常行动和相互交往。通过党员日常行动生产和再生产政党权力结构，政党权力结构进而对每个党员发生影响，党员再通过结构化行动来确认结构，进行再生

---

① McNay, Lois（1999），"Gender, Habitus and the Field: Pierre Bourdieu and the Limits of Reflexivity". *Theory, Culture and Society*16（1），p.101.

产。这种日常行动是具体的，而不是抽象的。比如，民主生活会、入党宣誓、党内选举等。所以，在一个政党内部，党员共同的行动和实践是非常重要的。只有通过日常的共同行动和实践，党员才能被结构化，党员之间才能相互理解。这就要求政党在日常生活实践中提供由党员参与的活动。当然，提供什么样的活动，党员如何参与，将决定党员是否被结构化，是否分享共同的价值。比如，召开全体党员会议，党员如何参会，在会上处于什么地位；对党员违纪行为进行处理，如何处理，处理后如何救济；对党员进行教育培训，培训内容如何安排；等等。在上述政党实践过程中，党员扮演不同角色，如普通党员、党员代表、党务官员或者在国家机关任职的党员等。在党员扮演各种角色的过程中，政党内部相互交往，从普通党员到政党精英都在不断地、反复地再生产政党结构。在政党结构化的过程中，实践感构成政党生活的基础。政党的每个成员通过个人行动对现有体系进行再生产。

通过实践建党来建构政党一致性。实现政党认同和政党一致性，并非仅仅依靠严厉的政党纪律，还要依靠政党的一系列实践。社会结构理论告诉我们，党员对政党的忠诚感不是先天的，而是后天建构的。一个党员自愿忠诚于党组织，是因为他们拥有或者分享共同的价值和理想，这种价值和理想不是天生就有的，不是先在的，而是后天通过政党的日常生活实践生产出来，然后通过政党的日常实践予以维持。因此，政党无须考虑党员的意识形态或者某种规范性价值，应该关注的是政党纪律赖以建立的信仰体系，如成为一个忠诚党员的内涵是什么，如何在集体或者全局利益面前放弃个人得失。党员不是先天就拥护党、热爱党，也不是先天就拥有某些价值观、世界观；而是通过参加政党政治，参与政党日常生活实践，党员确认政党的权力结构，确认党员之间的关系结构，再生产这种结构，强化这种结构。

处理好实践建党与外部环境的关系。实践建党导致政党的自洽性。政党的独有仪式、话语体系等实践，会使得政党与外部环境处于分立状态，外部环境影响或者介入政党系统将会变得比较困难。政党本是国家与社会的桥梁纽带，而实践建党可能导致政党脱离社会。因此，政党如何社会化，或者社会通过何种正式和非正式方式影响政党生活，对于政党的内部自治性和外部适应性至关重要。比如，一个政党可以生产一套自己特有的话语体系，这套话语拥有特有的语法和语言，不同于社会话语和学术话语，这套政党话语可以使得政党群体保持自己的独立性，但是也影响对外沟通效果。政党系统在保持自治性的同时，对外部环境保持开放性，唯其如此，才能适应外部环境的变化，扮演好国家与社会的桥梁纽带角色，促进民主政治的实现。

实践建党会导致政党权力结构的稳定性，但政党权力结构不是铁板一块，毫不动摇、毫不变化。一方面，政党权力结构不会轻易变化，因为它通过实践意识层面的直觉行动来运作。只有通过深思熟虑的批判，实践意识的知识才会转换成为话语意识，实践意识才会被挑战或者被颠覆。另一方面，政党权力结构也会伴随党员行动的变化而变化。通过反思和批判，实践意识会转换成话语意识，政党结构会实现再生产。比如，改革开放以来，中国共产党的指导思想从邓小平理论、"三个代表"重要思想、科学发展观到习近平新时代中国特色社会主义思想的与时俱进，均离不开这种反思和批判。所以，政党结构是变化的。新的理念、新的技术、新的方式通过行动成为实践意识。随着技术的变迁和环境的变化，随着新老党员交替，新的行动出现，新的习性也会随之而来，新的政党生活就会出现。所以说，政党生活不是死水一潭，而是有活力的，是动态的。在结构和实践之间存在一种持续再生产和再布局的关系。因此，政党实践不是僵化静止的，而是不断变化的，政党实践必须迎接挑战和变化。党员的新陈代谢、政党外部环境的变化，必然反映到政党实践中，最终带来政党实践特别是政党文化的重新定位。

（三）思想建党

政党纪律旨在追求政党的一致性，而政党的一致性不仅意味着党员行动的一致性，还意味着思想的一致性。政党的内聚力强调的是党员行为和态度上的一致，而政党纪律强调的是党员行为的一致。思想一致性表示党员在意识形态上的趋同，表示他们在政党政策方面观念的一致性；行动一致性表示党员在政党活动中行为的一致性。那么，政党行为一致性与思想意识的一致性之间有没有因果关系？也或者说，行为一致性是否导致思想一致性，政党纪律建设是否有助于促进政党思想建设。

思想建党是心灵规训。众所周知，身体是不自由的。福柯的柔顺身体不是能动的主体，只是依附并巩固既有的权力结构。那么，是否心灵是自由的？答案是否定的。身体所蕴含的社会运作机制中也体现了某种集体与个人的世界观，包括信念系统与价值体系。所以，与其说思想与信念是个人的认知判断，还不如说身体在行、住、坐、卧的日常生活中已经支撑与维持的一贯信念系统。身体对思想与信念具有重要的巩固功能。党纪规训的对象看似是人的身体，实则是心灵。通过对党员身体的一系列纪律要求，党员可以培养高尚德性，可以思想建党。

思想建党是自我监视机制。福柯认为，在全景敞视机制下，人可以自我监视，自我规训。在全景敞视监狱中心塔台，管理者可以暗中监视所有下属的人，他能不断地评定、要求他们。"全景敞视建筑甚至是一个能够监督自身（self-monitoring）机制的结构"，① 将人置于"可见的"的而又"无法确知"场域之中。"所谓'可见的'，即被囚

---

① 福柯：《规训与惩罚》，刘北成等译，三联书店 1999 年版，第 229 页。

禁者应不断地目睹着窥视他的中心瞭望塔的高大轮廓。所谓'无法确知的'，即被囚禁者应该在任何时候都不知道自己是否被窥视。"[1]"在被囚禁者身上造成一种有意识的和持续的可见状态，从而确保权力自动地发挥作用"。[2] 在环形边缘，人彻底被观看，但不能观看；在中心瞭望塔，人能观看一切，但不会被观看到。所以，藉由外在的全景敞视监视而强化甚至转换为自我内在监视模式，其目的在于使人们自己监视与反省自己，以成为更正常、有用、自我规范与为自己负责的主体。也就是说，藉由身体规训可以进行自我思想建设。

思想建党是一个理性证成过程。在哲学上，心灵包括意志、主体、理性与意识，从而发展个体的自主性、独立性与不受时空限制的超越性；相较之下，身体集欲望、情绪与惯习（习性）于一身，既容易失控，又处处受制于社会礼仪教化。心身的最大区别在于，即使身体被牢牢禁锢，作为思想和信念的心灵仍然可以自由驰骋。但是，思想仍然是可规训的。从生活哲学看，人对有理由所做的一切行动、信念、情感负责。也就是说，一个人不仅对所行负责，还要对所思、所爱负责。人的所思所想一定有根据，一定要有一个证成，要给出理由。人的思想不是平白无故问世的，一定要给出理由，那就可以通过对这个"理由"施加影响而进行证成过程，最后确立某种信念。

思想建党是身体规训与心灵规训相结合的过程。思想建设从改变身体习惯入手。一个党员，忠诚于党的事业，可以体现在入党申请书、入党誓词上，更应该体现在党性修养学习、参加党日活动、不违反党纪上。党员的口头誓词与身体力行，哪个更贴近其自我认知呢？知行并非是两个分开的领域，知代表认知判断的命题语句所在的心灵，行则是身体实践，而是知行都位于身体实践之中，行中有知。可见，身体实践必然蕴含信念体系与价值观。所以，改变一个人的思想

---

[1]　福柯：《规训与惩罚》，刘北成等译，三联书店 1999 年版，第 226 页。

[2]　福柯：《规训与惩罚》，刘北成等译，三联书店 1999 年版，第 226 页。

信念，需要从改变身体习惯做起。同理，如果要改变党的政治生态，特别是思想建党，不能仅仅是换个口号或者更新一套说辞就可以，而是需要从形塑党员身体习惯着手。布迪厄从身体习性中观察整体社会运作机制，身体体现了某种集体与个人的世界观，包括信念体系与价值体系。身体不是知识的障碍，而是身体的工具；① 身体不是学习的终点，而是学习的起点。② 因此，纪律控制的着力点不在心灵上，而在于身体上。在一个政党内，不是因为党员的忠诚共识而达成政党团结，也不是因为纪律强制使党员服从，而是政党的团结战斗力仰赖于普遍的党内政治文化。党员对政党文化正当性的认同表现在各种身体习惯中。当一个党员身处政党特定文化，从容与自在而非忸怩不安，积极融入而非杜绝排斥，这种身体习惯说明政党文化正当性获得认同，说明政党思想的一致性。因此，把身体规训与心灵规训结合起来，知行一体，是思想建党的必然选择。

思想建党离不开教育。党的建设是一个治理的问题，治理方式呈现多元化，纪律制裁仅是一种治理方式。"治理"意指一种对个人行为或团体行为的导引，就是要去建构他人行动的可能领域。③ 党的建设旨在培养各种合格党员，建构根植于政党文化的集体道德与规范，涉及的是人们对政党伦理应有的敬畏，对自己的名声和荣誉应有的努力与节制。通过治理，透过教育引导与纪律规训，一个党员成为一个忠诚于党和人民的个体。阿尔都塞认为，生产关系的再生产主要是通

① See Bourdieu, P. *Pascalian Meditations*. trans. by Richard Nice. Cambridge: Polity Press, 2000, p.137.

② See Bourdieu, P. *Pascalian Meditations*. trans. by Richard Nice. Cambridge: Polity Press, 2000, p.141.

③ "权力的施展是一种行为引导和可能性的操纵。从根本上说，权力不是两个对手的对峙或交锋，而是治理问题。……它覆盖的不仅是政治或经济屈从的合法构成形式，它还包括行为模式，这行为模式或多或少地被构思和考量，目的就是仿照他人的可能行为。……在这个意义上，治理是去对他人的行为可能性领域进行组织。"（福柯：《福柯读本》，汪民安主编，北京大学出版社 2010 年版，第291 页）

过家庭的、法律的、学校的、政治的和文化的等诸多意识形态国家机器来实现。它以一种规训的方式来充当整个社会的说教者，以一种潜移默化的形式来实现着社会秩序的维护，以及在此规训中获得一种主体的地位，实现着对生产关系的再生产。这就是阿尔都塞称之为意识形态国家机器所具有的再生产功能。[①] 教育不仅仅是教会学习知识、获得真理，其还承担着诸多以"科学""知识"的名义出现的说教功能。通过教育机制，解决党员内在思想认同问题。

（四）民主建党

政党纪律旨在规训身体，身体成为臣服的对象。如果身体彻底臣服，则必然会造成纪律专制。纪律专制将会导致道德风险，即为了服从而服从，把遵守纪律视为最高道德法则。再者，纪律的规则化势必导致纪律的僵化，在变化的环境面前滞后，影响政党发展。作为纪律规训的对象，党员应该如何面对纪律？

根据社会结构和习性理论，身体具有能动性。党员在被塑造的同时，也在塑造政党。这对于我们理解政党生活颇有价值。政党政治生活是积极的和建构性的。政党不是死气沉沉的，不是封闭的。党员会行动起来，通过他们的能力追求目标的实现，如当选代表或领袖。党员的积极能动性也会强化和再生产政党的权力关系结构。当然，积极能动性也是政党对党员进行控制的一种方式，党员需要在服从和能动之间寻找一个合理的平衡，也或者说，在纪律与自由之间寻找一种平衡。如毛泽东提出，"民主是对集中而言，自由是对纪律而言。这些都是一个统一体的两个矛盾着的侧面，它们是矛盾的，又是统一的，我们不应当片面地强调某一个侧面而否定另一个侧面。在人民内部，

---

① 阿尔都塞说，"我所说的意识形态国家机器是这样一些现实，它们以一些各具特点、专门化机构的形式呈现在临近的观察者面前"。（陈越编：《哲学与政治：阿尔都塞读本》，吉林人民出版社 2003 年版，第 335 页）

不可以没有自由，也不可以没有纪律；不可以没有民主，也不可以没有集中。这种民主和集中的统一，自由和纪律的统一，就是我们的民主集中制。"①对政党而言，一味强调纪律，忽视了党员的自由，忽视了党员的民主权利，势必导致党内寡头政治；而一味强调自由，强调无条件的民主，忽视了党的纪律，势必导致政党缺乏凝聚力和战斗力，甚至难以生存。因此，在强调政党纪律，强调身体规训的同时，也要强调能动的身体和自由的身体。

欲避免政党纪律局限性，有效的身体规训策略有两个：一是国家法律的外部干预。欲避免政党寡头政治和纪律专制，柔顺的"白版"身体需要外部的力量介入，这个外部力量就是国家法律规制。政党必须在宪法和法律范围内活动，政党纪律行为不能超越国家法律。二是政党内部民主。既然党员始终处于政党纪律之中，身体被规训，那么有效的身体策略是适应纪律或者改变纪律，而不是抵抗纪律。这就需要党内民主建设，透过党员权利保障，处理好纪律与自由的关系。党内民主是一种有效的身体经营策略。

党内民主既可以防止纪律专制，也能实现党员德性。党内民主并非完全通过集权的、铁腕的纪律制裁促进党员伦理，而是依赖一种非正式的、分散的制裁体制。所谓分散的制裁，即党内每个人都是监督者，每个人也都是被监督者。这种分散制裁机制不是建立在奖赏和惩罚的基础之上，而是建立在党内认可之上；这种机制不是建立在党内纪律监督之上，而是建立在行动之中。被党内或者社会认可本身就是党员拥有德性的动力。也就是说，党员周围的政党或社会态度是一种德性激励机制。在党内民主环境之下，党员通过这种认可制裁机制来给予彼此以压力，通过彼此监督来过一种具有德性的生活。这是完全可能的。佩迪特对于通过基于态度或认可而建立的制裁机制来促进公民德性的可能性，做了如下解释："有一个理由可以说明为什么即使

---

① 《毛泽东文集》第七卷，人民出版社 1999 年版，第 209 页。

一个行动者是仅仅被对认可的欲望所驱动的，也或多或少地能够成为拥有可靠仁慈的人"，因此，"即使人们仅仅被认可所驱动，它们仍然会相当富有弹性地显示德性，是具有一些理由的"。① 可见，政党民主是党员德性的渊源。因此，解决德性失灵问题，必须着眼于党内民主制度的设计，而非完全一味依赖于严格的纪律制裁。通过党内民主制度设计，在纪律与自由之间达成一种平衡，让党员对德性抱有希望，而不是放弃希望；这种希望不仅是不做坏人，而是要做好人。

---

① 佩迪特：《人同此心：论心理、社会与政治》，应奇等译，吉林出版集团有限责任公司 2010 年版，第 398 页。

第七章　党规的内在基础

如前所述，党规具有外在基础，比如法律基础、社会基础、伦理基础等。借助这些外在基础，可以了解党规的发展与功能。由此也带来一个问题，即党规是否具有内变量，借助这些内变量，是否可以更好理解党规的发展与功能。换言之，在某种意义上，我们是否可以说，党规有着自己的"生活方式"？如果党规有内变量，党规的制定和实施必须考虑这种内变量，否则，党规将因为缺乏内变量而失去效力，就不可能得到党员的自觉遵守。所以本章探讨党规的内在基础。

一、规范的内在基础

众所周知，在法律思想史中，一直存在关于法律内在基础的思考，有三位大名鼎鼎的"内在家"（internalists），即凯尔森、卢曼和富勒。凯尔森和卢曼尽管采取了不同方式，但都强调法律秩序的自生（self-generating）特征。富勒把法律秩序的道德要求"内在化"，即道德不再是如涂尔干所说的是外在于法律的社会基础，而是法律的内在要素，如果离开这种内在道德，法律就无法实现其基本社会功能。虽然党规是不同于法律的一种规范体系，但是借助上述法学家的理论分析，也可以一窥党规之内在基础的端倪。

（一）基础规范

凯尔森提出"基础规范"范畴。按照凯尔森，一个规范的效力来自另一个规范，最终来自基础规范，这些规范构成一个规范体系。基础规范支撑了规范体系的统一性，为规范体系提供最高效力根据。

凯尔森首先提出一个问题，即"什么东西使许多规范成为一个体系？什么时候一个规范属于某个规范体系、某个秩序？"[①]他进一步解释说："规范效力的理由不同于对'是'的真实性的检测，不是规范符合现实。正如我们已经讲过的，规范并非因为是有实效的，才是有效力的。'某事为什么应当发生'的问题不能用断言'某事已经发生了'来回答，而只能用断言'某事应当发生'来回答……真正的理由是由于预定了一些规范……一个规范效力的理由始终是一个规范，而不是一个事实。"[②]可见，一个规范有效的根据只能是另一个规范，另一个"应当"，而非别的东西，如此不断上溯，为避免恶性循环，就需要一个最后的顶点，凯尔森称之为"基础规范"。他说："不能从一个更高规范中得来自己效力的规范，我们称之为基础规范"。[③]基础规范的作用是，人们"可以从同一个基础规范中追溯自己效力的所有规范，组成一个规范体系，或一个规范秩序。这一基础规范就如同一个共同源泉那样，构成了组成一个秩序的不同规范之间的纽带。"[④]借助基础规范，可以解决所有规范的效力根源问题，从而建构起一个规

---

① 凯尔森：《法与国家的一般理论》，沈宗灵译，中国大百科全书出版社1996年版，第124页。

② 凯尔森：《法与国家的一般理论》，沈宗灵译，中国大百科全书出版社1996年版，第124—125页。

③ 凯尔森：《法与国家的一般理论》，沈宗灵译，中国大百科全书出版社1996年版，第126页。

④ 凯尔森：《法与国家的一般理论》，沈宗灵译，中国大百科全书出版社1996年版，第126页。

范系统。

当然，人们对凯尔森的基础规范假设有很多质疑。因为按照凯尔森的说法，不管基本规范假设是经验性的还是理念性的，这个基本规范的最终授权关系是来自体系的外部，而非体系内部的连锁式授权，因此，这个体系是不能自证的。另外，基础规范还要面对"恶法亦法"的指责。由于法律的合法性只能来自于基础规范，而基础规范的确解决不了恶法亦法的问题。

虽然凯尔森的基本规范假设受到批评，但他提出的金字塔型的规范秩序架构仍然是当代规范体系架构不可或缺的概念。在人类建构规范体系的实践中，基本规范可能是一个社会契约的事实，也可能是一个道德基础，但都是从位于金字塔顶端的基本规范出发，来建构规范体系内部的位阶秩序，从而建构一个规范体系。

（二）自创生理论

凯尔森将法律看作一个封闭而自足的规范体系，卢曼则将法律视为运作的系统，也就是说，法律不是封闭静止的规范体系，而是一个运作性封闭（operative closure）的社会系统。

首先，卢曼区分规范性期望（normative expectations）与认知性期望（cognitive expectations）。这种区分是根据应对失望所呈现的不同态度。所谓规范性期望，是指那种虽然经历失望仍不会改变的期望，而认知性期望则是经历失望与挫折则会做出相应调试和改变的期望。① 认知性期望的特征可以归纳为并非刻意为之的学习，规范性

---

① 卢曼说："这种区分与被预期的处理失望的类型有关，因而对阐明法律产生的基本机制具有非同寻常的意义。当期望一旦遭遇失望就去适应现实时，这种期望就被体验为认知性的。而规范性期望则与此相反：当某人并没有遵循期望行事时，我们并不会因此放弃期望。"（卢曼：《法社会学》，宾凯、赵春燕译，上海人民出版社 2013 年版，第 81 页）

期望则意味着不必从失望中学习。① 由此，规范（norms）可以定义为"反事实的稳定的行为期望"（counterfactually stabilized behavioural expectations）。②

其次，法律是一个社会系统。卢曼区分了四类系统：机械系统、生物系统、精神系统、社会系统。法律系统是具有特定功能的社会系统。现代社会中的功能分化造就了不同的社会次系统，这些次系统乃是特定功能塑造的产物。这些系统在功能上是无法相互替代的，因而每个系统都需要具有完全的自主性。法律系统通过判定某个事件是合法的还是非法的，来确定哪些期望是规范性期望，也就是即使在落空或者没有得到实现的情况下也得到社会肯定的期望。如此一来，人们就知道哪些期望将得以维持，判断对方期望什么，并据此调整自己的行动。所以，法律系统的功能是稳定规范性期望。同时，卢曼强调功能的纯粹性，不仅是法律系统，任何社会系统都应该承担一个功能。一个系统承担多功能的后果就是互相交叉和边界不清。③ 法律系统的唯一功能在于"通过期望在时间上、具体内容上和社会上的普遍化使规范性期望稳定化的功能"。他进一步解释说："法律视人们能够知道哪些期望得到社会的支持，哪些没有。有了期望的这种可靠性，人们就可以比较冷静地面对日常生活中令人失望的事情；人们至少可以放心自己在自己的期望中没有表现不得体。"④ 当然，稳定规范性期望的功能具体表现为一定程度的社会控制，或者社会整合，或者冲突解决。

再次，法律是一个自创生（autopoietic）社会系统。自创生的基

---

① 参见卢曼：《法社会学》，宾凯、赵春燕译，上海人民出版社2013年版，第82页。

② 卢曼解释说："规范的意义具有无条件的有效性，因为这种有效性的体验和制度化可以与规范实际上是否得到遵守无关。"（卢曼：《法社会学》，宾凯、赵春燕译，上海人民出版社2013年版，第82页）

③ "如果是涉及一个社会职能系统的分立，那么只有一个唯一功能的设想才会得出明确的结果，而任何关于多功能的设想都可能导致互相交叉和法律界限模糊不清。"（卢曼：《社会的法律》，郑伊倩译，人民出版社2009年版，第67页）

④ 卢曼：《社会的法律》，郑伊倩译，人民出版社2009年版，第67页。

本理念在于，法律系统依据自己的内在逻辑，通过持久生产法律要素，以实现自身再生产。法律系统是法律要素的自我生产网络。在这个再生产的循环或网络中，法律生产法律。在这个意义上，法律没有外在基础。这与凯尔森的纯粹法律没有区别。两者的区别在于，凯尔森诉诸一个虚构的基本规范，卢曼诉诸一个矛盾的循环。当然，两者还有一个区别，即根据卢曼的自创生理论，法律系统不是完全封闭的。卢曼认为："法律系统的运作在规范上是关闭的，同时在认知上又是开放的"，[①] 因此，他将法律系统称之为"系统自我生成的互联网络"。[②] 虽然法律系统有自己的演进逻辑，但也受到外部因素的影响。卢曼认为，"社会与一个外部环境相交流，并且由此与外部环境相区分。法律同样也与社会的自我生成相交流，并且由此使社会的自我生成得以实现。"[③]"法律是自发地演进的，社会环境不过是参与操纵引起变化和可能发生的变革选择的偶然推动"。[④] 外部环境只是提供一种影响或扰动，外部环境不能决定法律系统内部事务。

最后，法律系统的基础在于动机化法律文化。卢曼认为，"法律系统作为整体来看是在规范性地期望规范性期望这一可靠基础上运作

[①] 卢曼：《社会的法律》，郑伊倩译，人民出版社 2009 年版，第 38 页。

[②] "规范是通过以前和以后的实践，通过规范本身（不管人们会给予怎样的灵活解释范围）在其中凝结的运作上的连续而得到坚持的。这在具体实践中既不能排除法律系统内违抗法律的行为，也不排除法庭上的违背法律的判决。但是被宣称为违背法律有可能会影响系统以后的运作——或者以撤销一项尚未有法律效力的判决的形式，或者在以后参照判决先例时不再予以考虑。因此规范上的自成一体也就是系统以依法／违法格式不断进行的自我观察之间的联系。规范也要不断学习，不断改变，这种可能性始终存在，或者在内部由于不再能被接受的法律后果而引发，或者从外部由于社会对某些具体规范含义的评价发生变化而促成。但是法律系统的任务不是去建立知识联系并且在认知上（审理）也闭关自守，而是建立规范上的联系。认知（审理）上的开放始终处在把具体案件或变化了的规范纳入系统正在进行和以后继续进行的判决实践之中的自我生成条件之下。"（卢曼：《社会的法律》，郑伊倩译，人民出版社 2009 年版，第 40 页）

[③] 卢曼：《社会的法律》，郑伊倩译，人民出版社 2009 年版，第 128 页。

[④] 卢曼：《社会的法律》，郑伊倩译，人民出版社 2009 年版，第 147 页。

的。它在其运作的相互反照的基础上分立。只有这样，法律在裁决系统中行使职权的行动才能在社会上实行并且被接受"。① 法律系统为什么需要一个基础呢？"法律作为自我生成的、运作一体的系统，坚持独立地保证自己职能的履行。当然这不可能以这样的方式来实现，即系统运作之再生产的一切经验条件都是在系统本身中产生的；因为这样就会意味着把世界包含到系统之中了。"② 这个基础是动机化法律文化（motivational legal culture）。③ 卢曼说："法律系统的裁决组织不能控制它们自己陷入一种动机化法律文化之中"。④ 这种动机化法律文化是反思性的法律文化，也就是规范性地期望规范性期望，其实就是一种规范性期望，用以构建自己行动的社会基础。这看起来很像涂尔干的"集体情感"。如果建立特定法律文化，那么法律就不会受到外部影响而成为政治权力的工具，就不会被腐蚀。

（三）内在道德

富勒并没有把法律的道德基础置于如涂尔干所说的社会团结的集体意识之上，也没有置于如卢曼所说的动机化法律文化之中。他认为法律的道德基础在于"内在道德"，这种内在道德使得法律成为可能。用富勒的原话说，"道德使法律成为可能"。⑤

在富勒看来，法律是"使人类行为服从于规则之治的事业"。⑥因此，规则的形式品格至关重要，没有必要考虑法律的外在道德问题。根据富勒，使规则具有可服从性的条件包括以下八项程序性原

---

① 卢曼：《社会的法律》，郑伊倩译，人民出版社 2009 年版，第 75 页。

② 卢曼：《社会的法律》，郑伊倩译，人民出版社 2009 年版，第 73 页。

③ 参见卢曼：《社会的法律》，郑伊倩译，人民出版社 2009 年版，第 76 页。

④ 卢曼：《社会的法律》，郑伊倩译，人民出版社 2009 年版，第 76 页。

⑤ 富勒：《法律的道德性》，郑戈译，商务印书馆 2005 年版，该书第二章的标题即为"道德使法律成为可能"。

⑥ 富勒：《法律的道德性》，郑戈译，商务印书馆 2005 年版，第 113 页。

则：（1）具有一般性；（2）公布法律，至少使受其影响的当事人知道他们应当遵循的规则；（3）禁止溯及既往；（4）清晰并易于理解；（5）法律体系内部不自相矛盾；（6）不要求公民做不可能之事；（7）法律在时间之流中保持连续性，不频繁修改；（8）官方行动与公布的规则之间具有一致性。① 富勒认为这八项程序性原则，是合法性判准的必要内容，被富勒称作"法律的内在道德"。

由前述可知，凯尔森、卢曼、富勒均认可，规范的内在基础为规范提供效力依据。其中，凯尔森与卢曼均强调规范体系的自洽性，凯尔森强调规范体系的自洽性源于体系的规范结构，而卢曼强调规范体系的自洽性源于规范体系内在的特定集体文化，同时也看到规范体系的开放性；富勒则与二位不同，强调法律的道德基础在于规范的形式品格。依照上述关于规范之内在基础分析，党规是一个规范体系，其规范效力源于规范体系自身而不是外部因素。就内部而言，党规制定主体的多元化、党规内容的多样化，意味着党规之间的冲突在所难免。就外部而言，党规与国家法律、社会道德之间也存在冲突。因此，探讨党规的内在基础，主要涉及三个问题：一是党规的内部位阶，即规则的规范性以及不同规范之间的位阶关系；二是党规的外部位阶，即党规与国家法律、社会道德等外部因素之间的位阶关系；三是党规的内在道德，即党规的程序正义原则。

二、党规的内部位阶

作为规范体系，党规的规范逻辑主要取决于规范之间的关系，而规范之间的关系则取决于概念位阶。从逻辑角度看，一个概念与另一

---

① 参见富勒：《法律的道德性》，郑戈译，商务印书馆 2005 年版，第二章。

个概念之间，存在两种区别：一是概念抽象化程度不同，二是所负载的价值根本性程度不同。由于存在这两种不同，概念之间、由概念构成的规范之间，形成位阶关系。这种位阶关系构成规范体系的基础。这种位阶关系包括内部位阶与外部位阶。内部位阶涉及两个问题：一是党规规则本身的规范性，二是党规体系的规范性。外部位阶涉及两个问题：一是党规与政党价值的关系，二是党规与法律的关系。

（一）党规规则的规范结构

所谓党规，其实就是政党规则，指的就是党规要求某种事态应当存在或发生，尤其是党员或党组织的行为应当以某种特定的方式作出。一个具体规则自身拥有完整的规范结构，这些具体规则之间也拥有逻辑联系，它们聚合在一起而形成一个体系。在此体系之下，各个具体规则自成一体，有机运转。党规规则以"应当"作为连接主项和谓项的系词，如"中国共产党党员应当坚持党和人民利益高于一切"。此种规范是规范命题，不同于描述命题，即以"是"为系词的事实陈述。描述命题以"真""假"为存在方式，规范命题则以"效力"为存在方式。故党规的内容用条款形式表述，体现规范化。

党规规则的内容表现为党员或党组织的权利和义务。党规通过赋予权利或者课以义务，来调整党员或党组织的行为，体现党规的效力。依据党规所调整的行为，党员或党组织行为包括三类：第一类是禁止性行为，即不得从事与党规规定义务相违反的行为；第二类是倡导性行为，即要求从事党规规定的高尚行为；第三类是容许性行为，即行使党员权利之行为。相应地，党规规则包括三类，即纪律性规则、德行性规则、权利性规则。

对于上述三种行为，党规作出评价，即肯定或否定。行使党员或党组织权利之行为，履行党员或党组织义务之行为皆为党规肯定之行为；不履行党员或党组织义务之行为则为党规否定之行为。根据排他律，党规要么允许，要么禁止，在此二者之外，绝无第三种可能性。违反义务之行为必然是被禁止的，行使权利之行为必然是被许可的。两种行为不可同时为真。行使权利之行为，不可能是违反义务的行为。这符合矛盾律的要求。党规规范一个党员或者党组织的行为，不可能一方面允许，另一方面又禁止此同一行为。简言之，根据形式逻辑要求，党规禁止的行为不得是党规允许的行为；党规允许的行为不得是党规禁止的行为；党规不禁止的行为是党规允许的行为；党规不允许的行为是党规所禁止的行为。

对于党规规范化，可能有两种质疑。一个质疑是，一部分党规适合规范化，另一部分党规不适合规范化。也许有人说，有些党规适合规范化表述，如纪律建设、组织建设和作风建设方面的党规；有些党规不太适宜使用条文式、规范化的表述予以规定，如思想建设、宣传工作等方面的党规。但是，党规规范并不都体现为具体规则，有时也体现为原则。在规则之间、原则之间、规则与原则之间，仍需要建立逻辑联系，以保证党规的效力。

另一个质疑是，党规是规范命题，但基于规范的判断，一般是价值判断，而价值判断有主观性，见仁见智，不具备规范化所必需之客观性，特别是基于党规的价值判断，有很强政治色彩，甚至就是政治判断，不仅缺乏稳定性和可靠性，也有很强人治色彩，也不具备规范化所必需之客观性。必须看到，在规范判断与价值判断之间、形式逻辑与价值逻辑之间都存在密切联系，相互并不矛盾。一方面，政党价值往往是稳定的、持久的；另一方面，政党价值必须通过规范来予以体现，比如，政党借助某个概念来建构具体规范，把握不同党规之间的关系，最终追求和实现政党价值。

（二）党规体系的规范结构

党规体系是围绕政党的组织运行、自身建设以及纪律监督而设定的规范体系。党规体系具有自洽性，这种自洽性源自体系自身的规范结构。根据凯尔森的基础规范理论，规范体系是一种规范间相互交织共存的金字塔型建构。党规规范之间存在位阶关系。党规规范的有效性系植根于其上位规范。最后的上位规范就是基础规范。于是，在逻辑上，党规体系必定表现为金字塔状的层级构造，各种规范分处塔身不同部位。以中国共产党为例，其党规体系包括静态体系与动态体系。静态体系是规范，如党章、准则、条例等；动态体系是机构，如党中央、中央部门、地方党委。

首先，从静态体系看，在党规的金字塔体系中，包括四个层次或者位阶的党规。第一位阶是党章。党规的最终效力来自党章，即党员契约。党员契约实现的方式即通过党的全国代表大会，民主制定或修改党章；根据党章，制定或修改其他党规。党章对党的性质和宗旨、路线和纲领、指导思想和奋斗目标、组织原则和组织机构、党员义务和权利以及党的纪律等作出根本性规定。因此，党章在党规中具有最高效力，其他任何党规都不得同党章相抵触。第二位阶的党规是准则。准则对全党政治生活、组织生活和全体党员行为作出基本规定，在党规体系中的效力仅次于党章。第三位阶的党规是条例。条例对党的某一领域重要关系或者某一方面重要工作作出全面规定，在党规体系中效力低于准则。第四位阶的党规是规则、规定、办法、细则。其对党的某一方面重要工作或者事项作出具体规定，制定主体包括但不限于党的中央纪律检查委员会、中央各部门和省、自治区、直辖市党委。规则、规定、办法、细则的效力在准则和条例以下。由此，党规体系在结构上形式化，形成一个以党章为最高规范的金字塔结构，明确党规中准则、条例、规定之间的逻辑关系，形成以准则统领条例，以条例统领规定的逻辑结构。

从动态体系看，在党规体系的金字塔型建构中，党的章程是最根本的党规，具有最高效力，任何党员和党组织都必须遵守，任何违反章程的行为都必须予以追究。其他党规和规范不得违反党的章程，一旦违反，就是无效的。中央党规和部门党规的效力高于地方党规，地方党规不能违反中央党规和部门党规。党规的效力高于党内规范性文件。

党规体系之规范效力的实现有赖于规范审查机制。党规体系审查机制，即借助党规的内部备案审查工作，赋予党规效力。审查的依据是位阶秩序，即是否同上位党规相抵触，是否与其他同位党规对同一事项的规定相冲突，审查的最终依据是基础规范。

党规体系的规范效力也来自党规适用机制。党规适用是特定行为主体在党规实践中，以已知的党规和事实材料为前提，推导和论证党规结论的过程。典型的党规适用，即按照形式逻辑的规律，运用演绎、归纳和类推方法裁决党纪案件。在形式逻辑的帮助下，党纪处理才能保持一致性，政党成员才能根据党规对自己行为的党规效果做出明确的预测，并进而指导自己的行为。按照形式逻辑的要求，党规适用坚持如下原则：一是上位党规优于下位党规原则；二是后规优于前规原则。

三、党规的外部位阶

（一）党规体系的开放性

按照卢曼的自创生理论，党规体系具有自洽性与开放性。一方面，党规是一个自创生社会系统。党规系统是诸多社会系统中的一个。党规系统依据自己的内在逻辑，通过持久生产党规要素，实现自身再生产。在这个意义上，党规没有外在基础。党规的功能在于稳定期望。作为维护政党秩序的一套规则体系，党规通过作用于人的行为预期，进而影响人的行为。党规意味着稳定的规范化预期，而非不稳定的、随时可以更改的认知性预期。这种稳定的规范化预期来自一种稳定的政党制度文化。有了这个政党制度文化，政党内部的规制行为才会得到党内外的接受和支持。因此，作为一个分立、封闭运作的系统，需要一种健康的党内文化。这种文化会带来健康的党内政治生活，为党规提供效力支持。另一方面，党规系统也具有某种程度的开放性。党规系统是自洽的，是自创生的，但这并不是说，党规系统与环境无涉。外部环境能够影响党规系统，党规系统可以对环境作出回应。党规系统的自治并非意味着与外部社会环境的隔离，因为如果离开了社会环境，党规的存在就失去了意义。因此，在封闭的同时，党规系统必须对环境保持开放。党规系统的开放性涉及如下两个问题。

第一，党规的形式逻辑与价值逻辑的关系问题。党规体系乃是因应社会生活需要而产生，它必须建立在对于社会事实的一定评价基础上，然后才能利用不同层级的规范、解释、适用等，以规制政党生活或者为政党成员提供稳定的行为规范体系。对于社会事实的一定评价，也就是对政党行为作出价值判断和评估，比如对政党廉洁和道德高尚行为的期待。所以，价值判断是党规建设的出发点，也是整个党规体系的基础。但是也要看到，这种价值判断必然受到外部社会环境的影响。这就带来一个问题，即党规的形式逻辑与政党的价值追求是否兼容的问题。

第二，党规与国家法律的关系问题。党规系统不完全是自我游戏，党规系统也可能被外部社会力量质疑、挑战甚至推翻。因此，党规体系需要应对外部环境的挑战，适应社会的变化。法律是一个非常重要的外部社会力量。按照现代法治要求，政党必须在宪法和法律范围内活动，当然，现代法律对于政党政治生活并非全然立法规定之。于是，党规与国家法律的关系存在灰色地带，二者冲突的模糊与困扰在所难免。当然，究其问题之实质，则在于政党在现代国家政治生活中的地位并不明确。另外，党规并不仅仅限于党内事务，而且也不存在纯粹的党内事务，党规涉及政治与社会生活，因此，党规符合社会道德或国家法律要求，也是非常重要的命题。这就带来一个问题，相对于外部社会环境特别是国家法律，党规体系是否有优先性？

（二）党规价值逻辑

是否把价值纳入规范体系，一直是一个颇有争议的问题。在法学中，概念法学、利益法学、价值法学对于体系的特征争议不多，争论的焦点在于是否把价值纳入体系。[①] 既然党规是一个形式逻辑体系，那它是否是一个价值逻辑体系？

人类社会生活需要同时追求很多不同价值，诸如自由、平等、效率。政党也有自己的价值追求，比如纪律、民主、廉洁、效率、合法。政党价值追求往往体现在党规之中。党规价值逻辑的必要性在于形式逻辑的局限性，即党规的不确定性。党规的不确定性体现在不明确性、不一致性、不完备性。党规的不明确性是指党规概念或党规规定模糊不清、含混歧义和笼统抽象，党规概念或党规规定界限不明确、指向不明确、内容不明确。党规的不一致性包括：（1）党规文字与立法本意、党规目的和党规精神存在相悖之处；（2）在党规适用语境中，党规规则自相矛盾；或者，存在两个或两上以上的党规均有足够的理由可适用于同一具体案件，但这些党规之间相互冲突、相互抵触、相互矛盾；（3）在党规适用语境中，虽然存在明确的规则，但是，如果将该规则直接适用于案件，显失公平、公正。党规的不完备性指党规未规定或无明文规定，存在党规漏洞、党规空白。鉴于上述党规的不确定性，党规的效力依据不仅在于形式逻辑，而且必然包括

[①] 根据概念法学，体系关注价值中立的形式逻辑，无须进行价值判断。概念法学被人诟病的地方在于，表面上符合逻辑，却不一定导出公平的结论。利益法学把利益视为评价的客体，也是产生规范的因素，这种把规范仅仅视为利益对抗的结果的看法也受到很大批评。价值法学的贡献在于指出规则所蕴含的价值，由此，体系不仅具有开放性，而且具有动态性。（参见黄茂荣：《法律体系之存在基础及其定义》，《台大法学论丛》第 12 卷第 1 期）

价值逻辑。实际上，党规体系不仅是规则体系，也是原则体系。党规体系由规则体系和原则体系共同构成。党规原则也是党规明文规定的组成部分，具有效力。这些原则直接体现了党规价值。

既然党规体系不仅是一个规范体系，也是一个价值体系；既然党规体系遵循形式逻辑，不允许矛盾存在，但在党内生活中存在不同价值之间的紧张关系，那么如何认识和协调党规价值与规范之间的关系呢？

第一，政党价值实现有赖于实证的党规规范体系。一者，实证的党规规范体系是价值实现的前提。没有判断是非曲直对错的规范，就没有了标准，价值就无从体现。二者，党规的制定乃以民主和公开方式而获得效力基础，党规的适用则要求政党必须以党规为行动依据，并将适用结果公开，藉此确保党规的产生、适用过程的规范性，确保政党价值实现。由此，在逻辑上，实证规范优于价值标准。

第二，实证的党规规范体系需要接受政党价值审视。实证规范本身就体现了价值，这些价值是具体价值。具体规范体现的价值之间可能存在冲突，需要更高的价值名目来进行协调。另外，政党价值是党规体系的基础。按照卢曼的逻辑，政党价值是政党稳定的党内文化或者集体情感，构成党规的基础，以提供稳定的规范性期望。

第三，价值逻辑促进党规体系化。党规体系有两个特征：一是价值贯彻，即借由实证规范体系，将某个价值贯彻于各个具体党规之中；而且，党规制定者和适用者自始至终贯彻该价值，将该价值进行到底。二是价值统一，即实证规范体系乃是政党价值的具体化，具体规范及其适用会趋向于政党价值，统一于政党价值，且以最高价值为统帅。不仅如此，实证规范与价值均要求体系化，通过体系化实现规范和价值的稳定性。这种稳定性意味着规范及其所体现价值的确定性和可预见性。规范的稳定性需要体系化。不仅党规的制定，还有党规的适用，均需要稳定性。这种稳定性仰赖于价值贯彻和价值统一的党规体系。如果离开规范，如果没有了实证规范，价值将无所依附，也无法对社会生活发生作用，无从调整人的行为。越是追求价值，越是需要规范，越是需要规范体系化。

（三）党规与国家法律

党规体系的另一个外部因素即国家法律。关于党规与国法的位阶关系，需要厘清三个问题，一是党规是否优先于国家法律，二是党规是否法律化，三是党规体系与法律体系是否是两个独立平行的体系。

党规与国家法律何者优先，实证主义、价值论、逻辑论有不同答案。从实证主义的角度看，党规是一个自治的实证规范体系，相比其他规范体系，党规体系具有优先性。即使面对法律系统，党规体系具有自治性和优先性。这种实证主义强调党规优先于国法，在逻辑上必然导出党在法上的结果，显然不符合现代法治精神，在实践中是不可能的，因为生活中没有超越于国家法律的政党。

从价值伦理的角度看，当代社会存在道德多元的事实，必然导致道德相对主义。在政党价值与社会道德之间，因为政党具有先进性，党规价值理应高尚于社会道德。但对于一个政党来说，既应该恪守底线道德，也应该追求高线道德，也就是说，党员既要做好人，又不能做坏人。因此，很难说政党道德优于社会道德。职是之故，党规优先于国法也是不可能的。

从形式逻辑的角度看，在认知与逻辑层面上，党规的优先性是可能的。因为：一者，党规在政党生活范围内适用，但同时党规要接受法律的审视；二者，党规的纪律要求严于法律，党规道德要求高于法律。因此，党员应首先遵守党纪，然后尊重国法。在这个意义上，党规优先于国法。

党规与国家法律关系带来的第二个问题是，党规是否需要转换成国法，也即是否党规法律化？从卢曼系统论看，一个系统可以把外部因素转变成内部因素，这种转变并不是简单照搬，经过转换以后的规则与先前并不完全一样。这种转换体现了不同系统之间的结构耦合，于是，同样规则，在党规系统是政治规则，在法律系统则是法律规则。在党规与国法二者结构耦合的地带，规则同时受到党规与国法两个系统的影响，形成动态平衡。在耦合地带，党规可以受到法律的影响，如强调"合法律性"，法律也会受到党规的影响，如法律制定和适用会受到党规制定和适用的影响。因此，基于系统的自洽性，党规不会完全法律化。如果党规倾向于法律化，则导致党规空洞化，党规也就失去存在意义；不仅如此，党规法律化也会把对政党成员的要求及于所有社会成员，政党内部规制就失去意义。基于结构耦合，可能存在变相的党规法律化。在实践中，对一些违纪且违法的行为，先进行党规处理再进行法律处理还是先进行法律处理再进行党规处理，或者对于党规和国法交叉调整的范围，先修改党规再修改法律还是先修改法律再修改党规，这都是变相的党规法律化。党规在国法之前，还是国法在党规之前，这是一个动态平衡的过程。但毫无疑问，如果这种变相的党规法律化走向法律党规化，就会侵蚀党规系统或者法律系统的自洽性。

　　第三个问题，关于党规体系与法律体系是两个独立平行的体系还是一元体系问题，此乃二元论与一元论的争论。所谓一元论，即把党规视为软法，甚至把党规看作国家法律体系的一部分。这实属误解。一者，党规系统具有自洽性，是一个封闭运作的系统，具有纯粹、独特的功能，如果与其他系统合二为一，则将失去存在的基础；二者，把党规视为法律，不仅导致党规与国法不分，还进而导致政党与国家不分。所谓二元论，即党规与国法是两个独立自洽的不同系统。由此，党规与国法互相尊重，衔接协调；党规不能服从法律，法律亦不服从党规。至于党规与国法的冲突问题，一元论无法解决二者冲突问题，必然走向二元论。因为一元论的逻辑要么是制定政党法，把党规纳入国法体系；要么是把党规凌驾于国法之上，法律成为党规的仆人。二元论的逻辑是通过党规与国法互相衔接协调以化解二者冲突。

四、党规的内在道德

按照富勒的逻辑，党规是"使党员行为服从于规则之治的事业"。"服从"意味着党员具有服从的能力和意识；意味着规则具有可服从性；意味着规则能够唤起党员服从的热情，如党规能够帮助党员实现某种道德目标。党规为具有可服从性而必须遵守的程序性条件包括以下八项程序性原则：一般性、公开性、不溯及既往、语言清晰准确、避免内部冲突、具有可行性、稳定性、行动与规则的一致性等。

一是一般性。党规之治是规则治理的事业。由规则治理的党治，势必含有某种"一般性"的内涵。所谓党规的一般性是指特定效力范围内的党员或党组织对于某一规范的同一遵守。换句话说，该规范的一般性指对同一范围内的一切人，适用同一的尺度。在此意义上，党规是针对某一类党员、党组织及其行为而设定，而并非针对某个个体党员、某个特定党组织。（1）从党规的制定来看，一般性要求党规作出普遍性调整，党规所调整的对象具有一般性，不是指特定的某一个人或党组织。（2）从党规的遵守来看，一般性要求各级党组织和党员都普遍遵守党规，没有任何主体具有超越党规的特权。（3）从党规的适用来看，一般性要求一条规则在同等情形下得到同样适用，保障党规适用的一致性。这是适用党规的平等性。党规面前人人平等，平等对待党员，不能区别对待。

二是公开性。党规的公开性即公布党规，至少使受其影响的党员知道他们应当遵循的规则。（1）党规必须以党员和党组织所能充分知悉的方式予以公开。党规需要明文规定，"明文"本身即包含着公开性要求，通常要求经党的中央委员会公布后，在特定期间内在特定公报或报纸上刊登。该公报或报纸是广大党员必然接触的媒体。（2）党规必须以党规制定主体的名义予以表达。由党的中央委员会制定的党规，由中央委员会公布；由地方一级党组织制定的党规，则由该级党组织公布。党规必须经由一个权威的党规制定主体统一加以归纳和表达，而不能由诸多党内主体自行表述，否则易使党内主体在相互交往时陷入各说各话、无以为准的混乱状态，不仅扭曲党规的确定性，而且损害党规之表现形式的确定性，因而，党规制定主体应当保持对党规制定事项的绝对垄断。（3）党规的全部构成要素均得公开，主要表现为作为其基本构成单位的规则，应当就行为主体、行为方式、行为后果均得公开。

三是不溯及既往。所谓"不溯及既往"，通俗地讲，就是不能用今天的规定去约束昨天的行为。党规仅仅适用于将来，没有溯及力。新规颁布前党员或党组织的行为，只能按照当时的党规来调整。无溯及力的原则表现在政党不能用当前制定的党规指导党员或党组织过去的行为，更不能用当前的党规处罚党员或党组织过去从事的当时是合规而当前是违规的行为。不溯及既往原则可以限制政党权力的扩张与滥用，维护党内秩序的稳定性，保护党员或党组织期待的信赖利益。为践行党规的不溯及既往原则，党规制定应留有必要的实施准备期。一部良好的党规应符合先公布后实施的要求，还必须给党员和党组织留足一定的实施准备期。如果一项对党内关系有重大影响的党规，公布的同时即行实施，很有可能构成对不溯及既往原则的实质性违反。

四是语言合理性。作为政党的意志，党规必须借助语言的方式表达出来和固定下来，才能使党员乃至社会公众对之形成一个共通性的理解。党规语言应该具有确定性。党规制定的目的在于为党员提供某种确定的行为指引，这种目的得以顺利实现的前提和基础即是，即使在一般的党员看来，总能在"是"或者"不是"的事实判断和"应该"或者"不应该"的价值判断作出非此即彼的明确选择。党规语言应该表达清晰明确，语言简单易懂，而不是晦涩、模棱两可。在党规制定过程中，防止专业术语过多、语句冗长的现象，以至于不同的主体对同一个术语、一个句子的理解都是不同的。党规语言只有表达清晰明确，才便于党员的理解和执行。一般说来，党规越是精确，个体遵守规则的程度也就越高。只有那些产生精确结果的党规才会对党员和党组织的行为发生作用。

五是内部一致性。党规的内部一致性即系统性，也即消除党规体系的自相矛盾。如果把党规看作一个系统，则不同党规间的协调配合不可或缺。鉴于政党事务复杂，党的组织体系层级繁多，本应由党的中央委员会独享的党规制定权在事实上被分解为中央党规制定、地方党规制定、部门党规制定以及纪委党规制定等多项权能，不同主体制定的党规相互之间应当形成一种金字塔式的体系结构。党规的内部一致性要求不同层级、不同种类的党规服从一个自上而下由党章所统率、由基础性党规辐射而成的规则体系。离开了这种金字塔式的结构体系，在多元化、多层化的党规制定主体情况下，就可能出现同位阶党规之间相互冲突、下级党规僭越上位党规的现象。为此，（1）做好党规解释工作。由于政党事务始终处于发展变化之中，部分党规比较原则，有的程序性规范、保障性规范、制裁性规范不配套，有的规定交叉重复甚至相互冲突，有必要对党规予以解释，以赋予法规条文更加准确、更具有针对性的内涵，保证党规准确有效实施。（2）做好党规备案工作。为了调和党规统一性与制定主体多元性之间的矛盾，建立下级制定主体向上级制定主体、部门制定主体向中央制定主体备案并由后者审批的监管机制就极为必要。（3）做好党规评估清理工作。党规需要在颁布实施后对之进行评估，并根据评估结果作出处理：如果确有其合理性和必要性，应当最终由制定机关以党规制定的形式予以确认；如果缺乏实用性或者必要性，应予废止。在党规颁布施行后一定时期内，对党规与党内生活乃至社会现实的适应性进行评估，根据评估结果清除已经丧失现实生命力的部分，使整个党规体系的结构更趋合理。最后，党规须与国家法律协调，而不能冲突。党规颁布施行后一定时期内，对党规的合法律性进行评估，对于触犯国家法律的党规予以废止。

六是可行性。党规的可行性即不要求党员做不可能之事。党规所规定之事，乃是党员或党组织在党内生活可以预想之事，其对行为人之要求，亦能为行为人可以充分理解和认知，并且符合他们的价值观念，并具有使全体党员都能获得共识的基本倾向。制定党规时必须考虑党规的可行性。不可执行或难以执行的党规必定不可行。要看到政党制定党规不是目的，构建和谐的党内秩序才是目的。如果党的纪律过于严苛，遭遇普遍抵抗，执纪成本过高，以致不能执行，则党规建设必然失败。党规的可行性必须要考虑党规的合对象性。一方面党规要适合政党和党员的价值追求和行为能力，另一方面党规要能够引导政党和党员的思想和行为，最终实现党规的要求。当然，党规的可行性不是强调党规降低对党员的道德要求和纪律标准，因为为了使党员及其行为能够顺从党规的调节，一味跟随迎合党员的行为，不能对其加以改变，党规也就没有存在的必要。

七是稳定性。稳定性是党规的重要属性。党规经过严格的制定、修改程序，一般不要轻易进行改动，尽可能予以持续保持。如果党规变动频繁，失去了稳定性，就会弱化党规的权威和信念，进而违纪违规也便习以为常了。党规的稳定性取决于党的生活的稳定性。如果一个政党正处于过渡时期或者转型时期，其党内生活是不稳定的，党规就会缺乏稳定性。当然，党规追求稳定性，但又不能静止不变。社会生活不是变动不居的。如果外部环境发生了变化，政党也要作出回应。做一个适应性政党，就要求及时对陈旧、过时的党规进行修改。由于社会生活的变化，党规也要适其而变；如果党规变动不居，将会导致实质不正义，成为党内生活的桎梏。

八是适用一致性。党规颁布实施以后，政党及其党员须遵守党规；若有违反党规行为，必须依规处理。通过对违反党规行为的处理，树立党规的权威，体现党规的效力。当然，党规对党员所提出的要求并不可能全部转化实际行动，违反党规现象在所难免。面对党员的违规行为，使违规党员回到党规确定的轨道，是党规实施机制的任务。

党员违纪案件的查办处理过程是把党规适用于具体违纪事实的过程。适用一致性特别要求纪律查处机关对相同案件事实的解读必须遵循相同的逻辑规则，对相同党规有相同理解，对违纪事实有客观把握。为此，纪律查处必须遵循严谨、公正的办案程序，同时推动违纪处理的公开性。纪律查处乃是依据党规结合具体案件事实得出处理结论的过程，纪律查处机关在本质上并不是根据自己的意志，而是专门代表政党来认定违纪事实和适用党规，必须通过接受党内评议和监督的方式来表现党纪处理的公共性，惟此才可能获得党员的广泛认同与支持。

第八章　党规的实践基础

一、党内法规由来

（一）衰亡论的破产

自改革开放以来，中国经历了巨大的社会变迁。在此过程中，中国共产党领导中国人民励精图治，发展经济，改善民生，取得了举世瞩目的经济和社会发展成就。与此同时，西方学界却一直质疑中国共产党的领导制度，特别是自20世纪90年代以来，不断有人预言中共执政地位正在走向衰亡。1991年，在苏东剧变后，麦克法兰（MacFarquhar）称，中国走上苏东剧变之路，只是一个时间问题。1994年，戈德斯坦（Goldstein）宣称："尽管学界在现行体制的寿命问题上继续意见不一，但是现在的分歧不在于根本政治变革是否发生，而是何时发生，以及如何发生。"沃尔德（Walder）认为，当中国共产党面对经济衰退而采取改革和让步时，就会带来无意识的政治结果，即"来自内部的平静革命"。裴敏欣（Minxin Pei）认为，中国共产党面临治理危机，其权力和力量正在急剧衰落，党国与社会关系、政党与大众觉醒之间的关系变得日益紧张。如果说以上判断是基于中国改革初期和苏东剧变背景而作出，受限于当时的视野，还情有可原的话，那么经过几十年的改革发展，中国取得了改革开放的伟大成就，一些学者仍然质疑中国共产党执政地位的持续性，就颇令人惊讶。舍克（Shirk）认为，"中国是一个正在崛起的超级力量，但它是脆弱的。正是这种内部的脆弱性，而不是经济或军事力量，恰恰是最大的危险。"沈大伟（Shambaugh）指出，"列宁式政党体制不能对社会需要的变化做出反应，这恰恰是因为其内部自上而下的动员体制并不是一个能够对聚合的社会需求予以听取并作出反应的反馈机制。"① 上述学者的逻辑很简单，任何政党要生存成长，就要适应外部环境，但是中国共产党如不能满足社会需要，最后必然衰亡。

尽管这么多声音唱衰中国共产党，尽管面临巨大的国际国内压力，但事实证明，中国共产党一直在中国政治生活中扮演至关重要的角色，并且越来越强大。截至 2019 年底，中国共产党党员总数为 9194.4 万名，比 1949 年新中国成立时的 448.8 万名增长约 19.5 倍；全国党的基层组织数量从 1949 年的 19.5 万个，增加到 2019 年的 468.1 万个，增长近 24 倍。在一个剧烈转型的大国，中国共产党何以生存且不断发展？中国共产党何以拥有对不断变化的社会环境的适应能力？何以不衰反而日益强大？答案在于制度化。具体言之，

---

① Roderick MacFarquhar, *The Anatomy of Collapse*. New York Review of Books, 1991, pp.5-9.X.L.Ding, *The Decline of Communism in China:Legitimacy Crisis, 1977-1989*. New York: Cambridge University Press, 1994, pp.1-6. Avery Goldstein（1994）. "Trends in the Study of Political Elites and Institutions in the PRC." *The China Quarterly* 139（September）, pp.714-30. Andrew Walder（Ed.）*The Waning of the Communist State: Economic origins of Political Decline in China and Hungary*. University of California Press, 1995, p.4. Minxin Pei, *China's Trapped Transition: The Limits of Developmental Autocracy*. Harvad University Press.2006.Susan Shirk, *China: Fragile Superpower, How China's Internal Politics Could Derail Its Peaceful Rise*. Oxford University Press, 2007, pp.6-7. David Shambaugh, *China's Communist Party:Atrophy and Adaptation*. Woodrow Wilson Center Press and University of California Press 2008, p.7.

依法治国与依规治党。离开制度化，我们不能理解，中国共产党何以在党员数量和组织上有如此的发展。离开制度化，我们不能理解，中国共产党何以取得治国理政的历史成就。答案还在于民主。在西方学界看来，列宁式政党与民主是不可能相互兼容的。事实上，中国共产党不仅追求民主，而且以一种特殊的方式实现了民主所要追求的目的。中国共产党借助制度化，把党的领导、人民民主与依法治国有机统一起来，理顺国家与政党的关系，提高党的战斗力和凝聚力，巩固执政地位。中国共产党已经证明无数的批评是错误的，还要继续证明它们是错误的。具体言之，西方学者关于中国共产党问题的研究有三个"忽视"。

第一，忽视了中国共产党的执政能力。西方学者把中国共产党置于中国社会经济转型的广阔语境中，来分析中国共产党，一般认为中国共产党是一个被动的反应者，而不能积极主动的适应外部社会环境。这种观点忽视了中国共产党掌控局势的能力。在中国，没有任何其他政党比中国共产党更了解中国国情，更能应对中国社会出现的各种风险挑战，因此，中国共产党能够及时适应变化的环境，不仅能够生存，而且能够紧紧控制权力，引领中国发展。

第二，忽视了中国共产党执政体制的民主化。西方学者一般认为中国共产党是列宁式政党，不可能采纳民主要素。但是，中国共产党选择的中国特色的民主政治发展道路，坚持群众路线，其中的确包含了民主元素，其正当性程度甚至优于西方式民主。以人民为中心和群众路线是中国共产党执政的价值取向。这种中国特色的社会主义民主有助于中国共产党执政的稳定性、适应性和持久性。

第三，忽视了中国共产党的制度化。西方学者一般认为，中国共产党的领导方式有人治色彩，难以制度化，也不需要制度。其实，制度化是中国共产党走向成功的一条重要经验。改革开放以来，中国在两条线上推进制度化建设，一条是国家法治建设，另一条是党的制度建设，也就是党内法规建设。这两套制度对于中国的长治久安同样重要，缺一不可。特别是，中国共产党推进党内法规建设的努力，往往被国际学界忽视。

（二）党内法规

党内法规建设是中国政党政治的一大亮色。在中国共产党的历史上，"党内法规"是一个约定俗成的概念。党内法规这一概念最早是毛泽东在 1938 年六届六中全会上提出的。在中共六届六中全会的报告中，毛泽东是在"党的纪律"标题下提出"党内法规"的，所针对的问题是张国焘严重破坏党的纪律的行为。毛泽东提出："为使党内关系走上正轨，除了上述四项最重要的纪律外，还须制定一种较详细的党内法规，以统一各级领导机关的行动。"① 毛泽东第二次使用"党内法规"这个概念是在 1955 年 3 月的中国共产党全国代表会议上。毛泽东指出："对其他的问题，符合党的原则的，比如五年计划，关于高饶反党联盟的决议、报告以及各种正确的政策，正确的党内法规，……"② 这次提出"党内法规"所针对的问题，则是高岗饶漱石事件。但是，1955 年 3 月 31 日通过的《中国共产党全国代表会议关于成立党的中央和地方监察委员会的决议》，仅是强调"党的中央和地方各级监察委员会的任务是经常检查和处理违反党章、党纪和国家法律、法令的案件"，并未提到"党内法规"。③ 党的其他早期主要领导人并未使用过"党内法规"，而是更习惯使用"党规党法"或"党

---

① 《毛泽东文集》第六卷，人民出版社 1999 年版，第 400 页。

② 参见《毛泽东文集》第六卷，人民出版社 1999 年版，第 400 页。

③ 中央档案馆、文献研究室编：《中共中央文件选集》第 18 册，人民出版社 2013 年版，第 329 页。

的法规"。① 可见，不论是"党内法规"还是"党规党法"，都是党内
政治生活口语，并非严谨的学术概念，甚至长期以来也不是中央文件
的制度语言。直到 1990 年《中国共产党党内法规制定程序暂行条例》
颁布，1992 年"党内法规"进入党章，"党内法规"才被正式确立为
中国共产党特有的制度术语。②

　　从词义上讲，"党内法规"中的"党"指政党；③"法规"通常指法
律、法令条例、规则、章程等法律文件的总称。④ 从词义上看，党纪
也不同于党内法规。"党纪"，是"指一个政党所制定的为全体党员必
须共同遵守的纪律。……此外，还制定了具体的党内法规，以统一全
党行动，保证党的纲领、路线、方针、政策得以贯彻执行"。⑤ 在"党
内法规"术语中，"党"是指政党还是特指中国共产党？"党内"是指

① 1945 年 5 月，刘少奇在关于修改党章的报告中两次提及"党的法规"。他说："党
　　章，党的法规，不仅是要规定党的基本原则，而且要根据这些原则规定党的组
　　织之实际行动的方法，规定党的组织形式与党的内部生活的规则。"同时他也批
　　判了一些党的领导干部"认为党的法规和决议，是为那些普通人写的，而不是
　　为他们这些特殊的领导人写的"。（《刘少奇选集》上卷，人民出版社 1981 年版，
　　第 316、360 页）1962 年 1 月，刘少奇在扩大的中央工作会议上指出，党的第八
　　次代表大会所通过的党章，"是全党的法规"。（《刘少奇选集》下卷，人民出版
　　社 1985 年版，第 413 页）1962 年 2 月，邓小平在扩大的中央工作会议上指出：
　　民主集中制、团结——批评——团结等党的生活制度"是我们的党规党法"。（《邓
　　小平文选》第一卷，人民出版社 1994 年版，第 300 页）在十一届三中全会上，
　　邓小平指出："国要有国法，党要有党规党法。党章是最根本的党规党法。"（《邓
　　小平文选》第二卷，人民出版社 1994 年版，第 147 页）
② 1990 年《中国共产党党内法规制定程序暂行条例》第二条规定，"党内法规是
　　党的中央组织、中央各部门、中央军委总政治部和各省、自治区、直辖市党委
　　制定的用以规范党组织的工作、活动和党员的行为的党内各类规章制度的总
　　称。""1990 年中共中央颁布的《中国共产党党内法规制定程序暂行条例》，对于
　　规范党规制定程序、保证党规质量发挥了重要作用。"（《中央党内法规和规范性
　　文件汇编》下册，法律出版社 2017 年版，第 1360 页）
③ 参见《辞海》，上海辞书出版社 1979 年版，第 3355 页。
④ 参见《辞海》，上海辞书出版社 1979 年版，第 2072 页。
⑤ 《辞海》，上海辞书出版社 1979 年版，第 3805 页。

政党内部事务还是涉及国家与社会事务？"法规"是指政党规章制度还是国家法律法规？党内法规是否包括党的纪律？所以，"党内法规"并非一个严谨的概念。从党内法规建设的实践看，党内法规是中国共产党特有的制度术语；党内法规不仅涉及中国共产党内部事务，也涉及国家和社会事务；党内法规不同于国家法律法规，因为党内法规虽然反映人民意志，但直接体现政党意志，而国家法律法规则直接体现人民意志；党内法规既包括党的章程和各类规章制度，也包括党的纪律。因此，党内法规乃是由中国共产党制定，反映全体党员意志，以党组织和党员的行为为调整对象，以党的纪律来保障实施的规章制度体系。

虽然党内法规这个概念出现的较晚，但中国共产党从成立之初就高度重视党内法规的地位和作用。据统计，1921—1949 年，中国共产党制定党章类党内法规 10 件，组织类党内法规 42 件，宣传教育类党内法规 20 件，党员干部类党内法规 11 件，纪律类党内法规 10 件，军事类党内法规 19 件，其他党内法规 19 件；1950—1978 年，制定党章类党内法规 11 件，组织类党内法规 12 件，宣传教育类党内法规 2 件，党员干部类党内法规 17 件，纪律类党内法规 3 件，军事类党内法规 11 件，其他党内法规 11 件。①

改革开放以后，中国共产党适应新形势新任务的要求，加强以党章为核心的党内法规制度体系建设，党的制度建设取得大幅进展，在组织建设、反腐倡廉建设等领域制定了一系列的基础主干法规，出台了系列配套法规制度，党内法规制度体系初具雏形。党的十八大以来，中国共产党全方位推进党内法规体系建设，形成了以党章为根本、若干配套党规为支撑的党内法规体系。根据 2017 年中共中央《关

---

① 参见中央档案馆编：《中共中央文件选集》（第 1—18 册），中共中央党校出版社 1989 年版，收录 1921 年至 1949 年中央文件；中央档案馆、文献研究室编：《中共中央文件选集》（第 1—50 册），人民出版社 2013 年版，收录 1949 年至 1966 年以中央名义发出的重要文件。

于加强党内法规制度建设的意见》，到 2021 年时，形成比较完善的党内法规制度体系、高效的党内法规制度实施体系、有力的党内法规制度建设保障体系。

实践证明，通过党内法规建设，中国共产党实现了高度的制度化。根据亨廷顿，制度化的程度可以用四个指标来衡量。第一个指标是适应性（adaptability），即一个组织的适应性逾高，制度化程度就逾高，相反，如果组织的适应性越低、越僵化，制度化层次就越低；第二个指标是复杂性（complexity），即组织越复杂，制度化程度就越高，反之则越低，反之则逾低；第三个指标是自主性（autonomy），即政治组织和政治过程在其他社会组成及行为模式之间的独立程度，高度发展的政党其组织相当完整，其他低度发展的政党中便缺乏这种特性，因此，后者相较之下就显得容易受外界影响；第四个指标是组织的聚合性（coherence），即愈是团结、凝聚力逾强的政党，制度化程度越高，反之，组织若逾涣散，制度化程度就逾低。[1] 中国共产党党内法规建设实践说明，中国共产党不仅有很强的环境适应能力，以及较为复杂的内部组织结构，还说明中国共产党拥有一套独立于国家和社会的自治系统以及强大的内部凝聚力。

二、党规评估指标

既然中国共产党高度重视党规建设，[2] 那么，对于党规的完善程度、党规在现实生活中的执行力、党规与国家法律的协调以及中国共产党带头守法情况，人们作何评价呢？如果党规建设是必要的，在党

---

[1]　Huntington（1965），"Political Development and Political Decay"，*World Politics* 17（3）.

[2]　本章除非特指，党规即党内法规。

规建设过程中，对党规建设的阶段性评估就极有必要。在中国，执政党虽然不直接创造社会财富，但执政党可以营造良好的经济、政治、法律、社会环境。执政党的表现是国家竞争力的基石。执政党在国家竞争力创造过程中，扮演着举足轻重的角色。在当代中国，一个有纪律、有效率、有公信力的执政党才能够建造良好的法治环境。衡量执政党的表现，党规是一个重要方面。党规评估有助于执政党了解并回应社会的声音。中国共产党承诺依法治国，依法执政，带头守法，在宪法和法律范围内活动，就必须了解社会的声音，然后作出回应；这就需要资讯以了解社会如何评价执政党在法治领域的表现。如果不能有效掌握外界乃至党内的感受，执政党就不可能看清自己的盲点，也就无从作出回应。

党规评估的目的，在于观察执政党的行为是否在法律范围内活动，是否符合形式法治的要求。这种评估的结果对于执政党有价值，可以检验其组织与党员的行为和效果，检验其政策的落实程度以及效果。对于党内而言，评估是对党规建设的党内回应。对社会而言，党规评估是执政党回应人民课责的表现，也有助于提升公民对执政党的信任感。当然，评估本身也是一种公共参与。

党规评估的目的，在于观察执政党的行为是否有规可依，是否有规必依、违规必究，是否在法律范围内活动，带头遵守国家法律。当然，一如所知，党规评估最大的困难之一即在于难以评估。因为党规建设有多个目标，不限于法治，有直接效果，有间接效果，有短期效果，有长期效果，有些是可以感受的，有些是难以感受的。党规建设的真正效果何在，的确难以准确认定。

开展党规评估，衡量党规建设的绩效，关键是建构一套适当的衡量指标。评估，首先要明确评估什么，然后才是如何评估。因为，一个执政党的行为有好几种评估方式可供选择，任何一种评估都有其优点和缺点。党规评估的对象是"党规"。所谓"党规"，可以广义地理解为党规制度。党规制度不限于党规，但不是国家法律。在此定义下，执政党及其党组织、党员的行为必然影响党规评估指标。对于党规建设而言，制定一套指数专门来量度党规建设的情况是有必要的。围绕党规体系设计 4 个二级指标，7 个三级指标，10 个四级指标（见表 3）。4 个二级指标即党规完善性，党规执行力，党规国法协调性和党员带头守法，分别反映党规的完善程度、党规在现实生活中的执行力、党规与国家法律的协调以及政党带头守法方面的情况。在上述指标体系中，党规评估侧重于结果评估、主观评估和专家评估。

表 3　党规体系指标

一级指标	二级指标	三级指标	四级指标
党规体系	党规完善性	党规完善性	党规完善性
	党规执行力	违纪处理	违纪处理
		监督机制	党委监督
			纪委监督
			党员监督
			社会监督
	党规国法协调性	党规国法协调性	党规国法协调性
	党员带头守法	党组织领导	党组织领导
		办事人员	办事人员
		普通党员	普通党员

（一）结果评估

按照治理绩效指标的划分，考夫曼（kaufmann）和卡拉伊（Kraay）把指标分为两种类型，一是以规则为基础的评估（rule-based measures）和以结果为基础的评估（outcome-based measures）。以党规为例，前者是指执政党是否制定相关的党规或设置专门的党规机构；二是指这些党规是否被有效执行或者这些党规机构是否有执行力。事实上，这两类指标之间界限不是泾渭分明，可以看作党规建设的两个阶段，在评估时可以互相补充。

基于规则的评估，其优点在于明确清楚，可以从执政党文件判断是否存在相关党规或者机构。主观感受的依据是客观事实。党规数量的增加或者修订或者党规制定执行机构的调整，都可以成为主观判断的依据。不过，根据考夫曼和卡拉伊，基于规则的指评估指标存在缺点。一是，这些指标并不如表面上所呈现的"客观"，仍涉及诸多主观的判断；二是，由于时间的落差、信息的不充分或是法规的变动等因素，这些指标和结果之间的关联是很复杂的，不总是那么容易被理解；三是，纸面上的法规与实际执行之间存在很大的落差，以纸本依据作为绩效判断标准可能有误导之嫌。基于结果的评估指标的最大优点是可以抓住利害关系人的观点，可以提供规则的实际执行结果，但此类型的指标也有一些限制。首先，这些结果很难关联到可能会对结果产生作用的政策因素，尤其是时间愈长，外在干扰因素愈多；其次，这些结果之间可能太过于接近，以致于彼此之间有很高的相关性，设计多重指标的用意可能因此而被模糊化；最后，结果的测量单位较为多样化，测量尺度也可能各有所不同，如何综合这些指标也是一大问题。① 简言之，规则指标较为重视的是法规、组织、编制、政策等投入面向，据以判断绩效的好坏；而结果指标则是把规则实施的效果作为评估重点，两者若能兼容并用，可以兼顾内部和外部的绩效，实现相辅相成的效果。

在设计党规评估指标时，侧重于基于结果的评估。就党规评估而言，规则指标系指党规的制定、修改以及组织的设置等；结果指标则是指党规在实际运作中所产生的效果。从系统论的观点，规则指标主要是出现在投入阶段，而结果指标主要是反映在过程、产出及影响阶段，据此，在党规评估指数中，党规完善性指标属于规则指标，处于投入阶段；后续三个阶段的党规执行力、党规与国法的协调性、党员

---

① See Kaufmann, D., & Kraay, A. (2008)，"Governance indicators: Where are we,where should we be going?." *The World Bank Research Observer* 23（1），pp.5-7,10.

带头守法三个指标皆属于结果指标。可见，此一指数较为偏重于实际运作成效的评估，而非相关规则建立情形的评估。

（二）主观评估

在主观与客观指标方面，主观指标乃是以利害关系人的认知或感受为评估依据，以问卷调查形式为主；客观指标则是以和个人经验无关的数据统计，以统计资料搜集为主。"主观指标"系由测量者或被测量者针对某一情境，凭着主观意志、价值观点或亲身经历为基础，做出判断后分派一个数值，此类型的指标最常应用在有关态度或意见的测量；"客观指标"乃是将测量者或受试者的主观裁量最小化，最常应用在有关事实信息的测量，较具有操作上的可靠性，有明确的定义和可重复衡量的过程。[①] 换言之，主观指标可以比喻成是"感性"的测量，测量结果所反映的是个人的偏好程度，是一种较为不精确的测量，即使是用数值表示，这些数值也不完全是真正的"数字"意涵，即每个数值之间的差异并非是等距的，在进行加、减、乘、除的运算时必须要特别小心；而客观指标则可以比喻成是"理性"的测量，搜集一些与政策相关的统计数据，测量的结果不致于因人而异，是一种较为精确的测量，测量数值通常具有真实的数字意涵。

在评估指标建构时，采用主观指标的原因主要有二：一是客观指标的数据不是不容易搜集或取得，就是需要花较高的成本才能取得；二是容易取得的客观数据，有时可能会发生误导的情形，例如很多数据都会存在黑数或者不准确情形，以这些统计数据作为指标，可能造成误导。因此，如果问卷调查设计得当，询问受访者对党规的主观认知，有时反而比客观衡量更能真实反映生活状况。在设计党规评估指

---

① Meier, K. J., Brudney, J. L., & Bohte, J. *Applied statistics for public and nonprofit administration*. Ontario: Thomson Wadsworth, 2012.

标时，党规评估侧重于主观评估，党规评估指数 4 项一级指标均属于主观指标。

（三）专家评估

公民评估体现为公民观点（citizen perspective）指标，专家评估体现为专家观点（expert perspective）指标。党规建设的目的不仅在于执政党，也在于社会和公民。党规评估报告是为了回应公民的需求与期待，让公民了解执政党的施政方向与绩效。虽然公民评估有其价值，但是存在公民评估能力问题。对于党规的完善性、党规与国法的关系，一般公民缺乏参与机会，了解不多，难以做出评估，甚至不能作出评估。因此，在设计评估指标时，倾向选择专家评估的模式。专家评估有两个好处：一是，从成本考量而言，专家参与人数较少，问卷调查成本较低；相对地，公民评估为了样本代表性的考量和搜集充分的资料，往往需要进行较大规模的调查，成本高昂。二是，专家具备丰富的专业知识、客观分析的能力、搜集多元的资料，可以从较为宏观的面向进行考量；相对地，公民评估较适合应用于小范围的评比，因其具有个人的直接体验、主观感受的表达、拥有在地状况的一手信息、符合民主参与的精神。

在建构党规指标时，由公民或专家参与评估。党规评估指数四级指标中有 4 项指标属于公民观点的指标，11 项指标属于专家观点指标。显示党规评估指数乃是公民评估与专家评估的结合。

综上可见，任何一种评估指标的设计与选择，各有其优缺点与局限，每一类型的指标均反映了党规建设在某一面向的表现，但没有哪一种指标可以充分呈现党规建设的绩效。因此，党规评估指标的设计应该采取多维度的途径，予以衡量评估。党规体系指数反映出此一指标体系的多元特性。（见表 4）

表4 党规体系指数各项指标的类型

指标	类型 1		类型 2		类型 3	
	规则	结果	主观	客观	公民	专家
党规完善性	·		·			·
违纪处理		·	·		·	·
党委监督		·	·			·
纪委监督		·	·			·
党员监督		·	·			·
社会监督		·	·			·
党规国法协调性		·	·			·
党组织领导守法		·	·		·	·
办事人员守法		·	·			·
普通党员守法		·	·		·	·

三、党规评估情况

（一）党规完善性

2015—2019 年，党规完善性指标得分分别为 70.7 分、74.0 分、77.1 分、78.3 分（见图 1）。2019 年得分比 2015 年得分增长了 7.6 分。同时，2015—2019 年，党规完善性指标得分逐年增长。

2015—2019 年，党规完善性指标好评率分别为 43.2%、58.4%、70.4%、76.2%；中评率分别为 27.0%、20.0%、18.1%、16.5%；差评率分别为 29.8%、21.6%、11.5%、7.2%（见表 5）。2019 年好评率比 2015 年增长 33 个百分点，差评率减少 22.6 个百分点。同时，2015—2019 年，党规完善性指标好评率逐年提高，差评率逐年降低。这说明，一方面，人们对党规完善性越来越满意，另一方面，党规完善性距离人们的期望值还有一定距离。

党规完善性既体现在党规的数量上，也体现在质量上。党规完善

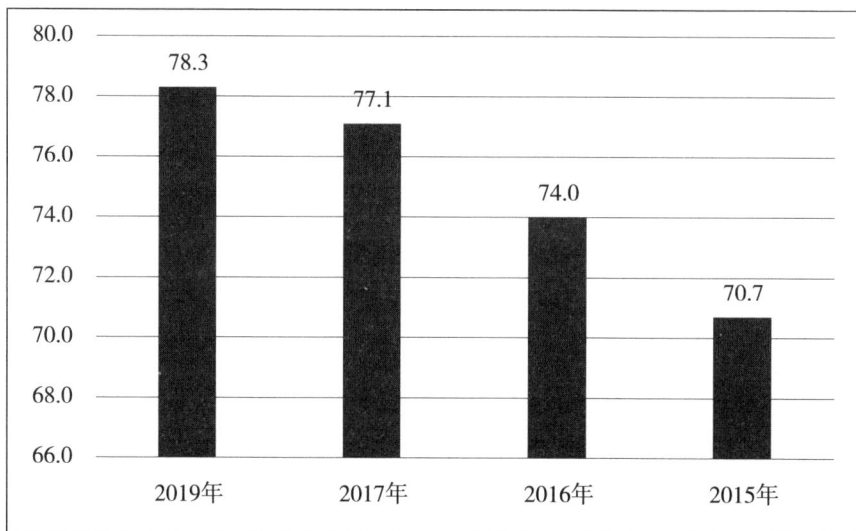

图 1   2015—2019 年党规完善性指标得分

性指标得分和好评率的逐年增长，说明党规体系建设既追求党规数量，同时也追求党规质量。根据《中央党内法规制定工作第 2 个五年规划（2018—2022 年）》，到 2021 年，形成以党章为根本、以准则条例为主干，覆盖党的领导和党的建设各方面的党规制度体系。党的十八大以来，党规在数量方面的完善性体现在三个方面：一是修订党章。2017 年，党的十九大修订的党章将习近平新时代中国特色社会主义思想确立为党的指导思想，把党的十九大报告确立的管党治党、治国理政重大理论观点和重大战略思想写入党章。二是出台准则条例。2016 年，制定《关于新形势下党内政治生活的若干准则》，从 12 个方面对新时代严肃党内政治生活提出明确要求、作出刚性规定。同时，制定 32 部条例，为规范党组织工作活动和党员行为提供了基本遵循。三是出台一大批规则、规定、办法、细则等配套法规。截至 2018 年 8 月底，现行有效的党规约 4200 部，其中规则、规定、办法、细则超过 4100 部。党规质量方面的完善性表现在三个方面：一是做好党规规划。党的十八届三中全会、四中全会作出深化党的建设制度改革、形成完善的党规体系的战略决策，党的十九大提出加快形成覆盖党的领导和党的建设各方面的党规制度体系，中央党规制定工作第一个、第二个五年规划明确重点制定项目等，明确了到建党 100 周年时形成比较完善的党规制度体系的任务书、时间表、路线图。二是进行法规清理。2013 年、2014 年进行党规集中清理工作，还开展专项清理和即时清理，使得党规体系不断完善。三是做好备案工作。2012年通过《中国共产党党内法规和规范性文件备案审查规定》，按照有件必备、有备必审、有错必纠原则全面开展备案审查工作，使得党规体系不断完善。

（二）党规执行力

党规执行力通过违纪处理和监督机制两个指标表现出来。

在违纪处理方面，2015—2019 年，违纪处理指标得分分别为 64.4 分、70.7 分、75.6 分、76.5 分。2019 年得分比 2015 年得分增长了 12.1 分。同时，2015—2019 年，违纪处理指标得分逐年增长。

2015—2019 年，违纪处理指标好评率分别为 21.4%、38.5%、57.7%、60.8%；中评率分别为 22.7%、32.1%、28.1%、26.9%；差评率分别为 55.9%、29.5%、14.3%、12.3%。2019 年好评率比 2015 年增长39.4 个百分点；差评率减少 43.6 个百分点（见表 5）。同时，2015—2019 年，违纪处理指标好评率逐年提高，差评率逐年降低。这说明，一方面，人们对违纪处理越来越满意，另一方面，违纪处理距离人们的期望值还有一定距离。

在监督机制方面，监督是党规实施机制的必不可少的环节，是党规得以实施的保障。没有监督，无论是党规的遵守还是执行，都是不可能实现的。党规实施的监督按照主体不同可以分为党内监督和社会监督。党内监督的主要形式有党委监督、纪委监督、党员监督等。2015—2019 年，监督机制指标得分分别为 69.8 分、72.0 分、76.2 分、

78.1 分。2019 年得分比 2015 年得分增长了 8.3 分。同时，2015—2019 年，监督机制指标得分逐年增长。监督机制指标包括党委监督、纪委监督、党员监督和社会监督四项指标。2015—2019 年，党委监督指标得分分别为 75.4 分、74.8 分、78.9 分、80.8 分；纪委监督指标得分分别为 76.2 分、78.8 分、81.5 分、83.2 分；党员监督指标得分分别为 61.5 分、66.0 分、71.5 分、72.9 分；社会监督指标得分分别为 66.2 分、68.3 分、72.9 分、75.6 分（见图 2）。在四个年度中，党员监督指标得分一直最低、社会监督指标得分其次。

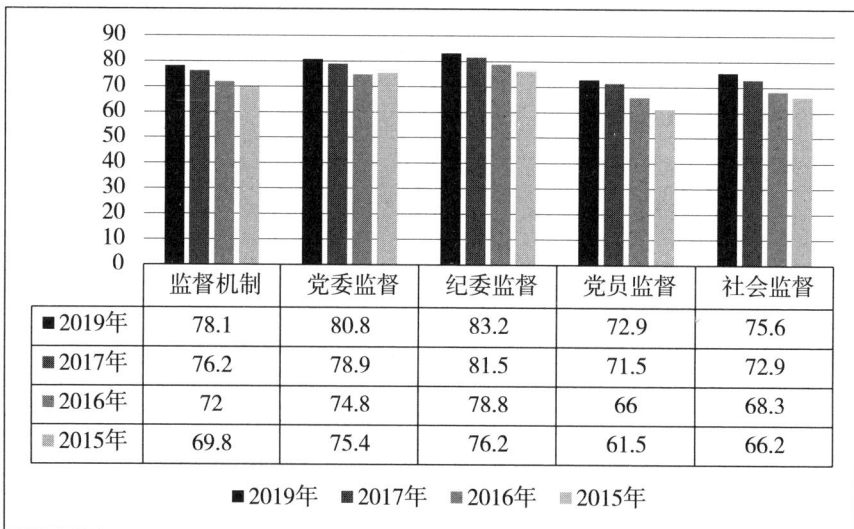

	监督机制	党委监督	纪委监督	党员监督	社会监督
■2019年	78.1	80.8	83.2	72.9	75.6
■2017年	76.2	78.9	81.5	71.5	72.9
■2016年	72	74.8	78.8	66	68.3
■2015年	69.8	75.4	76.2	61.5	66.2

■2019年　■2017年　■2016年　■2015年

图 2　2015—2019 年监督机制得分

2015—2019 年党委监督指标的好评率分别是 56.7%、53.6%、68.5%、77.6%；中评率分别是 27.4%、30.3%、23.4%、18.5%；差评率分别是 15.9%、16.0%、8.1%、3.9%。纪委监督指标好评率分别是 62.1%、71.6%、80.8%、89.2%；中评率分别是 24.9%、20.5%、15.1%、8.9%；差评率分别是 13.0%、8.0%、4.1%、1.9%。党员监督指标好评率分别是 7.2%、19.7%、36.7%、41.8%；中评率分别是 28.6%、34.1%、36.1%、38.0%；差评率分别是 64.2%、46.2%、27.2%、20.2%。社会监

督指标好评率分别是 25.2%、31.5%、43.8%、55.1%；中评率分别是26.6%、30.2%、32.0%、31.4%；差评率分别是 48.2%、38.4%、24.2%、13.5%（见表 5）。

需要注意的是，2019 年纪委监督好评率高达 89.2%，究其原因，与纪检反腐工作的深入开展有着密切关系，也与纪检工作的进一步规范化有着密切关系。党员监督好评率由 2015 年的 7.2% 增加至 2019年的 41.8%，社会监督的好评率由 2015 年的 25.2% 增至 2019 年的55.1%，与巡视监督工作的开展有着密切关系。上述评估结果在一定程度上反映了对党规实施监督的现状：一方面在全面从严治党和深入推进反腐败斗争的背景下，人们对党规实施监督的评价有了明显提高；另一方面，党的监督在很大程度上是通过党委监督和纪委监督实现的，它们都属于自上而下的监督和专门监督，相较之下，党员的民主监督和社会监督却显得相对薄弱。

（三）党规国法协调性

党规国法协调性指标反映党规的合法性程度，进而反映中国共产党依法治国与依规治党有机统一的程度。2015—2019 年，党规国法协调性指标得分分别为 65.0 分、72.0 分、75.8 分、77.2 分，2019 年得分比 2015 年增长了 12.2 分（见图 5）。

2015—2019 年，党规国法协调性指标好评率分别为 13.7%、33.3%、52.4%、58.7%；中评率分别为 42.0%、51.2%、39.1%、36.2%；差评率分别为 44.3%、15.5%、8.5%、5.1%（见表 5）。2019 年好评率比 2015 年增长 45 个百分点；差评率减少 39.2 个百分点。

值得注意的是，2015 年党规国法协调性指标好评率仅为 13.7%，比 44.3% 的差评率低了 30 多个百分点，说明当时党规与国家法律冲突问题比较严重。及至 2019 年，好评率升至 58.7%，差评率降至

5.1%，好评率比差评率高出 53.6 个百分点，说明党规与国家法律的冲突问题已经基本得到解决。究其原因，一是中国共产党高度重视依规治党与依法治国相统一。如《中国共产党党组工作条例》第四条规定，党组工作应当遵循一个原则，即坚持正确领导方式，实现党组发挥领导作用与本单位领导班子依法依章程履行职责相统一。再如《中国共产党地方委员会工作条例》第四条规定，党的地方委员会工作必须遵循一个原则，即坚持在宪法和法律范围内活动，依据党章和其他党规履职尽责。二是法规清理工作已见成效。针对党规建设存在的一些问题特别是有的党规存在同宪法和法律不一致的情况，中国共产党于 2013 年、2014 年两次作出决定，对党规制度进行集中清理，通过集中清理保证了党规与国家法律的协调性。三是备案工作见到成效。党的十八大以来，中国共产党按照有件必备、有备必审、有错必纠原则全面开展备案审查工作，在党内建立上下贯通、左右联动、规范有序的备案审查工作体系，建立党委、人大、政府、军队系统备案工作衔接联动机制。通过全方位审查，强调合法合规性、合理性、规范性等审查标准，保证了党规与国家法律的协调性。

党规国法协调性指标得分的增长、好评率的提高和差评率的降低，均说明党规建设重视合法性原则，党规与国法的冲突问题在制度与实践层面均逐渐得到解决，但是也要看到，党规国法协调性指标的好评率最高也仅 58.7%，说明从法治的标准看，党规实践中仍然存在不尽如人意的地方，距离社会各界的期望值还有一定的距离。

（四）党员带头守法

2015—2019 年，中国共产党党员带头守法指标得分分别为 72.6 分、73.1 分、77.5 分、78.4 分（见图 5）。党员带头守法指标得分逐年提高的趋势与党规完善性、党规执行力指标得分的逐年提高的趋势完全一致，反映了中国共产党坚持依法治国与制度治党、依规治党统筹推进、一体建设。

党员带头守法指标包括党组织领导干部、党组织办事人员和普通党员带头守法三个指标。2015—2019 年，领导干部带头守法指标得分分别为 70.6 分、72.1 分、77.6 分、78.2 分；办事人员带头守法指标得分分别为 72.2 分、72.8 分、77.4 分、78.4 分；普通党员带头守法指标得分分别为 75.1 分、74.3 分、77.6 分、78.5 分（见图 3）。就普通党员与领导干部带头守法情况比较而言，两者的得分分差不大，在 2015 年相差 4.5 分；2016 年相差 2.2 分；2017 年持平，2019 年相差 0.3 分，说明强调纪严于法、纪律和法律面前人人平等的党的纪律建设和国家法治建设逐渐取得成效。

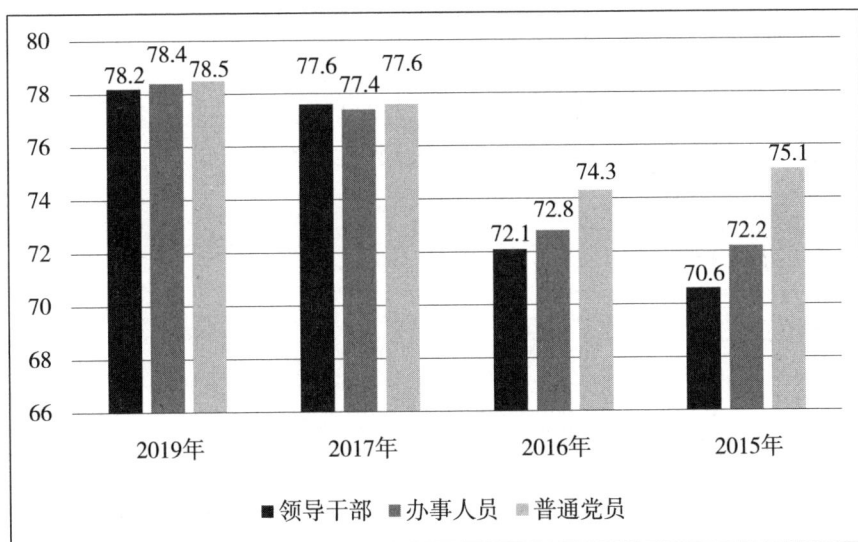

图3　2015—2019年党员带头守法指标满意度得分

2015—2019 年，领导干部带头守法指标好评率分别是 34.3%、40.3%、64.3%、63.7%；中评率分别是 39.0%、37.1%、24.6%、29.3%；差评率分别是 26.7%、22.6%、11.1%、7.0%。2019 年好评率比 2015 年增长 29.4 个百分点，差评率减少 19.7 个百分点。

办事人员带头守法指标好评率分别是 37.0%、39.6%、62.3%、65.2%；中评率分别是 45.4%、44.0%、28.4%、28.9%；差评率分别是17.6%、16.5%、9.3%、5.9%。2019 年好评率比 2015 年增长 28.2 个百分点，差评率减少 11.7 个百分点。

普通党员带头守法指标好评率分别是 49.9%、43.4%、60.9%、64.0%；中评率分别是 41.9%、46.4%、32.5%、32.3%；差评率分别是8.2%、10.2%、6.7%、3.7%（见表5）。2019 年好评率比 2015 年增长14.1 个百分点，差评率减少 4.5 个百分点。

评估数据显示，2015 年对普通党员带头守法的好评率最高，领导干部带头守法的好评率最低，2016 年、2017 年、2019 年领导干部、办事人员和普通党员的带头守法好评率基本处于同一水平。从提高幅度来讲，领导干部带头守法好评率提高幅度最大，上升了 29.4 个百分点；差评率下降幅度最大，减少了 19.7 个百分点。领导干部是推进依法治国的"关键少数"，对社会公众的影响力和辐射效应不容忽视，直接影响着法治进程。这说明中国共产党强调从严治党、"纪严于法"、"抓住关键少数"对领导干部带头守法所起到的实实在在的作用。

（五）党规评估结论

1. 得分情况

就一级指标而言，2015—2019 年，党规体系指标得分呈现逐年增长趋势。2015 年评估得分为 69.1 分，2016 年评估得分为 72.6 分，2017 年评估得分为 76.6 分，2019 年评估得分为 77.8 分（见图4）。这说明，党的十八大以来，中国共产党全方位推进党规制度体系建设，已经形成了以党章为根本、若干配套党规为支撑的党规制度体系。

就二级指标而言，2015—2019 年，党规完善性指标得分分别为

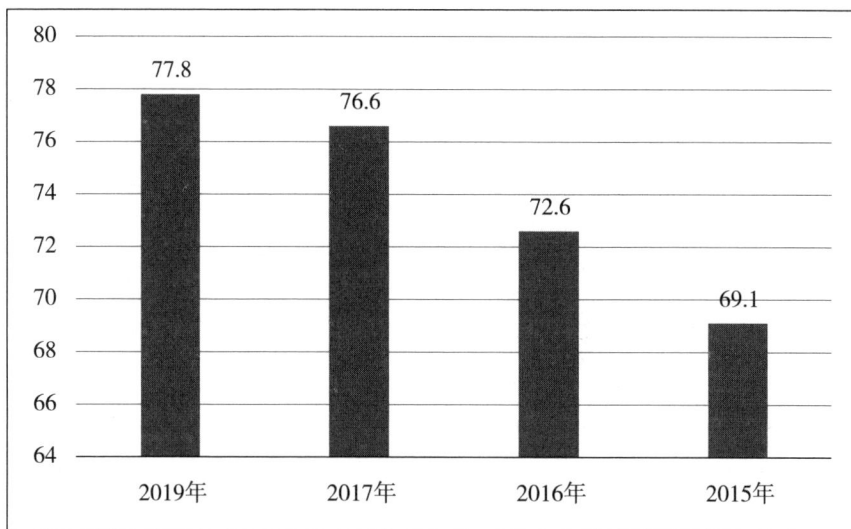

图 4　2015—2019 年党规体系得分

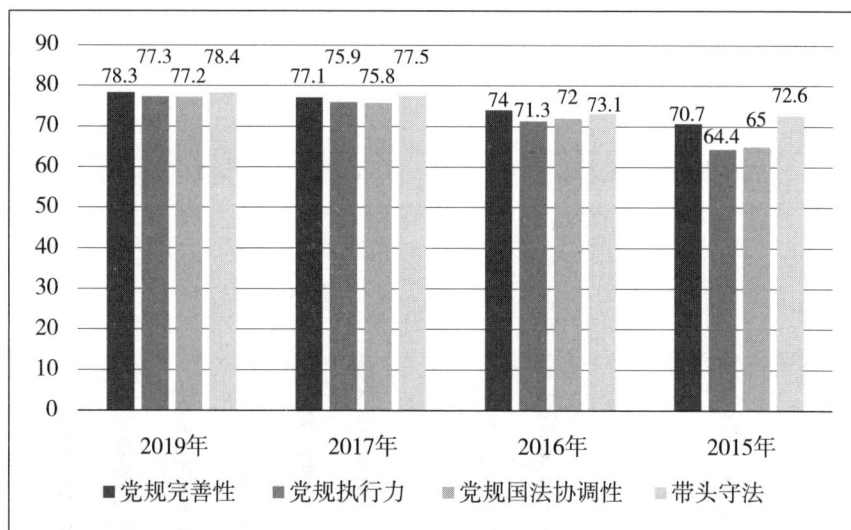

图 5　2015—2019 年党规体系二级指标得分

70.7 分、74.0 分、77.1 分、78.3 分，增长了 7.6 分；党规执行力指标得分分别为 64.4 分、71.3 分、75.9 分、77.3 分，增长了 12.9 分；党规国法协调性指标得分分别为 65.0 分、72.0 分、75.8 分、77.2 分，增长了 12.2 分;带头守法指标得分分别为 72.6 分、73.1 分、77.5 分、78.4 分,增长了 5.8 分(见图 5)。首先,四项二级指标得分均呈现逐年增长趋势。其次,党规执行力指标得分增长幅度最大,为 12.9 分;党规国法协调性指标得分其次,为 12.2 分;党规完善性指标得分增长幅度为 7.6 分,带头守法指标得分增长幅度最小,为 5.8 分。再次,带头守法指标和党规完善性指标的得分在四年中均处于前列,党规执行力指标和党规国法协调性指标得分相对较低,但是差距不大,也说明党规制度体系建设有计划、有步骤、全方位推进取得实效。

当然,就四个二级指标而言,党规执行力指标得分和好评率相对偏低,说明党规实施存在突出问题。一些党员领导干部党规意识淡薄,执规能力不强,直接影响到党规执行力指标的得分和好中差评比率。

2.好中差评比率

2015—2019 年,党规体系指标好评率分别为 32.1%、43.5%、60.7%、65.6%;中评率分别为 34.0%、36.0%、28.3%、27.1%;差评

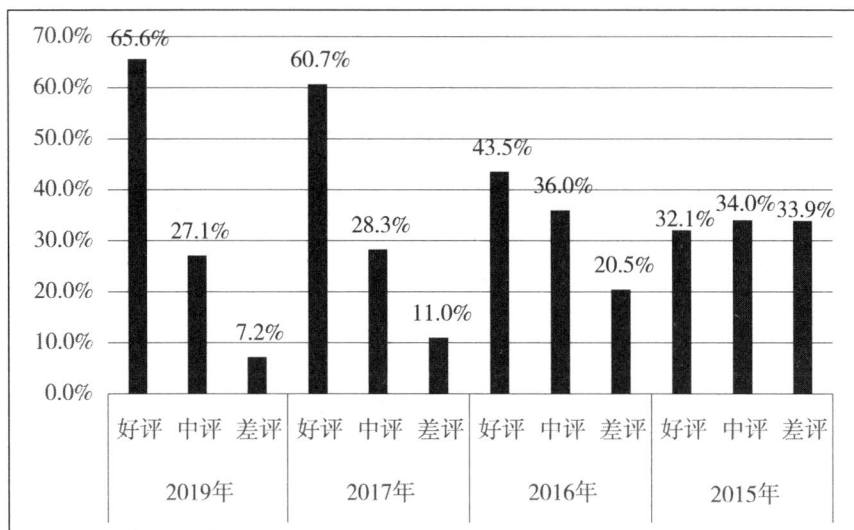

图 6 2015—2019 年党规体系好中差评比率(%)

率分别为 33.9%、20.5%、11.0%、7.2%。2019 年好评率比 2015 年增长 33.5 个百分点，差评率减少 26.7 个百分点（见图 6）。

2015—2019 年，好评率最高的指标一直是纪委监督，2019 年的好评率是 89.2%，2017 年好评率是 80.8%，2016 年好评率是 71.6%，2015 年好评率是 62.1%；好评率最低的指标一直是党员监督，2019 年好评率是 41.8%，2017 年是 36.7%，2016 年是 19.7%，2015 年是 7.2%。

2015—2019 年，党规完善性好评率增长了 33 个百分点；违纪处理指标好评率增长了 39.4 个百分点；党委监督指标好评率增长了 20.9 个百分点；纪委监督指标好评率增长了 27.1 个百分点；党员监督指标好评率增长了 34.6 个百分点；社会监督指标好评率增长了 29.9 个百分点；党规国法协调性指标好评率增长了 45.0 个百分点；领导干部指标好评率增长了 29.4 个百分点；办事人员指标好评率增长了 28.2 个百分点；普通党员指标好评率增长了 14.1 个百分点（见表 5）。可见，好评率上升幅度最大的指标是党规国法协调性，最小的指标是普通党员带头守法。

表 5 2015—2019 年党规体系四级指标好中差评比率

指标	2019 年			2017 年			2016 年			2015 年		
	好评	中评	差评	好评	中评	差评	好评	中评	差评	好评	中评	差评
党规完善性	76.2%	16.5%	7.2%	70.4%	18.1%	11.5%	58.4%	20.0%	21.6%	43.2%	27.0%	29.8%
违纪处理	60.8%	26.9%	12.3%	57.7%	28.1%	14.3%	38.5%	32.1%	29.5%	21.4%	22.7%	55.9%
党委监督	77.6%	18.5%	3.9%	68.5%	23.4%	8.1%	53.6%	30.3%	16.0%	56.7%	27.4%	15.9%
纪委监督	89.2%	8.9%	1.9%	80.8%	15.1%	4.1%	71.6%	20.5%	8.0%	62.1%	24.9%	13.0%
党员监督	41.8%	38.0%	20.2%	36.7%	36.1%	27.2%	19.7%	34.1%	46.2%	7.2%	28.6%	64.2%
社会监督	55.1%	31.4%	13.5%	43.8%	32.0%	24.2%	31.5%	30.2%	38.4%	25.2%	26.6%	48.2%
党规国法协调性	58.7%	36.2%	5.1%	52.4%	39.1%	8.5%	33.3%	51.2%	15.5%	13.7%	42.0%	44.3%
领导干部	63.7%	29.3%	7.0%	64.3%	24.6%	11.1%	40.3%	37.1%	22.6%	34.3%	39.0%	26.7%
办事人员	65.2%	28.9%	5.9%	62.3%	28.4%	9.3%	39.6%	44.0%	16.5%	37.0%	45.4%	17.6%
普通党员	64.0%	32.3%	3.7%	60.9%	32.5%	6.7%	43.4%	46.4%	10.2%	49.9%	41.9%	8.2%

参考文献

一、中文

1. 阿伦特:《极权主义的起源》，林骧华译，三联书店 2008 年版。

2. 阿伦特:《人的境况》，王寅丽译，上海世纪出版集团 2009 年版。

3. 奥罗姆:《政治社会学导论》，张华青等译，上海世纪出版集团 2006 年版。

4. 鲍曼:《现代性与大屠杀》，杨渝东等译，译林出版社 2002 年版。

5. 柏克:《法国革命论》，何兆武译，商务印书馆 2009 年版。

6. 布迪厄:《实践感》，蒋梓骅译，译林出版社 2012 年版。

7. 陈宜中:《从列宁到马克思:论马克思的共产思想及其与列宁的关联性》，《政治与社会哲学评论》2002 年第 2 期。

8. 陈越编:《哲学与政治:阿尔都塞读本》，吉林人民出版社 2003 年版。

9. 达尔:《民主及其批评者》，曹海军等译，吉林人民出版社 2006 年版。

10. 迪韦尔热:《政党概论》，雷兢璇译，青文文化事业有限公司

1991 年版。

11. 邓小平：《邓小平文选》第一至二卷，人民出版社 1994 年版。

12. 福柯：《规训与惩罚》，刘北成等译，三联书店 1999 年版。

13. 富勒：《法律的道德性》，郑戈译，商务印书馆 2005 年版。

14. 葛兰西：《葛兰西文选（1916—1935）》，人民出版社 1992 年版。

15. 哈特：《法律的概念》，张文显等译，中国大百科全书出版社 1996 年版。

16. 哈贝马斯：《包容他者》，曹卫东译，上海人民出版社 2002 年版。

17. 汉密尔顿、杰伊、麦迪逊：《联邦党人文集》，程逢如等译，商务印书馆 2006 年版。

18. 何怀宏：《一种普遍主义的底线伦理学》，《读书》1997 年 4 月。

19. 亨廷顿：《变化社会中的政治秩序》，王冠华等译，三联书店 1989 年版。

20. 黄宗智：《长江三角洲小农家庭与乡村发展》，中华书局 2000 年版。

21. 霍布斯：《利维坦》，黎思复、黎廷弼译，商务印书馆 1997 年版。

22. 吉登斯：《社会的构成》，李康、李猛译，三联书店 1998 年版。

23. 吉登斯：《历史唯物主义的当代批判：权力、财产与国家》，郭忠华译，上海译文出版社 2010 年版。

24. 加塞特：《大众的反叛》，刘训练等译，吉林人民出版社 2004 年版。

25. 康德：《历史理性批判文集》，何兆武译，商务印书馆 1997 年版。

26. 凯尔森：《法与国家的一般理论》，沈宗灵译，中国大百科全书出版社 1996 年版。

27. 勒庞：《乌合之众》，冯克利译，中央编译出版社 2004 年版。

28.雷飞龙:《政党与政党制度之研究》,韦伯文化国际出版有限公司 2002 年版。

29.列宁:《列宁全集》第 6 卷,人民出版社 1986 年版。

30.列宁:《列宁专题文集:论无产阶级政党》,人民出版社 2009 年版。

31.李军、朱昔群主编:《世界主要政党规制制度文献:葡萄牙、西班牙》,中央编译出版社 2015 年版。

32.梁漱溟:《中国文化要义》,《梁漱溟全集》卷 3,山东人民出版社 1990 年版。

33.卢梭:《社会契约论》,何兆武译,商务印书馆 2001 年版。

34.卢曼:《社会的法律》,郑伊倩译,人民出版社 2009 年版。

35.卢曼:《法社会学》,宾凯、赵春燕译,上海人民出版社 2013 年版。

36.罗尔夫·贝克尔、安德烈亚斯·哈贾尔:《"个体化"与阶级结构》,《国家社会科学杂志》(中文版)2016 年第 1 期。

37.罗尔斯:《正义论》,何怀宏等译,中国社会科学出版社 1997 年版。

38.罗尔斯:《政治自由主义》,万俊人译,译林出版社 2000 年版。

39.罗尔斯:《作为公平的正义》,姚大志译,上海三联书店 2002 年版。

40.洛克:《政府论》(下篇),叶启芳等译,商务印书馆 1997 年版。

41.马克思、恩格斯:《马克思恩格斯选集》第 1 卷,人民出版社 1995 年版。

42.马克思、恩格斯:《马克思恩格斯全集》第 4 卷,人民出版社 1958 年版。

43.马克思、恩格斯:《马克思恩格斯全集》第 8 卷,人民出版社 1961 年版。

44.马克思、恩格斯:《马克思恩格斯全集》第 13 卷,人民出版社 1964 年版。

45. 马克思、恩格斯:《马克思恩格斯全集》第 14 卷,人民出版社 1963 年版。

46. 马克思:《资本论》第 1 卷,人民出版社 2004 年版。

47. 马尔塞文:《成文宪法:通过计算机进行的比较研究》,陈云生译,北京大学出版社 2007 年版。

48. 马基雅维里:《君主论》,潘汉典译,商务印书馆 2005 年版。

49. 马基雅维里:《佛罗伦萨史》,李活译,商务印书馆 2008 年版。

50. 毛泽东:《毛泽东选集》第一至四卷,人民出版社 1991 年版。

51. 毛泽东:《毛泽东文集》第六至七卷,人民出版社 1999 年版。

52. 梅迪库斯:《德国民法总论》,邵建东译,法律出版社 2001 年版。

53. 米尔斯:《社会学的想像力》,陈强等译,三联书店 1994 年版。

54. 米歇尔斯:《寡头政治铁律》,任军锋等译,天津人民出版社 2003 年版。

55. 密尔:《代议制政府》,汪瑄译,商务印书馆 2008 年版。

56. 内格尔:《利他主义:直觉的问题》,《世界哲学》2005 年第 3 期。

57. 诺奇克:《无政府、国家和乌托邦》,姚大志译,中国社会科学出版社 2008 年版。

58. 佩迪特:《人同此心:论心理、社会与政治》,应奇等译,吉林出版集团有限责任公司 2010 年版。

59. 钱穆:《国史新论》,三联书店 2001 年版。

60. 萨托利:《民主新论》,冯克利、闫克文译,上海人民出版社 2009 年版。

61. 施米特:《政治的概念》,刘宗坤等译,上海人民出版社 2004 年版。

62. 斯塔尔:《毛泽东的政治哲学》,曹志为等译,中国人民大学出版社 2006 年版。

63. 斯威夫特:《政治哲学导论》,萧韶译,江苏人民出版社 2006 年版。

64. 孙中山:《孙中山全集》第九卷,中华书局 1986 年版。

65. 滕尼斯:《共同体与社会——纯粹社会学的基本概念》,林荣远译,商务印书馆 1999 年版。

66. 托克维尔:《论美国的民主》(上卷),董国良译,商务印书馆 2004 年版。

67. 涂尔干:《社会分工论》,渠东译,三联书店 2000 年版。

68. 涂尔干:《道德教育》,陈金光等译,上海人民出版社 2001 年版。

69. 汪民安主编:《福柯读本》,北京大学出版社 2010 年版。

70. 韦伯:《经济与社会》(上卷),林荣远译,商务印书馆 1997 年版。

71. 韦伯:《经济与社会》(下卷),林荣远译,商务印书馆 1997 年版。

72. 韦尔:《政党与政党制度》,谢峰译,北京大学出版社 2011 年版。

73. 杨生茂主编:《美国南北战争资料选集》,上海人民出版社 1978 年版。

74. 中央档案馆、文献研究室编:《中共中央文件选集》(第1—50册),人民出版社 2013 年版。

75. 中共中央宣传部理论局:《强本固基筑高楼》,《求是》2003 年第 7 期。

二、英文

1. Aminzade. 1993. *Ballots and Barricades:Class Formation and Republican Politics in France*, 1830-1871, Princeton University Press.

2. Arendt, H. 1983."Personal Responsibility under Dictatorship", *Kohn, J. Responsibility and Judgment.*, NY: Schocken Books.

3. Banfield & Wilson. 1967. *City politics*, Cambridge, Mass.

4. Beck, U.1992. *Risk Society*, London:Sage.

5. Bourdieu,P. 2000. *Pascalian Meditations*. trans. by Richard Nice. Cambridge: Polity Press.

6. Burawoy. 1989. "Marxism without Micro-Foundations", *Socialist Review* 89, no. 2.

7. Clawson et al.1992. *Money Talks: corporate PACS and political influence*, NY: BasicBooks.

8. De Leon, Cedric. 2008. "'No Bourgeois Mass Party, No Democracy': The Missing Link in Barrington Moore's American Civil War", *Political Power and Social Theory*, vol.19.

9. De Leon, Cedric. 2014. *Party and Society*, Polity Press.

10. De Leon, Cedric, Manali Desai, and Cihan Tugal. 2009."Political Articulation: Parties and the Constitution of Cleavages in the United States, India, and Turkey", *Sociology Theory*, 27, no.3.

11. Domhoff, William. 1998. *Who rules America*? Mayfield Pub Co.

12. Ezrahi, Yaron. 1990. *The Descent of Icarus: Science and the Transformation of Contemporary Democracy.*, MA: Harvard University Press.

13. Forbes, J. 2010. *Justice in tribunals*, Sydney:The Federation Press.

14. Foucault. 1978. *The History of Sexuality*, London:Penguin.

15. Foucault. 1980. "The eye of Power". In Colin Gordon（ed.）*Power/Knowledge: Selected Interviews and Other Writings 1972-1977*, The Harvester Press Limited.

16. Frank, R. 1988. *Passions Within Reason*, New York: W.W. Norton.

17. Fried, C., 1981.*Contract as promise:a theory of contractual obligation*, Cambridge, MA:Harvard University Press.

18. Gallagher. 2006. *Representative government in modern Europe*, New York:McGraw-Hill.

19. Gauja, A. 2010. *Political Parties and elections*, Farnham:Ashgate.

20. Gauja, A. & Sawer, M.2016. *Party Rules? Dilemmas of political party regulation in Australia.*, ANU Press.

21. Giddens. A.1976. *New Rules of Sociological Method: A Positive Critique of Interpretive Sociologies*, New York: Basic Books, Inc.

22. Gorski , Philip S. 2003. *The Disciplinary Revolution: Calvinism and the Rise of the State in Early Modern Europe*, The University of Chicago Press.

23. Habermas.1990. *Moral Consciousnessand Communicative Action*, trans. by C. Lenhardt and S.W. Nicholsen, Cambridge: Polity Press.

24. Habermas.2011."Constitutional Democracy", *Political Theory*, 29, no.6.

25. Hart, H. L. A. 1963. *Law, Liberty, and Morality*, Oxford: Oxford University Press.

26. Herbert Kitschelt and Steven I. Wilkinson. 2007. *Patrons, clients, and policies: patterns of democratic accountability and political competition*, Cambridge University Press.

27. Hicken, Allen.2011."Clientelism", *Annual Review of Political Science*, 14.

28. Huntington. 1965."Political Development and Political Decay",

World Politics, 17, no.3.

29. Hunter, Floyd. 1963. *Community Power Structure:a Study of Decision Makers*, The University of North Carolina Press.

30. Ingrid van Biezen and Peter Kopecky 2007, "The State and the Parties: Public Funding, Public Regulation and Rent-seeking in Contemporary Democracies", *Party Politics*, 13, no.2.

31. Javier Auyero. 2001. *Poor People's Politics: Peronist Survival Networks and the Legacy of Evita*, Duke University Press.

32. Jeff Manza and Clem Brooks. 1999. *Social cleavages and political change : voter alignments and U.S. party coalitions*, Oxford University Press.

33. Laclau and Mouffe, 1985. *Hegemony and Socialist Strategy:Towards a Radical Democratic Politics* , London:Verso .

34. Lipset, S. and Rokkan, S., 1967. "Cleavage structure, party system, and voter alignments: an introduction" . In:Lipset and Rokkan, eds. *Party system and voter alignments: cross-national perspectives*, New York:Free.

35. Mark Mizruchi. 1992. *The Structure of Corporate Political Action*, Harvard University Press.

36. Matteo Bonotti and Veit Bader, 2015. Parties, *Partisanship and Political Theory*, Routledge.

37. McNay, Lois. 1999. "Gender, Habitus and the Field: Pierre Bourdieu and the Limits of Reflexivity", *Theory, Culture and Society*, 16, no.1.

38. Mills, C.Wright, 1957. *The Power Elite*, Oxford University Press.

39. Morris, C.2012. *Parliamentary elections, representation and the law*, Oxford:Hart.

40. Nigel Walker.1991.*Why punish?* Oxford University Press.

41. Ostrogorski. 1982. *Democracy and the Organization of Parties*,New Brunswick, NJ : Transaction.

42. Pareto. 1991. *The rise and fall of the elites: an application of theo-*

retical sociology, Transaction Publishers.

43. Przeworski, 1977."Proletariat into a class: The Process of Class Formation from Kautsky's The Class Struggle to Recent Controversies", *Politics and Society* 7, no.4.

44. Rawls, John.1993. *Political Liberalism*, New York: Columbia University Press.

45. Rawls, John. 1999. *The Law of Peoples:The Idea of Public Reason Revisited*, Harvard University Press.

46. Richard Katz and Peter Mair（1995）"Changing Models of Party Organization and Party Democracy: The Emergence of the Cartel Party", *Party Politics*, 1, no.4.

47. Riley and Desai, 2007."The Passive Revolutionary Route to the Modern World:Italy and India in Comparative Perspective", *Comparative Studies in Society and History* 49, no.4.

48. Robert C.Wigton. 2014. *The Parties in court: American political parties under the constitution*, Lexington Books.

49. Schattschneider, E. E. 1967. *Party Government*, New York: Holt, Rinehart.

50. Scott. 1972. *Comparative Political Corruption*, Prentice-Hall Inc.

51. Schumpeter, J.2010. *Capitalism, socialism and democracy*, London: Routledge.

52. Shefter. 1994. *Politcal Parties and the State: The American Historical Experience*, Princeton University Press.

53. Simmons, A. J. 1999."Justification and Legitimacy"，*Ethics*, 109 no.4.

54. Simone Chambers. 2004."Behind Closed Doors: Publicity, Secrecy, and the Quality of Deliberation", *The Journal of Political Philosophy* ,12, no.4.

55. Steven P. Wall.1996."Public Justification and the Transparency Argument", *The Philosophical Quarterly*, 46, no.185.

56. Teorell. 1999. "A deliberative defense of intra-party democracy", *Party Politics*, 5, no.3.

57. Tugal. 2009. Passive Revolution: *Absorbing the Islamic Challenge to Capitalism*, Stanford University Press.

58. White, J., 2012. "Community, transnationalism and the left-right metaphor", *European journal of social theory*, 15, no.2.

后　记

　　这本关于党规的书可以说是一部抽象的政治哲学论著，但我做这项研究的念头却首先产生于对具体政党现象的观察与思考，这些现象可以概括为：民主政治离不开政党政治，政党政治离不开制度规制；如果政党行为没有受到有效规制，民主政治必然失败。这种现象在任何民主社会都可能发生，在法律制度和政党制度不健全的社会更是如此。本书的主要思路，即藉由党规来阐释和理解政党，藉由政党来审视人类民主制度。任何政党都有自己的党规，党规不仅折射政党内部治理，也反映政党与国家和社会的关系。党规的核心问题是党规效力问题。只有党规拥有充分的效力根据，党规才能得到有效遵守。党规的效力根据不仅在于党员的认同，也在于社会的认同。因此，探讨党规，就不仅要研究政党内部结构和过程，还必须将党规置于更为宏大的语境中，探讨政党在一个国家政治生活中的定位。在此意义上，党规原理研究实则是政党政治原理研究。在研读相关文献的过程中，我发现政党现象几乎是被政治哲学遗忘的角落。于是，这项研究试图以政治哲学、法律哲学、社会哲学等多元视角，对政党及其党规作一规范性考察。当然，21世纪的政党政治正面临政党官僚化、社会多元化、沟通技术化和经济全球化的挑战，本书关于政党的思考只是一个初步的回应。

　　此项研究始于2013年，感谢张恒山教授在研究选题上的重要意见。本书是国家社科基金资助的"中国共产党党内规章与国家法律关系研究"研究项目的成果。在本书的最后修改和编辑出版过程中，人民出版社的洪琼先生给我提供了热情的鼓励和极富成效的帮助，对此我深表谢意。

王立峰

2021 年 1 月 29 日于大有庄